遗珠·新韵

灌南县非物质文化遗产保护项目辑录

政协灌南县委员会 编

苏州大学出版社
Soochow University Press

图书在版编目(CIP)数据

遗珠·新韵：灌南县非物质文化遗产保护项目辑录 / 政协灌南县委员会编. -- 苏州：苏州大学出版社，2023.12
　　ISBN 978-7-5672-4590-7

Ⅰ.①遗… Ⅱ.①政… Ⅲ.①非物质文化遗产-保护-史料-灌南县 Ⅳ.①G127.534

中国国家版本馆CIP数据核字(2023)第218183号

书　　名：	遗珠·新韵
	——灌南县非物质文化遗产保护项目辑录
	YIZHU·XINYUN
	——GUANNANXIAN FEIWUZHI WENHUA YICHAN BAOHU XIANGMU JILU
编　　者：	政协灌南县委员会
责任编辑：	杨　柳
装帧设计：	吴　钰
出版发行：	苏州大学出版社(Soochow University Press)
社　　址：	苏州市十梓街1号　邮编：215006
印　　装：	苏州市深广印刷有限公司
邮购热线：	0512-67480030
销售热线：	0512-67481020
开　　本：	718 mm×1 000 mm　1/16　印张：22　字数：339千
版　　次：	2023年12月第1版
印　　次：	2023年12月第1次印刷
书　　号：	ISBN 978-7-5672-4590-7
定　　价：	78.00元

若有印装错误，本社负责调换
苏州大学出版社营销部　电话：0512-67481020
苏州大学出版社网址　http://www.sudapress.com
苏州大学出版社邮箱　sdcbs@suda.edu.cn

编委会

主　任：廖朝兵

副主任：龙生波　王苏东　潘龙飞　韩亚平
　　　　韦丹丹　卢凯富　孙　春

编　委：安学益　崔怀璧　翟　玲　孟祥伟
　　　　朱海波　卜　海　华正梅　涂红祥
　　　　成建斌　嵇怀成　汤　敏　吕业茂
　　　　毛祥成　徐瑶瑶　高　菊　张梦园
　　　　宋根东　朱家男

编写组

组　　　长：翟　玲
常务副组长：王埔茂
成　　　员：张　沂　席文波　高　翔　王晓宇
　　　　　　刘霁军　苗先锋　韩克波　武红兵

序 言

文化灌南，水秀惠泽。

历史源远流长的灌南涵养和交融着流派多样、风格各异的文化元素。其中既有一脉相承的本土文化存留，也有南迁而来的北疆文化，更有徽商定居带来的皖南文化和"洪武赶散"而来的姑苏文化，交汇形成了秉持汉风，融合吴韵，典雅古朴、雄劲豪迈而又娟秀精巧、灵动鲜活的灌南文化。

在2100余年的建制史册中，写满了跌宕起伏的灌南传说：刘秀平乱、刘备屯田、武则天开凿盐河振兴盐业、乾隆皇帝视察河道品评美酒……众多鲜活动人的故事，为我们留下了丰厚的文化遗产。可惜由于地震、战乱、水患等，灌南史存的物质形态的文化遗迹遭到了严重破坏。大量的非物质文化遗产则如遗珠一般，散存民间。

近年来，灌南持续开展非物质文化遗产资源普查，建立健全保护名录体系和传承人体系，为非物质文化遗产保护工作奠定了基础。截至2023年11月，全县拥有省级非物质文化遗产项目14项，市级非物质文化遗产项目33项，县级非物质文化遗产项目131项；省级代表性传承人6名，市级代表性传承人31名，县级代表性传承人102名。

为了进一步有效保存先民留下的智慧结晶和文化遗产，使之为发展灌南发挥独特作用，政协灌南县第十一届委员会组织编撰了《遗珠·新韵——灌南县非物质文化遗产保护项目辑录》，助力非物质文化遗产项目得到更好的传承、保护和发展。

本书以独特视角，对灌南的非物质文化遗产项目进行了整理与收录，

以纪实性散文的写作风格，记录并留存了灌南的传统文化。掩卷遐思，我们似乎可以从丰满多彩的立体形象中看到不同面向的灌南：醇香丰厚的美酒文化底蕴成就了酒乡灌南；鱼米之乡的亲水河道让水秀灌南徐徐铺展；情节生动、扶正祛邪的传说使神话灌南跃然纸上；夷人故里、湖海为邻、五河汇聚、二郎遗迹、"大鱼拜龙王"、吴承恩祖居地等又让旅游灌南指日可待。

非物质文化遗产是文化多样性中最富活力的部分，是人类文明的结晶和最宝贵的共同财富之一。从某种意义上说，以非物质文化遗产项目为代表的灌南乡土文化，丰富并充实了灌南人民的精神家园和情感世界，体现并见证了灌南百姓从容乐观、改天换地的豪情与实践，成为灌南文化不可或缺的灿烂篇章和美好记忆。

置身于伟大的时代，保护文化传统，守住文化根脉，坚定文化自信，让家乡灌南的文化遗珠更加璀璨夺目、富有张力，为推进中国式现代化灌南新实践提供精神支持、贡献奋进力量，是全体灌南儿女的光荣责任与崇高使命。

这是本书的价值所在。

政协灌南县第十一届委员会主席　廖朝兵
2023 年 12 月

目 录

惠泽匠心（传统技艺）

酒旗摇曳汤家沟——由汤沟酒酿造技艺说开去 ⋯⋯⋯⋯⋯⋯⋯⋯⋯⋯ 3

五味之首——海盐制作技艺 ⋯⋯⋯⋯⋯⋯⋯⋯⋯⋯⋯⋯⋯⋯⋯⋯⋯ 8

四时农具——市级非遗项目"传统农具制作与修复技艺" ⋯⋯⋯⋯⋯ 13

成氏菌菇菜：灌南的美食记忆 ⋯⋯⋯⋯⋯⋯⋯⋯⋯⋯⋯⋯⋯⋯⋯⋯ 17

葛六粉丝 ⋯⋯⋯⋯⋯⋯⋯⋯⋯⋯⋯⋯⋯⋯⋯⋯⋯⋯⋯⋯⋯⋯⋯⋯ 20

于家猪头肉 ⋯⋯⋯⋯⋯⋯⋯⋯⋯⋯⋯⋯⋯⋯⋯⋯⋯⋯⋯⋯⋯⋯⋯ 22

以铜为媒　虔心铸艺 ⋯⋯⋯⋯⋯⋯⋯⋯⋯⋯⋯⋯⋯⋯⋯⋯⋯⋯⋯ 25

匠心独锔　残瓷重生 ⋯⋯⋯⋯⋯⋯⋯⋯⋯⋯⋯⋯⋯⋯⋯⋯⋯⋯⋯ 30

廖家老鹅：卤一锅最灌南的市井滋味 ⋯⋯⋯⋯⋯⋯⋯⋯⋯⋯⋯⋯⋯ 34

别出心裁——皮具制作技艺 ⋯⋯⋯⋯⋯⋯⋯⋯⋯⋯⋯⋯⋯⋯⋯⋯ 37

孔明灯制作技艺 ⋯⋯⋯⋯⋯⋯⋯⋯⋯⋯⋯⋯⋯⋯⋯⋯⋯⋯⋯⋯⋯ 40

妈妈菜的味道　跳动在舌尖的记忆——灌南美食之肉圆 ⋯⋯⋯⋯⋯ 43

竹林琴艺——嵇氏古琴制作技艺 ⋯⋯⋯⋯⋯⋯⋯⋯⋯⋯⋯⋯⋯⋯ 51

家的味道——灌南新集千张制作技艺 ⋯⋯⋯⋯⋯⋯⋯⋯⋯⋯⋯⋯ 55

老白皂羊肉汤 ⋯⋯⋯⋯⋯⋯⋯⋯⋯⋯⋯⋯⋯⋯⋯⋯⋯⋯⋯⋯⋯⋯ 58

百禄熏烧肉 ⋯⋯⋯⋯⋯⋯⋯⋯⋯⋯⋯⋯⋯⋯⋯⋯⋯⋯⋯⋯⋯⋯⋯ 61

灌南老豆腐里的往日记忆 ⋯⋯⋯⋯⋯⋯⋯⋯⋯⋯⋯⋯⋯⋯⋯⋯⋯ 65

青箬笠　绿蓑衣——蓑衣制作技艺 ⋯⋯⋯⋯⋯⋯⋯⋯⋯⋯⋯⋯⋯ 68

应怜屐齿印苍苔——高木屐制作技艺 ⋯⋯⋯⋯⋯⋯⋯⋯⋯⋯⋯⋯ 71

灌南油条制作技艺……74

杏林春风（传统医药）

周达春和他的五妙水仙膏……79

百年老字号　"万寿"正青春——"万寿堂胃病疗法"代表性传承人苗少伯……83

仁心笃志　躬行致远——"曹氏中药热敷接骨疗法"代表性传承人曹晓波……87

妙手回春　家喻户晓——"喻氏中医经络散结疗法"代表性传承人喻兴兵……91

秋心分两瓣　愁字去无踪——李氏鼻渊疗法……95

秉承国粹　中庸致和——朱氏风湿针灸疗法……97

陈克山的喉疾治疗技艺……100

印氏妇科疗法……103

温氏中药贴敷疗法……106

仁心仁术　大医至诚——"中医正骨疗法"代表性传承人张林……109

王氏黑膏药制作技艺……112

柯匮存灵药　祛痔除烦忧——痔科中医疗法……115

朱冯兰和她的中医接骨胶囊制作技艺……117

儒雅侯秀成　造福病患者——侯氏中医泄血疗法……120

史话文苑（民间文学）

灌江口二郎神的传说……125

汤沟御酒的传说……130

盐河的传说……135

王彦章铁篙撑船的传说……………………………………………138

海西古城的传说……………………………………………………140

探秘硕项湖…………………………………………………………143

爱国画家王小古……………………………………………………151

楝树的传说…………………………………………………………154

嵇老姑嫁身借粮……………………………………………………156

城头村的传说………………………………………………………158

蛟龙借雨飞…………………………………………………………160

"神医"张山人………………………………………………………163

引羊寺的传说………………………………………………………166

"哑圣"汪大爷的传说………………………………………………168

大个子颜小龙的传说………………………………………………171

银人银马银鞭的传说………………………………………………173

八景成往事　三口翻新篇…………………………………………175

旗杆村的传说………………………………………………………178

何仙姑炒面敬龙王…………………………………………………181

青牛白马识土气　民族团结谱华章——契丹庄的传说…………183

鸡笼桥　接龙桥……………………………………………………186

石磙堵泉眼…………………………………………………………189

乡土雅韵（民俗）

六街灯火闹儿童　百树千枝绽东风——新安镇元宵灯会………195

武红兵和他的灯谜情结……………………………………………199

灌南婚嫁礼仪习俗…………………………………………………202

灌南斟酒礼仪………………………………………………………210

新桃换旧符 共说此年丰——贴对联 …… 213

贴年画，过大年 …… 216

开口糕 …… 220

扫尘除秽迎新春 …… 222

压祟钱 压岁钱 …… 224

送灶老爷 接灶老爷 …… 226

一米度三关——端午节的习俗 …… 229

麒麟送喜 麒麟送子 …… 232

登高插茱萸 重阳就菊花 …… 235

金声妙影（传统音乐、美术、戏剧、舞蹈与曲艺）

嘿，锣鼓乐！ …… 241

孙洪香：剪出一个斑斓的七彩世界 …… 244

细微处见功夫 寻常物显神奇——"灌南麦草画"代表性传承人胡成娟 …… 248

刀木谱写艺术人生——吴培华的木雕 …… 252

吕国忠的面塑人生 …… 255

刀尖上的艺术——蒋登科木刻画版 …… 257

苏北琴书 …… 260

昔日绕梁声 今朝何处觅——走近工鼓锣 …… 262

家乡的淮海戏 …… 265

品味淮剧 怀念乡音 …… 270

新安镇京剧老旦谢红霞 …… 273

"打连厢"——敲响在竹竿上的舞蹈 …… 275

跳财神·接财神 …… 277

孟兴庄"摇苍龙"	279
挑花担子	281
旱船　玩龙船	283

百戏览趣（传统体育、游艺与杂技）

汪奇魔其人其事	291
"封氏杂技"和封火雷的"四朵金花"	294
童年记忆——抓弹子	297
跳橡皮筋	300
玩小纸牌	302
寻常日子中的一抹清新——记"摸瞎子"和"老鹰抓小鸡"游戏	304
心底的花儿不凋零——对长茂一带儿童游戏的回望	307
滚铁环里的殷殷童趣	309
捣拐里的童年	312
抽陀螺	316
拿腕子，手上的较量	319
犹忆当年毽子飞	321

附　录

灌南县非物质文化遗产项目一览表（一）	327
灌南县非物质文化遗产项目一览表（二）	329
灌南县非物质文化遗产项目一览表（三）	332

后　记 338

惠泽匠心

（传统技艺）

江苏汤沟酒厂

酒旗摇曳汤家沟

——由汤沟酒酿造技艺说开去

"天浆"现灌南,"桃花"飘酒香。
"五甑"出美酒,"古窖"酿琼浆。

汤沟美酒经岁月洗礼而香飘千年,名传万里。

一

"汤沟酒酿造技艺"已被江苏省政府批准为第一批省级传统手工技艺类非物质文化遗产,现正在积极申报第三批国家级非物质文化遗产项目。

汤沟酒在各类大型权威评比中多次获奖。1984年,汤沟酒参加轻工业部酒类质量大赛,38度的汤沟特液和53度的汤沟特曲分别荣获金杯奖、银杯奖;1987年,38度的汤沟特液荣获全国旅游产品"金樽奖",被誉为"消费者最喜爱的低度白酒";1989年,53度的汤沟特曲、38度的汤沟特液在第五届全国评酒会上均获优秀奖;1992年,53度的汤沟特曲

荣获中国国际名酒博览会金奖；2022年，汤沟酒亮相澳门国际文化产业博览会，引来国内外众多嘉宾驻足，并获得一片赞誉。

以上仅仅是现代汤沟酒获得的奖项，其实早在1915年，古老的汤沟大曲就在莱比锡国际博览会上荣获银质奖章，当时这在世界酿酒行业引起了不小的轰动。

汤沟酒能获得数量如此之多、等级如此之高的奖项，并且拥有不同凡响的知名度和影响力，无疑离不开精湛的汤沟酒酿造技艺。

蒸汽弥漫的酿酒车间

工人在车间酿酒

汤沟酒酿造技艺究竟有何独特之处？笔者走访了汤沟酒厂，见到了汤沟酒酿造技艺的代表性传承人、"中国酿酒大师"张加林。张加林供职于江苏汤沟两相和酒业有限公司40余年，曾担任多届白酒类比赛的评委。谈到汤沟酒酿造技艺，张加林如数家珍，娓娓道来——

汤沟酒坚持纯手工酿造，沿用至今的"老五甑"酿造工艺历经数百年的传承，被列入江苏省非物质文化遗产保护名录。

"老五甑"是中国传统白酒业的一种发酵蒸馏工艺，说白了，就是将一个窖池的酒醅分成5层（也就是5份）来蒸酒，从池面向池底数，依次是第一层面糟，第二层回糟，第三层小馇，第四层二馇，第五层也就是池底层大馇。

新粮食入窖池前，要粉碎，加水润料，蒸煮糊化。待冷却后，加曲粉拌匀，然后入窖。在"老五甑"酿造工艺里，将酒醅上锅蒸时，新粮食已经混在酒醅里了，在蒸酒的同时，粮食也一起蒸熟了，因此，生产极为高效。

池子里挖出来的香醅有四甑，先将面上的那两甑面糟、回糟放在一旁。底下的那两甑糟，加入新粮一甑，混合，成为三甑粮糟。池面那两层不加新粮。最顶上的一层取酒后就被丢弃,因此,这层也被叫作"丢糟"。第二层糟也不加新粮,取酒后留着,成为下一轮的面层(丢糟)。新粮食变成丢糟,至少要经过三轮发酵,并被取过三次酒。

"老五甑"酿造工艺是酿酒行业的核心技艺。汤沟酒酿造工艺坚持在传承的基础上创新,在以"老五甑"酿造工艺为核心的基础上持续优化、提升,以纯手工酿造出令人回味无穷的汤沟美酒。

"老五甑"很重要,不过它仅仅是酿造汤沟酒的一种精湛的技

汤沟窖池群

艺,就像袁隆平说的"书本知识很重要,电脑技术也很重要,但是书本上种不出水稻,电脑上也种不出水稻"一样,对酿出优质汤沟酒起到根本作用的是生态老窖。"酿酒一枝花,全靠窖当家",说的就是这个道理。

据《江苏名酒志·汤沟酒志》介绍:汤沟酒的发酵载体是生态老窖泥,老窖泥为微生物提供丰富的碳源、无机盐、生长因子等营养要素。微生物吸收快、转化快、易变异,但需要相对稳定的生存、生长环境。老窖泥中的微生物在不同的生物圈、土壤圈、大气圈形成不同的种群,这是一方水土酿一方酒的重要原因。

现在,汤沟酒厂还保存有天启窖池、窖池群及藏酒阁,它们在生产过程中继续发挥着无可比拟的作用。

汤沟原生态酿酒基地拥有连续生产了几百年的10口老窖。其中,"玉生永记"老窖始建于明代天启年间,故也被称为"天启窖池",在清代陆续扩建,占地200平方米,保存房屋6间、老窖池10口,每个窖池南北长3米、东西宽2米、深1.6米,是白酒行业中连续酿酒时间最长也是屈指可数的百年老窖之一。2011年12月,江苏省政府批准"玉生永记"老窖为第七批江苏省文物保护单位。汤沟窖池群始建于20世纪80年代初期,有1000个窖池,是全国单体规模领先的手工班窖池群。

切不可小觑藏酒阁。如果说天启窖池、窖池群使汤沟酒的产量和质量得到了充分提升和空前保障,那么藏酒阁则使汤沟酒的质量在无限的

时光里达到永恒。酒须三分酿、七分藏,好酒是时光酿制出来的水谷精华。汤沟藏酒阁常年保持20℃以下恒温、70%恒湿的储酒环境,内部贮有国评大师精心打造的被誉为"液体黄金"的稀缺原酒。

二

汤沟酒美!除了精湛的"老五甑"酿造工艺、天启窖池等外,发挥作用的还有其他极其重要的因素——汤沟酒厂的独特地理环境、悠久的酿酒历史,以及酒文化的世代传承。

汤沟镇是中国酿造白酒的天选之地。汤沟镇地处淮北平原,气候十分适宜酿酒所需的原辅农作物的种植、生长和各类微生物的繁殖,有利于制作高温曲,可生成众多酿酒微生物种群和酶系。汤沟酒酿造用的地下水补给源区位于千里之外的青藏高原、云贵高原一带,富含偏硅酸和锶的高原之水辗转流淌汇聚于汤沟,成为汤沟酒的酿造之源。汤沟镇的土壤中含有大量的腐殖质和有益菌群,适合培养窖泥。

汤沟镇也是离海洋最近的白酒酿造地。据有关文字记载,汤沟原名"汤家沟",是历史上的地震陷落带,形成于硕项湖与桑墟湖的交界处,那里绿水环抱、绿荫覆盖,给酿酒提供了得天独厚的自然条件。

汤沟酒的酿造历史,可以追溯到汉唐时期。那时,这里的酿造业就已形成规模,当时的汤家沟酒坊林立、酒旗摇曳、商贾如云,处处氤氲着醇醪的香气,那扑鼻的、醉人的香气袅袅地、缓缓地飘向了远方……

1981年,汤沟镇支沟村遗址出土了大量古钱币,主要是两汉的"半两"、新莽的"货泉"、东汉的"五铢"、唐代的"开元通宝"、五代十国的"唐国通宝""汉元通宝"等,这足以证明当时汤沟一带的商贸发展已进入一个高度繁荣的时期。汤沟西北侧不到40千米的孔望山摩崖造像中,也细致刻画着古人饮酒的场面,说明当时汤沟及周边地区经济繁荣,酿酒业已经相当发达。

到了清康熙年间,社会安定,人民安居乐业,汤沟酿酒也进入鼎盛时期。由于汤沟地处三县交会,河多水深,在以水运为主的古代,算得上是交通要冲。四方商贾云集汤沟,南来北往的商贩将汤沟酒销往全国各地,又带来了各地的土特产。

三

悠悠岁月千载，汤沟佳酿犹在。在汤沟酒厂内，曾经酿造出闻名遐迩的佳酿的鳖大汪、香泉井依然如故，仿佛在默默地诉说着汤沟酒的前世今生、岁月的沧桑巨变。现在鳖大汪、香泉井已成为汤沟酒生态文化旅游区的重要旅游景点，供游客观赏、追忆和回味。10口保存完好的天启窖池，已经不间断使用400余年，至今仍被用来酿造美酒。

如今的汤沟酒业不再是"小帆船"，而是一艘驶向深海的"航母"。江苏汤沟两相和酒业有限公司实施了5000吨名优酒技改工程和2万吨原酒基地建设工程。两个项目全面投产后，汤沟酒年产将达3万吨，原酒储存量将达5万吨，为销售规模的持续扩大提供了充沛的产能支撑。2023年，汤沟两相和酒业将会实现三年翻一番的目标。再过五年、十年，汤沟酒厂又会给行业带来怎样的惊喜呢？时间会给出答案，值得世人翘首以盼！

瑶池琼浆香四海，酒旗摇曳汤家沟。汤沟酒百年传承，千年积淀，万古流芳。愿传统的"老五甑"酿造工艺随国运腾飞焕发青春丰采，愿醇厚的汤沟佳酿为灌南的高质量发展贡献更多力量！

（文/韩克波）

"汤沟国藏"瓶装系列

遗珠·新韵 ——灌南县非物质文化遗产保护项目辑录

五味之首
——海盐制作技艺

船载肩擎未遑歇，投入巨灶炎炎热。
晨烧暮烁堆积高，才得波涛变成雪。
——柳永《煮海歌》（节选）

这首诗可谓道尽了"煮海为盐"的艰难与成功后的豪情。

繁忙的盐运码头

"盐课居赋税之半,两淮盐课又居天下之半。"一部《两淮盐法志》写出了以前灌南地区"煮海为盐"的辉煌!

海盐生产,经历了"煮海熬波""淋卤煎盐""晒海成盐"三个阶段。从人类第一次创造性地利用海水制盐开始,历代盐民或面对烈火或面对烈日,永不放弃地创造对生活的希望。在"一半是火焰、一半是海水"的艰难博弈中,盐民们谱写了不朽的历史篇章。

据载,自周平王元年(前770)至周显王十三年(前356),在前后的400余年间,今灌南县所处之地已有产盐之业。《史记·货殖传》中说:彭城(今徐州)以东的东海、吴和广陵(今扬州)等地,"有海盐之饶",是产盐的富饶之地。

最原始的"煮海熬波"是直接烧煮海水熬盐。到唐代,海盐生产技术采用"刺土成盐法",先将泥土扒起置于淋坑之上,人工浇淋海水,取得相应浓度的卤水,再放到竹盘或者铁盘上煎炼结晶成盐,是为进入"淋卤煎盐"阶段。

"惠泽盐场"壁雕

"莞渎盐场"壁雕

宋天禧元年(1017),海州的板浦、惠泽、洛要三盐场每年卖给本州军的盐就达四十七万七千余石。金泰和八年(1208),设立莞渎屯,创立巡路,设巡检司。元元贞元年(1295),又改盐使司为盐场司令,隶属两淮都转运使。司盐衙门等级逐步提升,可见这里盐业生产的规模之大和地位之高。

用切块盘铁煎盐

切块盘铁

到明朝，海盐的生产方法又有变化。先前采用"聚团公煎"法生产，即"每一场分几团，一团分几户，轮流煎办，以纳丁盐"。由灶丁"二三四人共一盘铁，或五六人共一盘铁，每一日该煎盐一十三斤"。在煎盐过程中，盐场官吏"不时在团觉察，不许私煎货卖"。灶户煎盐，必须在"本团煎办"，"不在本团煎办者，即是私盐，就便拿问"，处以"枷号一月"的惩罚。

之后便进入"晒海成盐"的阶段。该阶段的主要工艺是盐池摊晒，即采用分池晒盐法：先挖条沟，再将沟里的卤水引到盐池中央圆形的坑中（这个坑叫作"马头"），最后再将"马头"里的水引到池子里进行分层暴晒。这种方法相对于前代来说又有了很大的突破，使海盐产量大大增加。

由于淮北场盐产极丰，且均由池面暴晒成盐，盐粒晶莹洁白、粒大味美，质量极佳。淮北场盐产一度以占全国 1/3 的产量创下了全国 2/3 的税收。

清乾隆元年（1736），莞渎盐场因水灾被裁撤。清后期，随着黄河北流入海，海岸线发生变化，灌河口建场晒盐又渐渐兴起，这是后话。

历史上，盐民用海水煮盐，故盐民又被称为"灶民""灶户"。盐池摊晒工艺得到推广后，灶民在成年累月的生产实践中形成了特殊的生产技艺和生产规律。

（一）建八卦滩

八卦滩，是一种比较古老而又具有代表性的盐滩，是按历史上的八卦图改建的盐滩，方便盐民生产、居住和运输。民谚有言："盐滩八卦，神鬼不怕。"正规的八卦滩是一个边长为 600 号（1 号 =5 尺 ≈ 1.67 米）的正方形，寓意"六六大顺"。正方形的外围挖出大河，便于运盐，挖出的土被筑成围堤。八卦滩中心位置挖有一正方形水塘，俗称"胖头河"，象征八卦图中的胖头鳖鱼。挖胖头河时取出的土被堆在太极圈上，供盐民居住和作盐廪的基地。胖头河通向圩外，作为运盐和引海水的总道。另外，从胖头河向不同方向开挖成

"米"字形的8条小河,俗称"独头戽",如此把八卦滩分成8个直角梯形滩。靠近太极圈的地方为晒滩,靠圩边的地方为养水滩。因为每个八卦滩的外围均有水、土两道圩子,故盐民把一个八卦滩称为"一条圩子"。

(二)建对口滩

对口滩,又称"排骨滩""一对子",主要是沿河平行建滩,每个滩自有上水、蒸发、制卤、结晶、上廪等独立完成的生产系统。

旧时盐民晒盐的场景

(三)善观天象

盐民有"年五更,观天象"的习俗,他们认为年五更刮南风则产盐多,盐色好;刮东风则雨水多,产量少。盐民每天早晚都要观天象。早晨观天象后决定要不要将当天的卤水灌进格子,傍晚观天象是为了对第二天的天气做出判断,避免制好的卤和盐被雨水"烫"(溶化)掉。

实际上,盐民喜欢久旱无雨的天气,因为可以多产盐。

(四)三月开晒

以前,淮北场盐民有谚语:"春过三月三,脱脚快下滩。"即每年农历三月初三,开晒是定规,即使是刮风下雨的天气,也要象征性地到盐滩头、风车前动动手,做一做开晒的动作。

(五)晒制龙盐

民间称六月初六这一天为"龙王生日"。这一天,盐民都要晒一些盐,称之为"龙盐"。据说这天晒的盐能感应龙王灵气,腌东西不霉不苦,做汤味鲜。盐民都要珍藏一些供自家食用,还要将其作为女儿的陪嫁物和馈赠亲友的礼物。

伫立田头,极目远眺,看着眼前生机盎然的万顷良田,怎么会想到昔日这片土地竟然是出产丰饶、一望无际的盐滩!

(文/海 军)

四时农具
——市级非遗项目"传统农具制作与修复技艺"

四方食事,不过一缕人间烟火,而成就这人间烟火气的,除了上好的食材外,还有制造出这食材的趁手工具。春、夏、秋、冬四季交替是大自然亘古不变的规律,而春播、夏耕、秋收、冬藏既是农人们不可违背的天规地律,也是农具制作匠人的信仰之源。千百年来,农人们怀着敬畏之心,小心翼翼地遵循着这一自然法则,用勤劳的双手,一年又一年地在灌南这块土地上耕耘着、劳作着……

随着惊蛰第一声响雷过后,春天也就变成了最忙碌的季节,一刻也不能浪费,一刻也不能松懈。春耕春播是泥土自冬天沉睡过后的又一次生命和使命的开始,这时木犁就成了春耕的主要农具。农人们拿出在冬季赋闲时请匠人或修或打造的农具,肩挑手提,牵牛扛犁,加入春耕"大军"中……过去用的犁,是木匠的杰作,每一杖犁都是由匠人千凿万磨而成的。犁的主体部分用木头制成,大件部分是犁弯(它呈一种弯曲的形状),犁弯最前面是引头,就是犁前进方向和力量的牵引部分。犁的引头上面有一个坚固耐用的铁钩,那是拴牲畜牵引用的。犁弯后面是一个很笨重的犁爬,这是农人们引犁用的。犁爬的下面布有铁铸的犁牙,也叫"犁镜",是用来翻土的。前面还有犁铧,是用来开沟的。在过去农业没有机械化的岁月,犁就是一户人家顶顶重要的工具和宝贵的财富。春天入籽、夏天插秧、秋天茬地,从惊蛰的牛鞭第一声响到霜降的最后一片霜落,犁爬一直不能闲下来。有时候,灌南地区的农村姑娘说婆家,只需要看看小伙家的犁爬光不光,就知道这家的小伙能不能嫁……

入夏,当田里的麦子穿上金衣时,就到了该收的时候了。是的,是该收麦了,树上的蝉也一声声催得紧。这时,另一个农具——镰刀就上场了。镰刀在农具中算是很小的一种,它的前端是呈钩状的金属片,另

一端是打磨光滑的木柄。在金属的尾部有一个孔,将木柄紧紧地塞入孔中,再在木柄的尾部钉上一颗钉子加以固定,一把镰刀就做成了。农具当中,笔者或许最讨厌的就是镰刀了。小时候,每次割麦的时候,笔者感觉它总是喜欢与自己对着干,一点也不听使唤,每每一垄麦子没割完,手上就会多几个大水泡。但是它在笔者奶奶的手中又像是一个温顺的女子,三下五除二一垄麦子就割到头了。

犁

秧马

麦子收完,紧接着就该拔秧苗插秧了。这时,插秧神器——秧马上场了。它的造型非常简单,就比小板凳多了一个两头翘起的底板。人们将它搬到秧田里,叉开双腿,像骑马一样坐在上面插秧,插完手边的一片就双脚在泥水里向前一蹬,身子向后一耸,屁股拖着秧马向后一滑。一蹬一耸一滑,就像骑马一样。农忙时,大家常常"你追我赶",用不了多长时间就能插完一块水田。每到插完秧苗的黄昏,笔者的爷爷就会站在水田边,抽着烟袋,眯着眼睛看向远方,听着"咕噜咕噜"的声音,仿佛秧苗在大口喝水,也许他看到了丰收的希望吧。

当絮状的云淡然地飘在蓝天中,空气中瓜果的香气日渐浓郁时,丰收已成定局。忙于秋收的农人们迎着朝霞、披着晚霞,个个都心满意足地扛着钐刀和连枷走在田间路头。钐刀形同镰刀,只是大而长,人有多高，钐刀柄就有多长。抡起钐刀来，所到之处，倒下一大片，钐刀确是农人秋收的好帮手。稻谷收回来后，连枷就派上用场了。连枷是一种手工捶粮脱粒工具，由一个长柄和一组平排的用皮条或藤条绑扎成枷状的木棒组成，并用转动轴连于木柄，用于捶打粮食。打连枷是个力气活，一般由家中的男人负责，只见他们不紧不慢，先是往手心里吐一口唾沫，再用双手握住连枷柄，空着转动几下试试手，紧接着便铆足力气，上下挥动长柄，连枷就转一圈拍打一下。随着连枷上下舞动，谷粒便纷纷破壳而出。秋日，仍然毒辣的太阳照在农人们黑黝黝的流着汗水的后背上。这便是小时候笔者对丰收的印象。女人的任务是把溅落到场外边的谷粒捡拢，做到粒粒归仓。秋日的乡下，连枷声声，至深夜也不停歇。这声声的拍打预示着离吃新米的日子不远了，笔者就伴着这声音憧憬着新米的香甜进入梦乡……

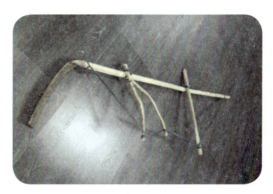

钐刀

连枷

"一场秋雨一场寒"，当空旷寂寥的原野上只剩枯枝败叶的时候，冬藏这项工作就开始了。木制四轮大车和独轮手推车便派上用场了。谷物经过反复晾晒，一点水分也不留。农人们还要把挑拣干净秕子和杂质的五谷装进袋子，像小山一样堆在广场上。牲口过冬的草料也被扎得整整齐齐地码放成一排。冬储的大白菜、红薯、红萝卜、白萝卜等，都等待着木制四轮大车和独轮车的到来，被运往家中存储起来。于是，男人驾车，女人装车，一切都是那么井然有序，他们一趟一趟不辞辛苦地来回往家中运送着粮食，似乎也在运送着家庭的幸福和对来年的希望。

木制四轮大车

当笔者渐渐长大、成家立业，远离那个小村庄时，那些曾经伴随着笔者成长，被农人们视为心肝宝贝的农具大多已经退出了历史的舞台，或被随手遗弃，或被焚为灰烬，再也难觅其踪，在脑海的记忆也逐渐模糊。直到有一天，笔者经过一家堆满手工农具的小院时，看到一位老人正在低头专注地制作一件农具，彼时正值油菜花开，和煦的春风吹在他饱经风霜的脸上，他的那份专注与深情让人感动，令人不忍打扰。笔者轻声走过，注目回望，一件件手工农具无声地透露出别具光泽的细腻和温暖，诠释着传统文化之美。也正是因为有着这样一群人的默默坚持和用心守护，我们的文化才得以连绵不绝、发扬光大。

（文／王晓宇）

成氏菌菇菜：灌南的美食记忆

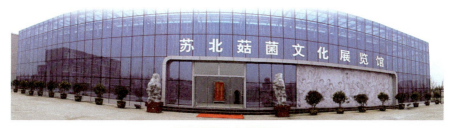

苏北菇菌文化展览馆

一份美食，一种情怀，一个地方有一个地方的美食记忆，古往今来，莫不如是。《晋书·文苑列传·张翰》载："翰因见秋风起，乃思吴中菰菜、莼羹、鲈鱼脍。"说的是晋朝吴中（今属苏州）一带的莼羹鲈脍。说到北京，人们自然会想到烤鸭；说到广州，人们会想到早茶；说到灌南，人们一定会想到那开启舌尖幸福盛宴的"成氏菌菇菜"。

双孢菇

"要想身体好，菌汤是个宝。"菌菇自古以来被当作餐桌"宝藏"，是受中国人推崇的一类养生素食材。明代《本草纲目》中就有利用食用菌治病的记载——香菇性平，味甘，有化痰理

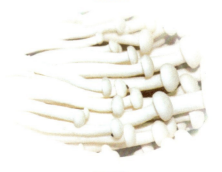

白玉菇

气，健脾开胃，治风破血之功效。灌南是"食用菌之都"，食用菌工厂化生产的总产量约占江苏省的55%，2022年总产值超60亿元。灌南人不但擅长种菌菇，在菌菇的吃法方面也颇具创意：做配菜、做主菜，炒、煎、炸、炖汤……当各种各样的菌菇配上创意创新的吃法时，就形成了具有

灌南地方特色的百变美食。其中，"成氏菌菇菜制作技艺"是灌南菌菇菜制作的代表技艺，也是连云港市第八批非物质文化遗产项目。

"成氏菌菇菜"是中国烹饪大师、中国烹饪协会名厨专业委员会委员、江苏省餐饮行业协会副会长成树华先生的代表作品。成树华先生师从淮扬菜掌门大师、省级非遗传承人薛泉生先生，深得薛泉生大师的真传。目前，"成氏菌菇菜"已成为灌南的特色美食品牌，其中，"养生菊花杏鲍菇"被评为连云港市地标菜品。2012年，"成氏菌菇菜"参加中国烹饪协会举办的中国淮扬菜烹饪大赛，作品"海鲜菌菇宴"获特金奖中的第一名，来自北京饭店的评判长郑秀生大师评价说："做工讲究，实用美味，值得推广。"中央电视台《乡土》等栏目先后三次走进灌南，对"成氏菌菇菜"进行了专题报道，江苏省内外电视台及《连云港日报》等主流媒体对其进行了数十次重播和报道。

在灌南，品尝地道的"成氏菌菇菜"，必去灌南新世纪大酒店。2021年，江苏省餐饮行业协会授予该酒店"淮扬菜研发传承基地"称号，淮扬菜泰斗薛泉生大师为该基地的指导老师，成树华先生为该基地的学科带头人。近年来，灌南新世纪大酒店先后承办"菌都美食"中式烹饪职业技能大赛、灌南发展大会美食节之"品食用菌菜肴"等活动，"成氏菌菇菜"受到全国各地来宾的交口称赞。

淮扬菜研发传承基地开班

菌菇菜制作培训中

心灵的绽放从味蕾起舞开始。鲜美的"成氏菌菇菜"香气浓郁，让食客无法拒绝。源于淮扬菜系的"成氏菌菇菜"，在继承传统的基础上不断创新。比如，"软兜素长鱼"是在淮扬名菜"软兜长鱼"的基础上，把鳝鱼换成香菇，用精湛的技艺将香菇制作成"软兜素长鱼"，成菜艺惊四座，味引四方；又如将淮扬菜"菊花青鱼"改造创新成的"养生菊花杏鲍菇"，借助精湛的刀工把杏鲍菇做成一朵朵怒放的白菊，配以高清汤，缀以虫草和藏红花，实乃普通原料登上大雅之堂之佳品，"虽由人作，宛自天开"，更有"采菊东篱下，悠然见南山"的诗意；再如"老蚌怀珠"这道菜，原是《红楼梦》的作者曹雪芹招待朋友的名菜，灌南名厨将原食材，改用为白灵菇，惟妙惟肖，令全国同行交口称赞；又如"菌菇佛跳墙"，采用的原材料有滑子菇、小红菇、羊肚菌、猴头菇等，辅以几种动物性原料，经过4小时的小火炖制，清香四溢，而且营养价值极高。这4道菜只是"成氏菌菇菜"传承和创新品种中的一小部分。成树华先生的"成氏菌菇菜"实际上包含了100多道菌菇菜肴，已成为灌南人民心目中的美食名片。"一般对烹饪不太熟悉的人认为菌菇属于配菜，平时家常菜就是蘑菇烧鸡或者烧鹅，或者做凉菜。以食用菌为主料做成高端菜品，就烹饪技术方面来说是比较难的，但是我们所研究的就是如何将菌菇打造成一道道令人回味无穷的珍馐。"成树华先生如是说。

"成氏菌菇菜"制作技艺菜品——"老蚌怀珠"（上）、"养生菊花杏鲍菇（下）"

人间烟火气，最抚凡人心。在民以食为天的凡世间，美食不仅关乎味蕾享受，还关乎文化和记忆。"成氏菌菇菜"不仅顺应了现代人追求养生、追求素食的需求，还引领人们不懈追求食物的美味，形成有关食物的记忆，寻觅属于自己的人间至味、精神田园。

（文／林志文）

葛六粉丝

灌南土肥水美，人民勤劳，物产丰富。粉丝便是该地的特产之一。如今，"粉丝制作技艺"已入选连云港市非物质文化遗产保护名录。

旱改水之前的灌南，农产品以麦子、大豆、山芋、玉米等旱作物为主。由于日照充足，微量元素均衡齐全，灌南大山芋远近闻名。由灌南大山芋淀粉加工而成的粉丝，因丝细匀称、颜色纯正、光泽诱人、下锅不化、口感上佳而受到消费者的追捧，在市场上一直供不应求。

灌南大山芋长势喜人

正在晾晒的粉丝

笔者自幼生活的李集镇万圩村有多年的山芋粉丝制作传统，当地的气候条件非常适合山芋生长。从笔者记事起，每到清明节前后，乡亲们以家庭为单位，垄沟、购买秧苗，特别是栽山芋的时候，全家总动员，男女齐上阵，场面相当壮观。山芋全身是宝，藤叶可以用来喂猪养鸡，笔者儿时和同伴常以割山芋藤叶为由而少写作业，这些劳作也是我们接触自然、锻炼身体的最好途径，现在想来没有一点苦涩，尽是童年的欢乐。

春播种、夏管理、秋收获、冬制作，制作山芋粉丝是件辛苦的事，环环相扣，马虎不得。国庆节前后乡亲们最为忙碌，起山芋、打池子、准备工具，为加工粉丝赢得时间。天气要晴好且有冰冻，这种环境下做出来的粉丝口感地道、品正源清，在市场上很受欢迎。笔者记得小时候生产队只有一台山芋碾碎机，乡亲们要精挑细选好山芋，将其洗净后装进木桶，用独轮车或两轮板车或拉或推到加工点排队等候，因时间不固定、路况又不好，往往一天只能加工一点山芋原浆，往返路上还要格外小心，防止车翻浆倒。之后，通过调浆过滤、沉淀漂洗、阳光照晒的一番劳作，上等的原料就算准备好了。

笔者的父亲是南京下放知青，常年在县城工作，母亲因体弱多病而无法干体力活。那时家里制作山芋粉丝更多的要请村邻参与、靠舅舅帮忙，众人齐心协力才能做出口感纯正、选料精准、无添加剂的好粉丝。因为手工制作产量少，除了自己食用外，山芋粉丝多为全家到南京过年时走亲访友的礼品，没有更多的拿来销售以贴补家用。礼轻情义重，爷爷、奶奶拿到我们自己制作的粉丝也很高兴，返乡时回赠的礼物的价格往往是所送粉丝价格的好多倍。至今想来，满满都是幸福的味道。

2015年，笔者从部队转业返乡，看到舅舅为人忠厚，制作粉丝时不偷工减料、不粗制滥造，做出的粉丝乡亲们很爱吃，很有市场，便萌发了把葛六粉丝带到省城参展、拓展市场的想法。办理完参展事宜，我们将心爱的山芋粉丝摆在展览中心里。没想到开展第一天却因价格偏高、色相趋白而受到众多顾客的质疑。在我们一筹莫展的时候，一位中年男子来到我们展位前，嘘寒问暖地询问灌南的发展情况，察看粉丝质量，对我们灌南山芋粉丝的制作工艺更是如数家珍，让我们打心底里佩服一个城里人对农业、农村、农民如此了解。他积极帮我们推销粉丝，想办法、出点子，鼓励我们现场用锅煮粉丝供顾客品尝。粉丝久煮不糊的直观表现，大大提升了我们的粉丝销售量。交谈中，我们得知来人姓余，在江苏省政协工作，曾在灌南参与扶贫工作，视灌南为第二故乡，经常助力灌南发展，心系灌南人民。

他得知笔者也是灌南政协委员后，倍感亲切，更是全力支持。有了余同志的助力，我们的南京之行很成功，葛六粉丝品牌在南京市场得到了进一步拓展。《扬子晚报》更是连续多天给了大篇幅报道，山芋粉丝牢牢地"锁住了南京顾客的胃"，很多顾客至今依然会通过网上下单和自提的方式持续订购葛六粉丝。当然我们十分感谢余同志的无私帮助。有一次临近春节，他来灌南出差，在公务繁忙的情况下依然关心灌南粉丝的未来发展走向，情真意切，颇让人感动。他还不忘激励我们不忘初心，勇毅前行，努力把灌南粉丝的品牌做好、做优。

（文/秦宁建）

于家猪头肉

从某种意义上说,美食犹如一本古代的图经,散发着一个地方隽永的人文风味,诱人向往,又勾人回忆。

新安镇上,一条古老的盐河穿城而过。明清时期,这里扼海州、安东交界,有鱼盐之利,为商旅辐辏之所。那时,天南海北的风味就在"人家尽枕河"的街巷中飘荡。

"于家猪头肉"便是其中一味。对于笔者而言,它是口中的最爱,因为它与新安镇的人文历史一样,让人愈嚼愈有滋味。据老街坊说,周、于、惠、管为老新安镇四大姓。于姓一族从山东而来,至今已有几百年的历史。于姓后裔于步法开创的"于家猪头肉"百年老店一直传承至今,并被列入灌南县非物质文化遗产保护名录,代表性传承人叫于秀丽。

"于家猪头肉"百年老店荣获"灌南美食十大名店"称号

正是因为地域、历史等因素,于家猪头肉既有齐鲁美食的醇厚,又有淮扬小吃的闲适,久而久之,成了一个地方的风味名品,如今已是灌南地区一个耀眼的美食地标。

新冠疫情防控期间,笔者被困在南京几十天,常去菜场买当地猪头肉换口,几次品尝之后,实在是不解馋,是南北口味的差异吗?笔者不由得思念起家乡的猪头肉。

刚出锅的于家猪头肉腾腾冒着热气,不须着色,肥若凝脂,香气四散,如贵妃出浴一般,自有七分雍容,还带三分素雅;切一块,放入口中尝尝,咸淡适中,肥而不腻,香酥细嫩,还可以咀嚼出一种随遇而安的平和、闲适。

在新安古镇,于家猪头肉有三个店铺,都在盐河东,一个在新安镇老街上,一个在城东菜市场东南门对面,一个在聚龙商贸城。据说南京、苏州还设有分店,网上也有销售。前两个店笔者常去,不管是一间门面,还是两三间门面,店内外都收拾得很利落。《随园食单》中写的"至于口吸之烟灰,头上之汗汁,灶上之蝇蚁,锅上之烟煤,一玷入菜中,虽绝好烹庖,如西子蒙不洁,人皆掩鼻而过之矣"和《食宪鸿秘》中写的"常物务鲜,务洁……",大抵是一个意思。笔者曾多次购买于家猪头肉,用真空包装,寄给在外地工作的孩子。不光是因为于家猪头肉口味特别,也是因为于家的干净。

近些年来,无论是餐饮界,还是坊间吃货,都将于家猪头肉列为灌南特色小吃,其美誉度愈来愈高,笔者不由得产生了一个寻根问底的想法。据了解,于家猪头肉注重食材选择,所用的猪头、猪大肠、猪手等全部采购于大型食品企业,为一线的著名品牌。这正印证了袁枚所谓的"大抵一席佳肴,司厨之功居其六,买办之功居其四"。

于家猪头肉讲究老汤炖煮。现有汤汁为传统老汤,配以八角、花椒、桂皮、香叶等20多种作料,按照祖传的秘方配比入汤,熬制而成的卤汁每日回锅温热,保证新鲜度与活性。当然,配料之比、汤汁之浓淡等是制作于家猪头肉的核心秘诀,不宜外宣。

于家猪头肉产品

作为连云港市非物质文化遗产项目的"于家猪头肉制作技艺",始终坚守传统制作工艺。猪头肉的制作过程说是简单,其实十分复杂。在制作过程中,需要在不同的火候下,放入不同的配料,让配料、汤汁和主食材完美地融合,以产生最佳的口味。

儿时,老家称烧炖猪头为烀猪头,从一个"烀"字仿佛能听到大锅里汤沸的声音。土灶烧炖猪头需要准备些硬火草——干柴,那年月,家家早已刨挖了几个大树根,晒干、劈开,专为过年蒸馒头、炸圆子、烀猪头之用。那时猪头肉的口感主要靠火候,我们儿时哪里知道其中的奥妙。但对于非物质文化遗产代表性传承人于秀丽来说,这简直是小菜一碟!

猪头肉是天下最寻常的美食,浸透着浓浓的人间烟火味。今天,我们不妨找几许空闲,静下心来品尝,老家的这一美味定会让人心头一阵悸动。

夏晚,老街门前,一张小桌,仨俩老街坊,一碗豆腐、一碟花生米、一盘绿豆粉、一斤于家猪头肉……哑一口汤沟老酒,夹一片猪头肉入口,酒的浓烈、蒜的辛辣和肉的醇香混合在一起,刺激着味蕾,品哑着、回味着……须臾之间,时光似已穿越千年。

(文/武红兵)

以铜为媒　虔心铸艺

沿着草木葱茏的孙花河畔，循着叮叮当当的敲击声，一座氤氲着袅袅熏香的雅致小院呈现在眼前，这里便是连云港市非物质文化遗产"仿古铜器制作技艺"生产性保护基地——孙中庆的海西中庆堂铜炉制作工坊。

"与铜器结识，源于祖辈世传熏陶；与铜炉结缘，源于师从名家历练。"作为"80后"的孙中庆，他那些许沧桑的面孔透着成熟与稳重。

孙中庆，字敬铜，号炉艺居士，工艺美术大师，灌南海西中庆堂铜炉制作工坊坊主。他出身于民间铜艺人世家，祖辈几代都以制作铜质民用器具为生。作为孙氏铜艺第五代传承人，孙中庆年少时就已在父辈的熏陶与传教下，对传统的铜制品技艺产生了浓厚的兴趣，而随着年岁渐长，兴趣变成了爱好，爱好变成了专注。

"随着社会经济的发展，铜勺、锅铲这类民用铜具逐渐被其他产品替

（A）

（B）

孙中庆制作的铜炉精品（一）

代，到我这一代生计就很萧条了。不得已之下，我暂时放下祖传手艺，在20岁那年，和许多寻梦人一样，去苏州打拼过活。但这次出门，我遇到了人生中的贵人，我的命运也随之发生了改变。"孙中庆如是说。

在苏州务工时，孙中庆偶然发现公司旁边有个做铜炉的加工厂，凭着一颗好奇心，他经常下班后去加工厂观摩铜炉的加工与制作，还不时向工人讨教制炉经验。孙中庆告诉笔者："也许是源于初心与机缘巧合，我在这里有幸结识了中国铜炉界制炉大师、国家级非物质文化遗产项目"古韵铜炉制作技艺"代表性传承人陈巧生。带着对传统铜炉手艺的敬仰，我拜师学习铜炉制作技艺，步入了铜炉制作的殿堂。"

2008年，孙中庆出师创业，在苏州开了个铜炉作坊，开启了铜艺人生的新旅程。为做出独具特色的铜炉，孙中庆查阅了大量典籍资料，遍访国内制炉名家，探庙寻刹，潜心钻研，不断与行业大师交流、切磋，制炉技艺突飞猛进，这也使得孙氏铜炉博采众长，显现出独具一格的艺术品位。2013年，孙中庆胸怀传承祖业、振兴家乡的壮志，回乡创办了海西中庆堂铜炉制作工坊。"认准了这一行当，只要用心坚持做下去，手艺人还是有前程的。"孙中庆如是说

孙中庆的铜炉成品展厅，分明是铜炉的世界，大到祭祀用的铜鼎，小至把玩的铜件，古朴庄重、栩栩如生，平凡而冷清的铜在这里一下子具有了温度。

一炉淡淡清香，一曲高山流水，孙中庆抚摸着铜炉，对铜炉的前世今生娓娓道来——

早在远古时期，我们的祖先就开始制造铜器。中国铜器以其使用规模、铸造工艺、造型艺术及品种类别，在世界铜器之林中独树一帜，扮演着不可或缺的东方文化角色，与玉器、瓷器、书画、丝绸等众多中国特色传统文化载体一道，各显异彩，互领风骚。而铜炉，作为中国古代铜器门类中的一个特殊品种，凭借其独特的实用价值、艺术价值和文化价值流传至今，悠久灿然。

这只炉是手炉，又称作"炭炉"，最早是用来取暖的，取暖只是铜炉的最初用途。这只炉是温酒炉，是用来温酒的。从功能上讲，温酒炉的设计非常合理，一般上部是酒壶，下面是炭炉，既能上下分开，又能

合体合用。无论是炭炉还是温酒炉，都更偏于实用。

但若要谈起艺术造诣，还要从铜香炉开始。

汉代学者刘向在《熏炉铭》中有这样的描述："承以铜盘。中有兰绮，朱火青烟。"可见在汉代人们就开始使用铜香炉供焚香、除秽、取暖、怡情。铜香炉的形状独特奇异，主要分为器盖、炉身和炉足三部分，分别雕刻着各种精美图案，盖中雕有孔，以便香气溢出。小型铜香炉一般为熏香房宅、祛浊除秽之物具，大型铜香炉则为庙堂祭祀、礼仪之重器。铜香炉历代皆有铸造，尤以明宣德年间制作的"宣德炉"最为世人所推崇，它也成为历代收藏玩家心心念念之物，以至于后世常以"宣德炉"来指代铜炉。

铜炉虽美，制作却难。自古铜炉制作法多种多样，但以"失蜡铸铜法"（以下简称"失蜡法"）这一千年古法最为复杂，也最为精致，具有较高的艺术观赏价值。孙中庆的"孙氏失蜡铜香炉"（又称"孙氏铜炉"）就是严格遵循与传承以"失蜡法"为核心的传统铜炉制作技艺，辅以精心的手工打磨、氧化，使铜炉不仅拥有璀璨夺目的光彩，还具有浓厚的岁月沉淀感。

"失蜡法也称'熔模法'，制作工艺非常有讲究。"在铜炉制作间，孙中庆现场展示了孙氏铜炉制作的全部流程。"首先要设计炉型，雕刻铜炉蜡模，铜炉器型或有传承，或有创新。接着制作失蜡法模具，根据雕刻好的蜡模，调配黏土和浆料等制作出铸铜模具，并使得模壳硬化。冶炼铜液，在高纯度的水红铜中加入金、银、锡、镍等贵金属，精炼凡12道工序，保证制成的铜炉既有金属的质感，又能泛出柔腻如肌肤的光泽。铜液炼好后，将精炼过的铜液注入失蜡后的模具中，冷却成型。最后是去壳切割，手工精细打磨抛光并氧化。采用失蜡法制作铜炉，不仅要有精湛的铸铜技艺，还要掌握美术、雕刻、开模、冶炼等多项技能，以及具有很强的审美创意功底，这样才能制造出形、神、艺俱佳的仿古铜炉作品。"

孙氏铜炉在连云港市已是家喻户晓，享有盛名，多次获得业内大奖。2016年，孙中庆"仿古铜器制作技艺"被连云港市政府确定为连云港市非物质文化遗产；2017年，孙氏的铜炉制作工坊被连云港市文化广电新

闻出版局表彰为"连云港市非物质文化遗产'仿古铜器制作技艺'生产性保护基地"。

"以古为师，传承创新，用铜炉记录时代，让铜炉反映时代之美。"孙氏铜炉制作技艺融合了绘画、雕刻、制模、冶炼、铸铜、打磨、做旧等多种复杂工艺技术，同时推陈出新，于新中求精，于精中求奇，于奇中求实，形成了自己独特的技艺风格。

在2021年第七届中国（连云港）丝绸之路国际物流博览会"连云港非遗文创"展区，孙中庆制作的孙氏铜炉以其作品造型古朴典雅、铸造工艺精良、色泽温润晶莹、材质精纯凝重，赢得了一片赞誉。2022年，孙中庆为宣传灌南西游文化制作的"二郎真君"随手礼，受到了中外友人的大力推崇。2023年3月，孙中庆为山东省兰陵县"大蒜节"制作的"蒜上有蜗牛"（寓意"算我牛"）随手礼，被赞为"神来之笔"。孙中庆还曾多次参加"中华老行当"等大型活动，其代表作《一元铜炉》风靡大江南北，受到各地文玩藏家的热捧。

（A）

（B）

孙中庆制作的铜炉精品（二）

当我们品味一个精致的铜炉时，或许只是惊叹于它的工艺之美，殊不知它背后浸透着工匠们的无数心血。他们日复一日地做一件事，枯燥、平淡、寂寞。"目前孙氏铜炉制作手艺主要是以家庭传承、以师带徒的形式来延续和发展，尽管地方非遗保护部门给予了多方面的保护与支持，但短时内很难形成规模效应。制作铜炉需要投入大量的精力和财力，且耗时长、功利小，需要持之以恒、耐得住清贫去钻研、传承、创新铜炉制作技艺。"孙中庆说。

"我准备在这个清静的小院里建一座孙氏铜炉展览馆，以自己对铜炉文化的解悟，建立起自己的铜炉收藏体系。"采访作别时，孙中庆透露出一个深藏心底多年的梦想，"我希望这座展览馆能够成为连接民间手工艺人与社会大众的桥梁，将铜炉制作这项传统工艺带到大众面前，使其更加全面地融入当代人们的生活，更好地'活'在当下，传承民族文化，为时代服务。"

以铜为媒，匠心铸梦；不忘初心，方得始终。这也许是对孙中庆最好的诠释。

（文／刘霁军）

匠心独锔　残瓷重生

"没有金刚钻,别揽瓷器活",这说的是一门古老的瓷器修复技艺——锔瓷。锔瓷就是对残瓷进行"缝缝补补",把破碎的瓷器拼好,用金刚钻钻孔,再用锔钉嵌住抓牢,使其恢复原样,既能被再次使用,又有观赏价值。

中国是瓷器的故乡,英文中"China"一词,既指中国,也指瓷器,可见在全世界的文化共识里,有着喜庆连年、吉瑞绵延、尊贵雅致等美好寓意的瓷器就是中国的代名词。对于中国人来说,瓷器不仅是生活器皿,还寄托着人文情怀。

"世间好物不坚牢,彩云易散琉璃脆",瓷器光亮圆润,耐磨却也易碎,且无法通过简单的黏合或捆绑复原。当一件瓷器破碎后,留着无用,弃之可惜,匠人们便开始琢磨如何将残破的瓷器修补好,于是发明了"金刚钻"和"锔钉",总结出一套瓷器修补修复技艺——锔瓷,继而便产生了锔补修复瓷器这一行当。残裂破碎的瓷器,被锔瓷匠人赋予了新的生命。

（A）

（B）

修补后的瓷器（一）

锔瓷是中国最古老的瓷器修复技艺，起始于何时无法考证，最早在宋代张择端的巨型手卷《清明上河图》中就有锔瓷艺人锔瓷的情景。跨越千年的锔瓷技艺，影响了中国很多代人的生活。"锔盆儿、锔碗儿、锔大缸……"年长的人或许还记得，早年间在幽长的巷弄里，锔匠人挑着箱式小柜的担子吆喝着。锔瓷技艺积淀着岁月的沧桑，浸透着古朴的韵味，承载着历史的记忆，锔瓷成为那个年代特有的风景。

　　随着时代的快速发展，人民的生活水平日益提高，锔瓷这一行当也随之萧条，古老技艺渐渐被淹没在历史的洪流中。如今，锔瓷作为非物质文化遗产又重新回到了大众的视野。在灌南就有一位默默传承这门古老手艺的能工巧匠——连云港市非物质文化遗产项目"锔瓷技艺"代表性传承人王海亮，他埋头精耕于锔艺的一方天地，用睿智的眼光、灵巧的双手，让"破瓷重圆"，让一件件残损的瓷器又"活"了过来，并焕发新的光彩。

　　王海亮，1981年出生，祖籍江苏省盐城市，定居于灌南县新安镇，自幼酷爱中国传统文化和传统手工艺。他大学专修艺术设计，本科毕业后，由于对中国茶文化很感兴趣，他开始研究和收藏各式各样的陶瓷茶器，后发现陶瓷茶器易碎易损，就琢磨着如何修复那些破损的茶器。

　　"一次在网络上偶然看到锔瓷这门老手艺，我开始对锔瓷这一传统技艺有了兴趣。"2013年，王海亮师从中国锔瓷艺术大师王振海（业内称"王老邪"）学习传统锔瓷手艺，历经10年严苛的考核和甄选，正式拜入师门，成为王门锔艺第六代传承人，获师父赐堂号——"冇璺居"，并在征得师父同意后，以"锔瓷"为题，在连云港市申报非遗项目，使这门中国传统手艺在本地区得到传承和发扬。

　　锔瓷又称"锔活儿"，而"活儿"有"粗活"和"细活"之分。做"粗活"的手艺人即纯为以民间生活用品为主的锔瓷修复，锔盆、锔碗、锔大缸，民间称为"锔炉匠"，所用的工具金刚钻、锔钉都大而粗糙、形式单一，是清一色的铁钉。另一类则是修复更为精致珍贵瓷器的"细活"，指的就是"锔活秀"，所用工具小而精巧，所用锔钉全是用民间绝活锻铜工艺加工而成的花钉、素钉、金钉、银钉、铜钉等。而王海亮钟情和专注的正是"细活"。"在我看来，'锔活秀'是锔瓷

技艺中最复杂难做的一种绝活,没有规范参照,完全根据瓷器裂纹的位置及花纹图案来锻制锔钉,工艺性强,艺术性要求高,尤其是针对传世稀少的古旧瓷器——紫砂的锔补修复,难度就更大。只有掌握精湛的技艺,加上花钉和嵌补、镶口、包口、包边、包嘴、镶包、嵌饰、做件等艺术表现,才能使得残瓷复原重生、锦上添花、美妙绝伦,增添艺术的魅力,成为另一类独具观赏价值与艺术价值的瓷文化工艺美术品。"一般面对好奇访客的咨询,王海亮都会停下手里的活儿,热心地介绍和解答,满眼都是对这项技艺的热爱。

（A）

（B）

修补后的瓷器（二）

锔瓷,锔的是生命,补的是艺术。在王海亮的工作台上,正摆放着一堆破碎的瓷片,那是客户送来的待修复的残破瓷碗。王海亮神情专注地观察瓷碗碎片的碴口,对位成器,找碴对缝,力求做到严丝合缝,再用胶纸在对合成形的瓷器里面黏附,用钩绳捆扎紧固,将瓷器基本固定成形。接着是钉位点记,按照瓷器的形体结构与破碴、缝隙位置,计算锔钉的张合位置及钉位点,用笔点钉记位,计算出用钉数量,确定好与瓷器的外貌形体、花纹图案相匹配的锔钉。打窝钻孔考验一个锔瓷匠人的细致和耐心,每件瓷器的厚度、硬度都不相同,打孔的分寸全靠经验的积累,既不能太深,也不能太浅。深了,容易打穿瓷器;浅了,锔钉就锔不牢固。要钻到瓷器厚度的2/3的位置,留下1/3的厚度,这样锔钉锔好之后才会滴水不漏。

"上锔钉更是非常讲究,只能是'一锤子买卖',恰到好处地将锔钉嵌入到位，如果重复敲击，就容易把锔钉打坏或将瓷器打崩，锔钉一旦嵌入就不能再起出来，正所谓'一锤定音'，落'钉'生根。"当所有锔钉全部锔好后，将捆扎紧固的锔绳解开，并除掉内胶纸，将鳔胶与瓷粉按比例调好后填入锔钉孔缝中，最后清理瓷器。整套工艺下来，王海亮井井有条，一气呵成。一只破碎的瓷碗在他手上被修补完整，恢复了"生命"，装上水，果真滴水不漏。

"其实，最考验技艺的是制作花钉，而最能提升原器物艺术品位的也是花钉。有时根据瓷器的修复需要或客户的审美需求，要在器物上镶嵌各式花钉。不同残瓷都有不同的锔势，只有基于匠人的经验和功力来琢磨设计花钉图案，才能锻制出恰如其妙的花钉，让修补后的瓷器更具艺术价值。"王海亮如是说。

锔瓷技艺绵延千年，经过沉淀与洗礼，见证了中国瓷文化的发展、演变，秉持了中华民族保物惜福的传统美德，展示了中华民族守正创新的聪明才智，具有鲜明的物质生活价值、精神生活价值和社会生活价值，是研究中华民族民间技艺、民俗文化特征的鲜活标本，是中华艺术宝库中的瑰宝。

随着经济发展和社会转型，传统行当正在淡出人们的视野，作为老行当的锔瓷，也面临着重重困境。工厂化批量生产所带来的瓷器贬值，也使锔瓷赖以生存的基础遭受打击。"锔瓷代表的不仅是一种技艺，还是中国文化的延续和传承，只有对其进行大力宣传，才能让这门手艺不失传于世。"王海亮表达出对锔瓷技艺的深厚关切之情。

近年来，灌南县的文化部门对王海亮锔瓷技艺采取了分类整理资料、绘出传承谱系、建立资料档案、举办技艺讲座等相关保护措施，在提高锔瓷技艺传承人的技艺水平、扩大锔瓷技艺的社会宣传面、促进锔瓷技艺的传承发展等方面做出积极的努力。王海亮豪情满怀地说："作为我市一项重要的非物质文化遗产，我相信，在政府及社会各界的关心和推动下，锔瓷这项古老技艺必将为更多的大众所熟悉和知晓，锔瓷技艺和当代社会文化价值的紧密融合，也必将会使其重新焕发出新的生机、绽放出新的活力。"

（文／刘霁军）

廖家老鹅：卤一锅最灌南的市井滋味

遍布灌南街巷的美食摊点，承载着最灌南的市井滋味。四季轮回，春、夏、秋、冬各有其味，饱含着味蕾之魅。而在目不暇接的"菜单"上，始终有着一位不变的主角——廖家老鹅。

（A）

（B）

"廖家老鹅"荣获的各项荣誉称号

早在汉朝时，鹅作为一种禽类美食，便出现于食馔之中。《盐铁论·散不足篇》言："今富者……春鹅秋雏，冬葵温韭。"鹅肉不但鲜嫩美味，而且食之有益。《本草纲目》记载：鹅肉"利五脏，解五脏热，止消渴"。《随息居饮食谱》认为鹅肉"补虚益气，暖胃生津……能解铅毒"。灌南县的"廖家盐水老鹅制作技艺"是连云港市非物质文化遗产项目，其卤制技艺源远流长，可上溯至晚清时期，源于扬州黄珏镇。清末时，廖家老鹅等卤制品便在涟水、兴化等地流行，至中华人民共和国成立后在灌南县柴米河两岸的海、灌、沭地区闻名遐迩。"廖家老鹅"总店现位于灌南县汤沟镇。经过几代人的传承与创新，廖家老鹅将古法与现代工艺相结合，形成了独具一格的灌南风味，不仅走进了寻常家庭的餐桌，还成为灌南人走亲访友、馈赠亲朋的佳品。

廖家老鹅之美味，源自食材的精挑细选。廖家老鹅所选原料为一至两岁毛齐膘足的成鹅，宰杀前须将鹅放在池塘漂养一至二日，当天宰杀，当天加工，当天销售，肉质肥瘦相宜、口感饱满。为保证廖家老鹅的品质，第五代传承人廖德志自2008年起积极筹措资金，在灌南县汤沟镇建立畜禽养殖基地，以天然放养的成鹅作为廖家老鹅的原材料。"南国汤沟酒，开坛十里香。"汤沟古镇因独特的地理环境而盛产汤沟美酒，而受河影交错、稻香水美、风景旖旎、气候宜人环境滋养的鹅，更加绿色健康，营养丰富。

廖家老鹅之美味，还源自工艺的精工细作。廖德志从小闻着盐水鹅的卤香长大，长辈们在灶台边煮鹅的一招一式，是他最熟悉的记忆。在卤鹅过程中，工艺的传承与创新更是他的不懈追求。卤汁配方是廖家老鹅制作技艺最

廖家老鹅的制作

核心的部分。佐料有大小料之分，大料以生姜、葱、酒、白糖、盐等为主。小料分为陈卤和新卤，陈卤直接被放进大料中熬煮；新卤有8种成分，分别是八角、桂皮、花椒、丁香、小茴香、蔻仁、草果和香叶，按比例配方，用纱布扎好，放入大料中一起熬煮。大小料调好，烧火煮

廖家老鹅成品菜

沸后，将鹅倒着放进锅内。生鹅下锅必须竖立排放，使其腹腔内灌满汤汁。卤鹅的锅是特制的，与火直接接触的是大铁锅，铁锅上方，还加造了50厘米高的木制瓮，有利于焖煮。卤制廖家老鹅，最关键的是火候的把握。以柴火为燃料，先用武火（火力大而猛）攻，使其熟；待卤水沸腾一段时间后，再用文火（火力小而缓）焖，使其烂。武火卤制的时间不宜太长，否则肉熟得早，卤味入不了肉；而文火要绵绵若存，焖不到位则连皮带骨咬嚼不动，焖过了头则骨肉过烂，挑不上筷子。上好的"廖家老鹅"色如胭脂，形状饱满，软硬适中，入口酥而不烂，香味浓郁，回味甘爽久长。

"想长寿，吃鹅肉；要健康，喝鹅汤。"购买廖家老鹅时，热心的老板总会贴心地送上一袋卤汁。这卤汤自然是煮鹅的老汤，汤汁鲜美，品尝起来原汁原味、有滋有味。卤汁被装在薄薄的塑料袋里，上面绕圈打了一个结，品尝前须拎起塑料袋，用剪刀斜着剪去小小的一个角，像浇花似的，将卤汁均匀地浇在老鹅上。空口尝味不躺人，伴酒下饭也不淡，"小酒搭老鹅，快活赛神仙"。廖家老鹅带给人们从舌尖到心尖的念想，让人禁不住感叹："此鹅只应天上有，人间能得几回尝！"

寻梦汤沟酒乡，寻味廖家老鹅。廖家老鹅已成为灌南百姓最爱的市井滋味之一。"用心做好每一只鹅"的廖家老鹅的传承者，已将"廖家盐水老鹅制作技艺"这一连云港市非物质文化遗产项目，从汤沟古镇传承到了灌南、淮安、北京等地。与此同时，"廖家老鹅"积极适应电商经济，开辟网上销售渠道，并设计、制作了精美的包装袋和包装盒，使廖家老鹅成为行销省内外的味蕾"宠儿"，成功跻身"网红"之列。

（文／林志文）

别出心裁
——皮具制作技艺

盛夏，灌南海州北路的街头车水马龙，热闹非凡。繁茂的法桐树下"及物鸟皮具"的门牌若隐若现。二楼窗边，张冀正在低头专注于一针一线地缝制皮具，外面的喧闹似乎与他无关。在喧闹的世界中，他仿佛是一个遗

"及物鸟皮具"店内陈列的各式皮具

世独立的仙人，不由得让笔者想起一句话：小隐隐于野，大隐隐于市。

顶着盛夏的骄阳，笔者走进张冀的店铺中。店内皮具繁多，一条条皮带挂在架子上，整齐划一，有着不同纹路、不同光泽。一个个皮包展陈在木制的柜子上，虽都是皮具，却又各自有着自己独特的颜色和特色。精致的做工、丰富的色彩、多样的款式，组成了展架上最动人的存在。除了这些外，还有皮衣、皮箱、皮制纸巾盒、皮制钥匙扣等，每一件皮具都像一件艺术品，向人们诉说着它们背后的故事。皮具中间偶有绿色植物和小摆件点缀，由此能看出店主不俗的品位和享受生活的情趣。

拾级而上，是二楼的工作室，内有一张宽大的工作台、一块纹理规则的皮料、几把称手的裁皮工具……这便是张冀几乎每天都要亲密接触的几件物品。张冀制包的手艺是跟随外公学习的——年近八旬的老人坐在宽大的桌前，娴熟地缝制、打磨，让小小的张冀领悟到一种精神，一种不会随着时光而流逝的精神。耳濡目染下，张冀在很小的时候就显示

出皮具制作天赋。外公偶然发现他的这个天赋后,便开始积极地加以指导和培养。张冀对于皮具的制作有一种疯狂的痴迷,他曾经不顾后果地把父亲的牛皮公文包拆解开,闷在屋里整整两天,只是为了给母亲制作一个手工钱包。

  大学毕业后,张冀不顾父母的反对,执意留在北京,成了时下流行的"北漂"一族。当笔者问及他"北漂"的艰辛时,他笑着摇了摇头,并未有过多言语,也许在他看来,心中的那份匠人精神比起物质的生活更能让他满足吧。张冀因为他的信念和才气,渐渐地赢得了圈内人士的一致赞誉——他曾为中国农业大学设计院标,曾多次为政府部门出版的图书设计封面等,曾参与中国军事博物馆"我们的队伍向太阳"展厅的部署,曾为故宫博物院设计收藏证书,曾为人民大会堂宴会厅设计宴会门票,还曾为北京奥运会设计反恐手册图画……更重要的是,他还在北京邂逅了他的爱情,一位直爽、洒脱的东北姑娘——梁宇超。一切似乎都在向着美好的方向发展……

(A)

(B)

张冀夫妻俩在精心制作皮具

  但是,好景不长。一天,张冀接到了远隔千里的家乡的电话,得知母亲被车撞了。作为家中独子的他,心一下子被掏空了……那一段时间,他无心工作,夜不能寐,特别思念家乡,挂念家中年迈的双亲,好在他有一个理解并支持他的妻子,两人经过反复思考和商讨,终于做出了人生的一个重大决定——放弃北京的一切,回乡再创业!

　　回乡创业是艰难的,一切都需要从头开始。经过前期的市场调研、外出学习和反复商讨,他们最终敲定了研发皮具、定制皮具和手工皮具的发展路线。他们不追求产量,不急于赶工,精雕细琢,尊重手工皮具展现出的缺憾美,让每一款皮具都有温度。他们曾用三年的时间潜心研发,经过无数个日夜,绘制了无数张设计图纸,跑遍了大半个中国的皮料市场,反复揣摩不同层次人群的需求……如今,他们成功了。现在,"及物鸟皮具"已成为灌南一张亮丽的名片,张冀夫妇也成为大学生创业成功的典范。

　　说起张冀的妻子梁宇超,笔者和她还颇有些渊源。在他们回乡创业的初期,在一次外地青年聚会上,笔者与彼时还是大学生村官的梁宇超相识了,并一见如故。"未见其人,先闻其笑"是笔者对梁宇超的第一印象,见到她仿佛全世界的阴霾都消散殆尽了,只有阳光。几年后,笔者和梁宇超在她的皮具店就着夕阳漫谈的时候,还在感慨,也许张冀的成功离不开梁宇超的相伴。两个人一个埋头不言做皮具,一个东奔西跑找市场,如此搭档,成功也就是必然的了。

　　如今,张冀还是会坐在那间临街店铺的窗前,安安静静地打磨着手上的皮具,专注于眼前的事情,任窗外车水马龙,时光流逝……世界是浮躁的,但手艺人必须是安静的,起码在工作的时候要全心全意投入,默默地用自己的双手传承古老的技艺,打造出最精致的作品。有人说,制作手工皮具就像一场修行,一针、一线、一笔、一刀,用双手编织生活,雕刻时光。日复一日,年复一年,岁月可以带走匠人们的韶华,却带不走他们的初心,他们守住了属于自己也属于灌南的那份乡愁。他们岂止是一介工匠,更是灌南的文化使者,是灌南精神田园的守护者。

(文 / 王晓宇)

孔明灯制作技艺

读过中国古典名著《三国演义》的人，倘若你问他对这本书中谁的印象最深刻，大部分人都会给出一个相同的答案：诸葛亮。

而在灌南县，提到诸葛亮，那大人、小孩脱口而出的肯定是——孔明灯。据传，孔明灯是由诸葛亮发明的，距今已有1700多年的制作历史。传说三国时诸葛亮的军队被司马懿围困在平阳城，当时敌众我寡，无法派兵出城求救。于是，诸葛亮心生一计，他先对风向进行观测，然后连夜制作了一批燃放后会飘浮到空中的灯笼，再系上载有战况和求救信息的纸条，把这批灯笼放飞到空中，传回自己的大本营，这才搬来救兵，解围脱险。由此可见，孔明灯最早用于军事领域，能起到传达军情的作用。后来，蜀汉军队曾经广泛地使用孔明灯，并且形成了约定俗成的喻义：燃放一盏孔明灯代表敌人进攻；燃放两盏孔明灯代表敌人撤退；燃放两盏以上时，孔明灯的数量代表敌人的人数。

在灌南，关于孔明灯的另一种说法则是这种灯笼的外形像诸葛亮的帽子，由此得名。

孔明灯又叫"天灯"，俗称"许愿灯""祈天灯"。现代人放孔明灯多作祈福之用，男女老少亲手写下祝福祈祷的心愿，放飞祈福。

灌南县制作、燃放孔明灯这一习俗可上推至清末。作为一种民俗节庆的活动内容，人们在婚庆喜事、开张立业、良辰佳节均有燃放孔明灯的习俗，以祈求幸福吉祥、平安来财。

每当佳节来临，抑或是婚庆喜事之时，再或者灯会上，看着一盏盏冉冉升起的孔明灯，你不得不为千年以前劳动人民的智慧所折服。在科技还不发达的时候，中国人的智慧光芒更是无时无刻不在闪耀。孔明灯的制作原理和飘浮原理跟热气球是一样的，主要是利用热空气和浮力使气球飘向天空。如今看来原理虽然简单，制作却十分精细和讲究。据灌南花园乡制作孔明灯的老艺人郑发英介绍，孔明灯主要分为灯罩和支架两部分。灯罩为球形，外敷质地轻、柔韧度好的丝绵纸。随着时代发展，

夜空中冉冉升起的孔明灯

很多手艺人开始用一种红色防潮纸作为原料，这种防潮纸不仅具有轻与薄的特点，而且柔韧性比丝绵纸更胜一筹，非常适合制作孔明灯上部的灯罩。此外，红色防潮纸颜色喜庆，满足了人们节庆时的庆贺心理。

制作孔明灯的支架时，用竹篾编成圈，在圈中间再用细铁丝穿插成十字形，灯芯就被放置在十字形铁丝上。有两个关键环节值得注意：一是支架各部分的重量和比例要协调，否则孔明灯就难以升空或飘浮速度达不到理想效果；二是制作灯芯的原料十分讲究，近来孔明灯制作艺人开始在灯芯中加入少量柴油和酒精，这使得孔明灯的升空速度比以前提高了一两倍。

燃放孔明灯虽然很浪漫，但是由于自由放飞，离手后可控性差，故也存在一定的危险。尤其是孔明灯的灯罩多为纸质，所以在空中非常容易自燃，着火的孔明灯掉入树林或是其他有可燃物的地方，容易引发火灾。因此，在佳节到来之时，也会有很多地方挂着固定的孔明灯供人欣赏祈福，采用这种方法不仅观赏性高，而且安全无隐患，还能够寄托大家的祝福。

回忆起来，那节日的夜晚，看着承载着人们美好愿景的孔明灯随着点点星光，一盏又一盏在空中冉冉升起，我们不禁感叹：这固然是对古典技艺的坚守，又何尝不是对中国古典文化的传承？

（文／车红玲）

妈妈菜的味道　跳动在舌尖的记忆
——灌南美食之肉圆

美食载于美文，其溢于周身的美感，源自对妈妈和家的依恋。

也说花园肉圆

传统相声《报菜名》里有一段贯口："红丸子、白丸子、南煎丸子、四喜丸子、三鲜丸子、氽丸子、鲜虾丸子、鱼脯丸子、饹炸丸子、豆腐丸子……"这里讲的都是圆形的油炸的糜子一类的美食。"丸子"是北方的说法，南方一般都叫"圆子"（灌南属于北方人口中的南方、南方人心中的北方，因此，这里的人一般叫它"坨子"）。这种菜肴因形生义、取意表情，为的是讨个口彩，以实现"圆满、团圆"的愿望，延伸一下，大概还隐含着"团结才有力量"的意蕴。

圆子因为区域、民族、时令和时代的不同，主料也有差异。荤腥的有鱼肉圆子、牛肉圆子、羊肉圆子、鸡肉圆子、虾仁圆子等，素淡的有豆腐圆子、萝卜圆子、藕粉圆子、丝瓜圆子、南瓜圆子、面粉圆子等。主料、形状和做法不同，称呼也有区别，蒸、炸、煎、煮（氽）皆可。但比较普遍的主料还是猪肉，它因鲜香可口、取材方便、物美价廉而被大部分人接受。

红烧、炖煮、氽汤、清蒸可以进一步提升圆子的口感和品质。圆子菜的典型代表——淮扬菜中的"狮子头"、鲁菜中的"四喜丸子"、浙菜中的"粢毛肉圆"等都是名扬九州的美食。而何人何故何时何地创制了圆子，我们不得其详，但中国人吃饱后吃好、吃好后吃美的饮食文化思路，应该是圆子诞生的根本原因。关于圆子最早的传说与秦始皇嬴政相关。据传，秦始皇好鱼怕刺，就有了鱼丸。牛肉丸据传是晋人为避乱而带往潮汕地区的，之后成为有名的菜肴。炸肉圆据传为清光绪年间王家第四代厨师王士元所创，肉圆走油后，就成为今日大江南北处处可见的美食。

炸好的花园肉圆

灌南及周边地区的圆子大多用油炸的方式制作而成，不论什么原料，一律俗称"坨子"（与其他地区的主料和做法均有所不同，如湖南坨子、四川油坨子和北京摊坨子多为面食）。本身是一小坨（团），称它"坨子"属正常；而本地及周边区域的人多称自己为苏州移民的后裔，所以"坨子"是不是吴语的"团子"与江淮方言结合后的转音词，尚待进一步研究。

说到肉圆，灌南人首先会想到花园肉圆（这名字说起来拗口，我们还是称它为"花园坨子"吧）。像许多名菜一样，花园坨子相传因受乾隆称赞而远近闻名。当地民谣形容它是"掉在地上跳几跳，吃到嘴里嫩又香"，这虽有点夸张，但也足见其品质确实不同凡响。《考工记》载："天有时，地有气，材有美，工有巧，合此四者，然后可以为良。"花园坨子顺应了这样的要求，选料讲究、制作精细，所以成品口感极佳，其在灌南众多品类的坨子中，当仁不让地成为佼佼者。

据业内人士介绍，花园坨子的制作步骤大致如下。

备料：选上好的猪后腿肉1斤，去皮洗净后切成小块；取面粉（2两，即100克）、蛋清（5个）、酱油（根据所需色泽确定用量）、盐、味精、料酒、食用碱、姜、葱等适量（亦可根据个人喜好选用其他配料）。

制馅：用刀背均匀地拍打（或用铁棍均匀地敲打）案板上的肉块，使其成糊状，装入容器后，加入蛋清、盐、酱油、味精、料酒、姜末、葱末，按顺时针方向搅拌至起腻上劲（3分钟左右）；放入少量水（2两）继续搅拌（前后方向一致），待水分被肉馅充分吸收至起腻上劲后，再倒入面粉和碱水，仍按顺时针方向搅拌至有拉丝黏腻感；放置发酵60—80分钟。

炸制：将食用油（根据需要确定用量）倒入锅中烧至50℃—60℃，

改中小火保持油温；用手将肉糊挤成圆球状（另有用刀或筷子划拉成眉毛状的，炸成"眉毛坨子"），散放进热油中慢炸；拿铲子或漏勺翻搅肉圆，防止粘黏并均匀上色；炸至金黄上浮后控油捞出。

炸好的花园坨子通常有两种食用方式：一是出锅即食（谓之"干炸肉圆"），有外酥里嫩、松软筋道、不腥不腻的口感；二是烧制菜肴，或炖煮，或红烧，有弹滑细嫩、汁多鲜香、汤浓味美的口感。

"坨子尚在锅中游，早有香气飘村头。"这种烟火气十足的景象曾经在春节时的灌南县花园乡（今属灌南县新集镇）随处可见。因为费时费力，过去花园人通常在重大节日或聚会时才制作坨子。在经济发展、生活条件改善后，大家也会在炸制时多做上一些，存入冰箱备用。如今，超市、菜场有很多炸制圆子的铺子或包装好的成品圆子售卖，种类庞杂、口味各异。为图个便捷、尝个新鲜，很多人会买现成的，久而久之，即使有人会炸制圆子，手艺也得不到提升，而掌握花园坨子制作技艺的高手则越来越少，乡人为了生计，又多外出，平日想吃到品质上乘的花园坨子极不容易。怎样保护并传承好这项技艺，宣传打造品牌，扩大本地美食的影响力，同时让从业者获取附加值，值得我们深入思考。

（文/晏　波）

夏家肉圆 ——小窑肉圆制作技艺探秘

小窑肉圆是很有名气的，在灌南县城的大大小小的宾馆饭店里，在乡间村庄的红白宴席上，食客都能有幸品尝到小窑肉圆。小窑肉圆已经成为灌南饮食文化的一个符号，根植在灌南人的心里，一提起小窑这个地方，大家就会自然而然地想到小窑肉圆。

灌南的饮食属于淮扬菜系，淮扬菜系讲究刀功火候、形味俱佳，这些要求小尧肉圆都能满足。而本地正宗宴席的八碗八碟，无论内容如何变化，都少不了象征团团圆圆的肉圆。这也是小窑肉圆声名远播的原因之一。

"夏记肉圆"店铺

笔者喜欢吃肉圆,尤其是刚炸的肉圆,将圆圆的还"滋滋"冒着油气的肉圆,塞进垂涎欲滴的嘴里,猪肉的香掺和着姜、葱的香充盈口腔,整个味蕾都被激活了,幸福的感觉布满全身。

说来有点惭愧,笔者在县城生活了30年,大大小小的饭店去过不少,高端的、中档的、地摊大排档都去过,吃过的肉圆也多种多样,猪肉圆、鱼圆、萝卜圆、豆腐圆……这些圆子中有一些是从外地运过来的, 大多数来自本地,滋味也各有千秋,但总感觉没有刚出锅的小窑肉圆好吃。

曾有文友邀笔者去小窑吃肉圆,说小窑街上有一家姓夏的人家炸的肉圆特别好吃,还上过中央电视台《乡土》栏目。文友相邀正中笔者下怀,三人驾车就奔着美味而去。车子刚拐进小窑街头,窗外就飘来炸肉圆的香味,是那种过大年才有的香馨滋味。文友说小窑街上炸肉圆的有十几家,家家味道不一样。我们要去的夏家比较熟悉,是和善之家,肉圆的味道更是心心念念的舌尖上的美味。文友说得笔者哈喇子都快要流下来了。

夏家的肉圆铺子就在小窑的老街上,为两进两出的二层楼房,前店后院,店前还搭了一个很大的棚子,棚布上写着"夏记肉圆"四个大字,很是惹人注意。做生意嘛,就要懂得吆喝。能亲口尝一尝正宗的热热乎乎的小窑肉圆,是我等平常人生的一种小幸福呢。

夏家人果然热情,听说我们是慕名前来品尝小窑肉圆的食客,女主人立刻放下手中的活计,用竹签串了三颗刚出锅的肉圆让我们尝鲜。男主人夏国军一边忙着炸肉圆一边介绍炸肉圆的技巧:温度要控制在150℃,肉圆被油炸飘出油面的时候,漏勺要轻轻地搅动,防止受热不均,否则会内里不熟、外部黑煳。

老夏的身边,有一个半人高的不锈钢桶,里面是搅拌好的肉糊。笔者好奇地问："这桶里全是猪肉？"老夏听了笑道："当然，而且全是猪后腿肉。再加少量的鸡肉提嫩，适量的蛋清提鲜，还有姜、葱、油、盐增加香味。我们家的肉圆不添加任何色素，原汁原味。"老夏说着，用漏勺捞起一勺刚炸好的肉圆，说："来，刚出锅，尝尝。"金黄的、圆圆的肉圆在老夏的漏勺里像花儿一样绽放。笔者忙不迭地拿起一个吃，是记忆里那种熟悉的味道，但味道更鲜、更嫩、更香。

夏家肉圆制作

炸好的夏家肉圆

夏家的后院是食品包装间，他的弟弟夏立选正忙着将炸好的肉圆真空打包，装进印有"夏记肉圆"的精美包装盒里，整整齐齐地码放在货架上，等待快递员来取件寄往外地。老夏的弟弟说他家的肉圆有三四成销往外地，主要是销往上海、杭州、苏州、无锡等江南城市。在这些城市打拼的老家人多，有些人经过努力奋斗，在那里安家落户了。但家乡的味道不会忘记，走得再远，根永远在这里，乡愁永远在这里，夏记肉圆可以一解在外打拼之人的思乡之苦。

不知什么时候，老夏的老母亲坐在店面的一个凳子上，看着她的儿孙们在院子里忙里忙外。老人家叫周文华，已经82岁了，但精神矍铄，拉着我们的手，说着从前的往事："日子苦啊，老头走得早，留下六个孩子，没吃没穿。我先是在街上卖冷菜，再偷偷跟人学炸肉圆，这一炸就是30年。我炸肉圆讲良心，从来不用死猪肉，人家吃着放心。慢慢地，回头客多了，生意好了，日子也越过越有奔头了。"看得出，老人家对自己的奋斗故事是很骄傲的，对现在的生活是很满足

的。她奋斗的基因和打造的品牌在子孙手里被传承光大，她有理由骄傲和自豪。

老夏的锅灶前，是一个很大的标牌，上面醒目地印着一行字——"靠人品做食品，用良心换放心"。老夏说这是老母亲谆谆教导子孙时的口头禅，是他们一家做好"夏记肉圆"品牌的立足根基，也是他们做人的根本。

我们的车子走远了，但夏家肉圆的香味一直萦绕心头，愿夏家肉圆的香味永远飘在灌南每一户人家的餐桌上。

（文／梁洪来）

还是自家做的肉圆好吃

花园，多美的一个词，但这里所说的"花园"不是一般种花草的园子，而是灌南县乡镇合并前的一个乡的名字。笔者听已故的奶奶讲过，20世纪知青下乡时曾有一批南京的知识分子被下放到灌南，来之前，他们听说灌南有个叫花园的地方都争着要来。这里离县城中心新安镇很近，不但环境比其他乡镇好，而且美食肉圆也是誉冠群芳，全县闻名。

"花园肉圆摺过墙，拾起还是光又圆。掉在地上跳几跳，吃到嘴里嫩又香。"长辈们口口相传，说乾隆皇帝下江南时曾尝过花园肉圆并对其赞不绝口，从此，花园肉圆开始美名传扬。

早在民国时，笔者的爷爷杨贯喜就开始制作肉圆，因父亲和伯父们都不喜欢做饭，后来爷爷把这门手艺传给了姑父周达平。以前，灌南地区的农村人家评价一家的酒席办得好坏主要就是看肉圆做得好不好。由于姑父热衷于研究美食，花园肉圆在他手里得到了发展，年轻的他成了远近有名的厨子。从笔者记事开始，只要村中有人家办事酬客，就会请姑父做厨子，提升待客档次。家族中若有人办喜事就更不用说了，厨子非姑父莫属，而这时，笔者就会和姑姑一起给姑父打下手。可能是耳濡目染的原因，久而久之，笔者也会做很多道菜了，姑父还特地把他做肉圆的技艺教给了笔者。

随着社会的发展，现在农村人在家办酒席的不多了，姑父年纪也大了，慢慢地就不做厨子了。笔者虽然继承了这门手艺，但并没有以此为业，好在表妹和表妹婿两个人继承了姑父的衣钵，他们一直在南京开餐饮店，把花园肉圆的制作技艺也带到了南京。

如今，在灌南，每逢中秋、春节，几乎家家会吃肉圆，或自己家做，或是到街上买现成的，取其"团团圆圆"之意。"圆"谐音"缘"，所以肉圆也是灌南喜宴上必上的一道菜，且常和鱼先后上桌，取其"圆满、成双、有余"的吉兆之意。

2023年春节，出于各种原因，我们破例没有自己动手炸肉圆，只是从单位食堂买了一点，但买回来的肉圆无论怎么做，就是找不到吃自家做的肉圆的那种感觉，总觉得缺少点什么。

"五一"后的一个周末，我们找了个空闲时间，决定在家炸一次肉圆。

先清洗猪肉和鸡肉，接着把洗干净的肉切成细条状，尽量切成小小的块状，这样把肉剁成碎末花的时间会更少。在笔者"哒哒哒"地剁肉时，家人已经帮忙准备好了配料。肉剁到七八成碎时，笔者把家人准备好的山药拍碎，把葱和姜切细，然后将它们放到肉里继续剁，直到它们融为一体，成为肉糊。把肉糊装入盆中，接着开始配料，这是肉圆好不好吃的关键。先放入适量的盐、生抽、老抽和胡椒粉，接着打入蛋清，再加一点生粉，这里需要说明一点：以前姑父在教笔者做花园肉圆时会放碱粉和面粉，可笔者总觉得那样做出来的肉圆不太好吃，后来经过几次试验，笔者发现直接加生粉的肉圆更好吃，且色泽也更漂亮。等所有配料加完就要给肉糊上劲了，这个过程至少需要七八分钟。笔者搅拌了大概10分钟，然后

调制好的肉糊

正在油炸的花园肉圆

摔打肉糊，待四五分钟后把肉糊抓在手里，松开手指肉糊不掉则上劲完成。这样炸出来的肉圆会更加有嚼劲，口感也会更加细腻润滑，且冷后也不会变软。

一切准备就绪后，笔者往事先准备好的干锅里倒入油，待油温升到七成热时，把肉糊握在左手掌心，利用食指和拇指在虎口处挤出个球形，右手拿一个勺子把球形肉圆挖出来后立刻放进锅里，就这样挤一个挖一个，每放三四个肉圆到锅里就用筷子拨一拨，防止肉圆粘连在一起。当肉圆从锅底漂上来时，要适当把火调小，防止肉圆炸煳发黑。从肉圆下锅到出锅需要5分钟左右。

肉圆一出锅，家人就迫不及待地用筷子夹了一个尝起来，连夸"不错"！笔者也夹了一个尝起来，这肉圆外酥里嫩、口感鲜美，且肉质富有弹性。见大家都很满意，连竖大拇指，笔者开心地笑了，继续自豪地炸花园肉圆！

（文/杨　梅）

竹林琴艺
——嵇氏古琴制作技艺

"一曲广陵散,绝世不可写。"三国末期,嵇氏先祖嵇康为避祸,常于竹林里弹奏古琴、斫琴、打铁、炼丹。"泠泠七弦上,静听松风寒",嵇氏先祖用他的孤傲弹奏了他独特的建安风骨。

嵇康,字叔夜,三国时期曹魏思想家、音乐家、文学家。其所作的《长清》《短清》《长侧》《短侧》四首琴曲,被称作"嵇氏四弄"。魏景元四年(263)嵇康就戮后,《广陵散》绝唱天下,但是嵇氏斫琴技艺未曾失传,嵇氏后人中不乏弹琴、斫琴高手,如嵇绍、嵇含、嵇元荣、嵇颖、嵇安、嵇钢、嵇宗孟、嵇璜等,特别是嵇宗孟[明清之际诗文家,明崇祯九年(1636)举人,清康熙二年(1663)进士,官至杭州知府]还是山阳琴派的早期代表人物。

《嵇氏宗谱》清代谱复制版本

嵇氏古琴坊

嵇孝华抚琴

嵇氏古琴坊在灌南县新安镇大胜村，斫琴师嵇孝华，是嵇康的后裔、嵇氏竹林堂第六十七世孙，灌南县非物质文化遗产项目"古琴制作技艺（斫琴）"代表性传承人，灌南县新安镇嵇氏古琴坊法人代表。

嵇孝华的斫琴手艺是家传技艺。其父嵇国伦，1962年从师范学校毕业，为了生计跟随长辈嵇登章学习、钻研家传古琴制作手艺和木匠手艺，并触类旁通，学会了制作二胡、笛子，还开办木工坊制作家具售卖。后嵇国伦被安排到教育战线工作，因为有学历和较深的音乐造诣，在学校任语文老师兼教音乐。

嵇孝华小时候经常在自家的作坊跟父亲学习古琴制作，慢慢磨砺出了一颗匠心，朦胧中立下要让斫琴这门古老的技艺发扬光大的志向。改革开放后，国家提出科教兴国战略，嵇孝华也在父母的要求下，全身心地投入文化学习中，但在学习之余，他依然抽出时间精进斫琴技艺。

嵇孝华中学毕业后在扬州的一家公司负责销售工作，机缘巧合下，他结识了非物质文化遗产代表性传承人扬州广陵派斫琴师嵇玉峰。因为同是嵇康后人且有共同的爱好，嵇孝华时常和嵇玉峰探讨古法斫琴方法并打算一起弘扬嵇氏古琴的制作技艺。2019年，嵇孝华成立了嵇氏古琴坊，并注册了"嵇家古琴""嵇氏四弄""嵇氏古琴"等商标，全力振兴嵇氏斫琴工艺。

在嵇孝华看来，成为一名称职的斫琴师，需要过五关。

（一）古琴艺术关

斫古琴是一项古老而又复杂的技艺，斫琴师本身也需要有较高的古典音乐素养，否则自己制出来的琴，音色好坏都无法判断。为提高古琴弹奏的艺术修养，嵇孝华在跟父亲学习的同时，也跟其他名师学习，闲了就在家焚香一炉，弹奏《酒狂》《秋风辞》《关山月》等曲目。

（二）传统文化关

除了学弹古琴外，嵇孝华还学习了书法、篆刻，其写的楷书、隶书都达到了一定的造诣。他还在中学时期跟随著名画家陈正一学习素描、国画，尤其喜欢黄公望、倪瓒、石涛、八大山人的山水画。除了琴棋书画外，他还喜欢木雕、竹雕和古典诗词、散文、戏曲。他对先祖嵇康的《家训》《琴赋》《声无哀乐论》尤其着迷。

（三）工艺美术关

嵇孝华打小跟父亲学木工，磨砺了一双"巧手"，加上其他技术与之相辅相成，他的斫琴工艺日臻完善，作品富有美感。同时，他还精研工艺美学，培养了较强的审美能力。

（四）体质体能关

斫琴不仅需要有扎实的木工手艺基础，诸如斧砍、刨板、锯料、磨刀、琴面打磨、推光等，还要有充沛的体力。嵇孝华平时注意锻炼身体，完全能胜任古琴制作工作。54岁的嵇孝华，背不驼、眼不花，一般的体力活都不在话下。

（五）创优创新关

古琴的材质非常讲究，最好的是优质古桐木，其次是杉木、楠木、红木等，但现在名贵琴木非常难寻。因此，嵇孝华在制琴过程中，探索用更广泛的材质制琴，并总结出了不同种类的木头的斫劈、打磨、烘干

嵇孝华制作的古琴

嵇孝华斫琴

嵇孝华的作品

等一系列处理工艺。这种有别于传统工艺的用新材质制作出来的古琴，性价比非常高，很适合推广和初学者练习。

嵇孝华将守正与创新相结合。灌南"嵇氏古琴制作技艺"于2021年9月被列入灌南县第八批非物质文化遗产保护名录，嵇孝华也被灌南县政府授予"'古琴制作技艺（斫琴）'代表性传承人"称号。

《广陵散》一曲，余韵绕横梁。

闲坐竹林堂，抚琴意逸扬。

斫嵇氏古琴，弹嵇氏古曲，这是嵇孝华的梦想。

（文／竹林散人）

家的味道
——灌南新集千张制作技艺

汤沟处处闻酒韵,新集村村豆腐香。这些对于灌南人来说,是幸福的味道,更是家的味道。

"左一层,右一层,叠成方块千千层。"千张,又叫"千层",切成丝状后又叫"干丝"。每个在外地的灌南人都会说,灌南的豆腐最好吃,而千张就要数新集的手工千张最有味了。它不仅可以裹着油条当早餐、凉拌,还能做成大煮干丝或切成细丝炒菜等。它也是火锅的主要配菜之一。

新集的手工千张已有100多年的历史。在清代末期,新集镇当地居民就有一套完整的千张制作工艺。后来,经过不断的发展,当地形成了较大的千张制作规模,出现了以新集镇大前村陈亚中家为代表的上百户千张制作家庭,后千张制作手艺逐渐流传到灌南县所有乡镇,为当地的经济发展做出了不少贡献。

新集千张

制作工具——榨箱

循着香味,笔者走进了一个普通的农家小院。

上好的本地黄豆,经过井水的浸泡,一个个早已颗粒饱满。将它们放进碾碎机碾碎以后,经过分离处理,豆渣和豆浆就自然分开。乳白色的豆浆,散发着清新的气息。农家人一般会把豆渣拿来喂牲口,或者作

为肥料,其实豆渣也是一道美食,同样含有丰富的蛋白质和纤维素。

磨好的豆浆首先要放进硕大的土锅灶里煮熟。煮到快要沸腾的时候,一定要有人站在旁边守着,因为一旦豆浆锅沸腾了,就得赶紧将熟豆浆起锅,倒进特制的大水缸里,而此时如果朝外面舀豆浆的速度稍微慢一点儿,熟豆浆就会溢出来。

这个时候的豆浆最美味,抿上一口,回味无穷。喜欢吃甜食的人,在豆浆里加上一些白糖,能一口气喝个饱。

灵巧的手艺人将调好的卤水搅拌均匀,细细地注入熟豆浆当中,在极短的时间里,这些豆浆就变成了另一种美食——豆腐脑。用勺子舀出一大碗,放上一些醋、酱油、辣椒酱、花生碎、香菜和麻油,吃起来嫩滑无比、鲜爽可口,那香气直沁人的心脾,激发人的味蕾。

这个时候的豆腐脑如果直接放入豆腐包中压实,就变成了美味的灌南豆腐,而要想制作成千张,还需要更多的工序。

手艺人将豆腐脑搅碎,在千张模子中放进一卷特制的干净的白色纱布,展开后,铺在千张模子的底部,在每一层上都放进两勺搅碎的豆腐脑,然后将纱布展开盖好,并继续重复下一层。如此反复,等做满了一盒子的千张,用板子盖好、压实,经过几个小时后,千张就成型了。而这样的工作,往往要从下午开始,一直做到晚上八九点。

千张被切成丝状备用

用新集千张做出的大煮干丝

第二天凌晨四五点,手艺人就要起床将做好的千张从纱布中一张一张理出来,摆放整齐,然后将纱布清洗干净晾好,以备第二天再用。

千张的手工制作技艺烦琐而复杂,但是勤劳淳朴的手艺人,用日复一日的劳作,给舌尖上的灌南增添了一份属于自己的色彩,也收获了属于自己的幸福生活。

"老板,来一盘大煮干丝!"这是在饭店里常听到的灌南人最为豪迈和熟悉的吆喝,因为这浓郁的千张的香味,不仅体现的是新集人的淳朴民风,还是孩子味蕾可以分辨出来的母亲的味道,亦是灌南人对故乡的无比依恋,更是在外游子时常泛起的浓浓乡愁……

(文/孙 荪)

老白皂羊肉汤

老白皂羊肉汤很有名,灌南人都知道,灌南周边县乡的人也知道。如今,在苏北这一座水城的美食街上,或一些小巷、小区边,或乡集、干道旁,随时都会看到写着"老白皂羊肉汤"字样的显眼招牌。

"老白皂羊肉汤制作技艺"很有名,这早已不是最近一两年的事了。近几年,在新安古镇,涟水灰墩的羊肉汤也渐有名气,因为灰墩与本县的硕湖、新集是近邻,自然会得到当地的一些食客的认可。单县的羊肉汤店铺入驻小城不久,宽敞、华丽,带着一种大户人家之气。藏书羊肉店铺采用的是类似连锁式、程式化的经营方式,让人感受到一股强烈的商业气息,如今似乎风头已过,而老白皂羊肉汤是平民的身价、乡土的味道,给人一种随意、亲切的感觉。

说起美食,人们总喜欢寻根溯源。老白皂羊肉汤也是大有来历的。有人说,乾隆皇帝下江南时在淮安府清江浦驻跸,听说柴米河畔有个小镇的羊肉汤很有名气,就在回京途中,借口治河察水,沿柴米河绕道前来,观风寻味,吟诗挥毫。因为皇帝夸赞"铁牛镇上白汤香",从此,白皂羊肉汤闻名于世。还有人说,白皂是灌南建县时的一个乡镇,后来因为撤乡并镇,人们就把原来的白皂乡称为"老白皂"了。自然,白皂羊肉汤也就被加上了一个"老"字。

传说也罢,演绎也罢,美食遇到文化总是"纠缠不清",美食文化一如熬汤,时间短就太淡了,作料多就太杂了;较真不较真,就看火候、口味。

其实,白皂的历史真的可以追溯到几百年前。据明、清两本《海州志》载,明末清初,横跨海州、涟水、沭阳的几万顷大湖渐渐淤积,于是大湖东北边缘成为陆地。因为每年洪水过境,这儿便形成了大大小小的河沟,其中一条就叫白(音"北")皂沟。白皂沟连接着柴米河,蜿蜒流淌,通向村庄,两河交界之处就成了一个天然的码头。从此,运送柴米的船只经常在此停泊,一个小集镇便慢慢地诞生了,当年它叫"铁牛庙镇"。后来,海州的盐、柴,江南的布、药品,北方的牛羊肉、干货等在此集散,这一个河边小镇开始繁荣起来。再后来,安徽、山东和海州等地的生意人来此"淘金",开起了各色店铺,其中便有韩、李等几姓人家经营的羊肉汤馆。因为要兼顾南北方商贩的口味,所以老白皂羊肉汤既有淮扬特色,又有齐鲁风味,汤白醇厚,鲜而不膻、肥而不腻,渐渐形成了独特的风味。

说起第一次喝老白皂羊肉汤,还是在20世纪80年代末。那时,笔者在相邻的汤沟镇工作,因为每年参加中考监考及校级之间的交流,所以经常去白皂。那时,白皂有一家饭店,似乎没有名字,人们习惯叫它"李小二松家"。这家饭店的特色是"大鱼大肉":鱼是大青鱼;牛肉是方、大丁;猪肉是红烧肉块或蹄髈之类;羊肉切得很厚,烧大白菜汤很白……青年时,酒席间,豪吃狂喝,哪能去细细品尝一地菜肴的独特风味?现在看来,这也算是口福上的一种遗憾吧。

多年前,新安镇老城区开起了一家饭店,大约在当年的小猪行马路对面。印象中这家饭店是白皂人开的,招牌菜肴为"老白皂羊肉汤",店铺很大,食客也很多,当然大多数人是冲着"老白皂"的名号来的。那时候,笔者对食物从不挑剔,但是对于羊肉汤,似乎还有着一种心理上的拒绝,因为但凡羊肉总有一股膻腥味,如今想寻此味,却是难得一回了。

老白皂羊肉汤

那一年,应祥闪同学邀请,笔者专程去白皂喝刚出锅的羊肉汤。我们走进柴米河北桥头的一家羊肉馆,好奇地看着一家人在锅前案后忙碌着,架上挂着几片羊肉,案上羊肉堆成小山。笔者心想:这么多的羊

肉要卖多少天……待到围桌而坐，慢慢喝着地道的老白皂羊肉汤，吃着小饼，才渐渐地咂出老白皂羊肉汤的醇厚、香馥、绵长的味道。

后来，每到寒冬腊月，笔者总是惦记老白皂羊肉汤这一种让人难以忘怀的美味。因此，每年常会和朋友去白皂两三趟，只为解嘴馋，实在没有时间，就会打电话托方便的朋友、亲戚捎带几斤，回家烧菜吃。但少了原汤，又没学到当地掌勺人的祖传手艺，味道自然逊色得多。

不久前，应镇、村领导之邀，约了两位朋友，又去了一趟白皂。一路上，免不了谈论起老白皂羊肉汤，那一只只馋虫似乎已在心头蠕动。只是遗憾，这个时节离喝羊肉汤的最好时候还有几个月呢。

这一趟是为挖掘地方文化而来，了解老白皂羊肉汤所蕴含的文化元素是首要之事。听了村里负责同志的介绍、老街坊的讲述，以及两位当地文化人的论说，笔者才感悟到老白皂羊肉汤深厚的文化内涵和重要的社会价值，它不仅是白皂的一部变迁史，更是白皂的一张亮丽的文化名片。

席间，那一碗羊肉烧酸菜虽然没有当年的分量，也没吃出冬日老白皂羊肉汤特有的滋味，但主人家的那种厚道、热情的待客礼数，让笔者又一次想起了三十年前的白皂。

真是"无巧不成书"。我们吃饭的饭店的主人叫韩正武，他竟然就是我们想访谈的李小二松的妹婿。他家的饭店很宽敞，有十多个羊肉火锅桌位，还有几个大桌堂，平常做做家宴。一问才知，饭店对面就是当年的李小二松家饭店的旧址。听他说，他孩子的舅姥爷——李小二松后来到南京发展，并定居那里了，但每年一定会回来几趟。每次他一回来，有人就笑说他是思恋老白皂羊肉汤了……

以前，白皂这里有接龙桥头，是传说中的接驾乾隆皇帝的地方。如今，在这一块风水宝地上，一个新型社区正在规划之中。用不了两年，白皂老街将檐挂红灯，古朴重现；桥连水榭，新景更添……只待明月之夜，而或雪满林中，约三五好友来聚，一锅羊肉汤热气腾腾、汁醇味浓，香飘柴米河人家。

（文／武红兵）

百禄熏烧肉

百禄镇徐老大熏烧肉店被电视台采访留念

徐老大熏烧肉店获评"苏韵乡情乡食基地"

提起百禄的熏烧肉,当数徐老大的熏烧肉最为出名。徐老大熏烧肉品质上乘、风味独特、远近闻名,既是灌南县百禄镇卤货的一大特色,也是灌南县民间食品特色品牌之一。连云港电视台和江苏省内其他多家媒体多次对它进行报道,就连中央电视台也把它搬上了《乡土》栏目。

徐老大熏烧肉为何有这么大的名气?笔者怀着好奇心,来到百禄镇,决定寻脉探源,走进徐老大熏烧肉店一看究竟。

徐老大熏烧肉店的特色产品(一)

徐老大熏烧肉店的店铺收拾得很干净,一尘不染。货架上摆满正在售卖的熏烧肉，有熏烧猪头肉、熏猪套肠、熏猪爪、熏猪口条、熏猪耳朵、熏猪尾巴等，一盘盘熏烧肉棕红光亮、诱人食欲，飘入鼻孔的是一股淡淡的烟熏之气，细闻起来又有一丝丝猪肉的浓香，令人垂涎欲滴。前来购买的人络绎不绝。

接待笔者的是店老板徐海波，他人很精神，很健谈。笔者和他谈的话题自然是他家的祖传技艺。

"我们家做熏烧肉已经有一百多年的历史了，从我家太爷那辈开始，传到我这代已经是第四代了。我家太爷先前在百禄街上开饭店，是个厨师，有一手做熏烧肉的绝活，颇有名气。之后，我家太爷把这个手艺传给了我爷爷徐国瑜。我爷爷没有辜负我家太爷的期望，在原有的基础上不断改进制作工艺，对配方和火候的掌控方法精益求精，使熏烧肉的口感比原来更为适口。后来，我爷爷把这手艺传给了我父亲徐新文，我父亲是初中生，算是有点文化，既能吃苦，又有创新精神。我父亲不时去新华书店买几本烹饪书籍、菜谱之类，一有空闲，便在厨房边做边琢磨，用现在的话来说叫

徐老大熏烧肉店的特色产品（二）

'研究'。功夫不负有心人，经我父亲对熏烧肉操作环节和技术的不断改进，产品深受消费者欢迎。不仅本镇人爱吃，就连周边的响水、涟水一带的人都过来买我们家的熏烧肉。耳闻目睹的这一切，深深地影响了小小的我。"

见徐海波这么健谈，笔者忍不住问道："你兄弟几个呀？你父亲怎么就把这个手艺传给你一个人了呢？"他回答道："我兄弟一个。中学毕业后，我受朋友和同学的影响，去苏南打工。其间，灌南的领导多次到苏南，在创业有成的老乡成立的商会组织中，宣讲'热爱家乡、奉献灌南'的思维理念，介绍近年来家乡的发展情况和土特产资源的

开发优势。我听后受到很大的启发,心想自家的熏烧肉就是创业致富的'宝贝'。辗转反侧之后,我决定回家乡创业,把自家的熏烧肉打造成金字招牌。"

笔者又问道:"回乡后,你是先从哪里着手的呢?"徐海波答道:"我从小就跟父亲学做熏烧肉,但基础还不扎实,于是又向父亲认真学习手艺,更新制作工艺,规范制作标准,同时注册了'百禄徐老大'的商标。为了满足日益扩大的市场需求,我们采用了真空包装、礼盒包装、快递送货、网上订购等多种方式,熏烧肉的产量和营业额不断提升,但是产品常常供不应求。"

笔者再问:"你有没有想过扩大经营规模,进行工厂化生产?"徐海波答道:"镇里领导多次来动员,让我利用优势投入资金,形成产业化生产规模,但是我认为传承好老祖宗的手艺,坚守本真、守住正宗才能确保'百禄徐老大'熏烧肉的品质。如果规模大了,用蒸汽代替灶炉,用电锅代替传统卤制灶具,就保证不了原来的正宗口味和口感了。我就想在自己能掌控的范围内踏踏实实、认认真真地做一个长久的老字号。"

"百禄徐老大"熏烧肉选料严谨,长期从大型肉联厂预订合格的鲜肉产品。肉联厂出售给徐海波家的猪头都是去毛的,其他猪内脏及猪手等,也都是经过厂方正规加工处理的。徐海波制作熏烧肉的第一道程序是初步加工:把猪头、猪手等5个品种分别收拾干净,用清水浸泡,捞出晾干水分,入沸水略烫。第二道程序是腌制入味:将略烫后的猪头、猪手和内脏等,分别用秘方调料腌制入味。第三道程序是净化卤水:把祖传的老卤水烧沸冷却后撇去浮油,过滤去上次剩下的调料渣汁。第四道程序是卤制成熟:将腌制入味的猪头和内脏等投入老卤水中,先用大火烧开,再转小火煮熟。第五道程序是剔骨出肉:把捞出的熟猪头趁热用手拆去所有骨头,要求是皮不破,保持形态的完整。其他不需要去骨的口条、耳朵、猪手等须用洁布擦去油水稍放凉。第六道程序是熏制上色:在大锅内铺上适量的白糖,放上笼屉,将卤熟的肉品皮朝下均匀地排放在笼屉上,盖上锅盖,进行熏烧。灶膛里用木柴小火慢慢地烧,使锅内的白糖渐渐地融化。此后,白糖开始煳化、焦化,产生糖烟气体,慢慢地渗透到卤肉的表面,使肉吸附到焦糖的成分,同时肉色又被糖烟

熏得赤色红亮。随着时间的推移，肉里的脂肪也慢慢地被渗透的热量"挤"压溢出，达到既提升了肉的色泽和糖的焦香，又去掉了肉中的部分油脂的目的。

熏制结束，取出熏肉制品。所熏的品种色泽金红、油光发亮。熏烟、肉香溢满厨房，令人垂涎。猪头肉、猪耳朵、猪口条、猪手、猪套肠口感适中，肉香糯而不腻，嚼起来有筋道，唇齿留香，回味悠长。

徐老大家的猪套肠，是本地人的最爱，也是远销外地的名品。何为套肠？简单地说，是先将处理制净的生的猪大肠、猪小肠，烫去黏液，用盐抓拌，洗净，去除套肠的臊味，再用秘制不外传的调料腌制入味。将猪小肠穿入大肠内，投入卤中烧熟，再熏制即可。观之，色泽金红，体态丰腴；尝之，脆而筋道，鲜香可口，不肥不腻，虽是人工所制，却宛若天成。

徐老大熏烧肉店的特色套肠

相比南方酱烧、北方卤货，灌南的"百禄徐老大"熏烧肉确实风味独特，与众不同！

（文／成树华）

灌南老豆腐里的往日记忆

谈到灌南的美食，总少不了香喷喷的灌南老豆腐，它作为如今最日常的菜品，在笔者的记忆中却是只有在过年的时候才可以大快朵颐的"奢侈品"。

小时候家里经济条件比较差，母亲平时都是恨不得将一分钱掰成两半花，偶尔听到家门口叫卖豆腐的声音，看到我们馋嘴的样子，会狠下心来买上两毛钱的豆腐，和自家地里的大白菜一起烧着吃，加上一些红辣椒，特别下饭。

只有到快过年的时候，母亲才会奢侈一下，提前一天晚上泡上10斤黄豆，第二天一大早到加工厂去把泡好的黄豆加工成豆渣和豆浆，再用平板车将两大桶满满的豆浆拖回家里。父亲负责烧锅，母亲则将家里的水缸清洗干净，放在大的草锅灶跟前，预备等着锅里的豆浆煮沸时用。记得锅里的豆浆开始沸腾的时候，母亲就会敏捷地用手里的大舀子，快速地将豆浆舀进水缸里。这个时候的动作不能慢，慢了豆浆就会溢出来，造成浪费。等到两大锅豆浆全部煮好，母亲就开始给豆浆点卤水，她一边将早已准备好的卤水缓缓地倒进装满豆浆的水缸里，一边用长柄的勺子缓缓搅动，等到卤水点完，水缸里的豆浆已经凝结成了豆腐脑。这个时候，母亲总会笑容满面地盛出两碗豆腐脑，加上一勺白糖，给我们递上一碗。那碗豆腐脑应该是我们记忆中最美的味道了。

给豆浆点卤水

母亲将借来的豆腐盒铺在两条长板凳上,铺好纱布后,将豆腐脑全部倒进去,最后用纱布完全覆盖住,盖上盒盖,压上一块大石头,然后才开始忙着整理豆渣、打扫卫生。母亲会将豆渣做成豆渣酱,一家人可以吃上个把月。

刚刚做好的一盒豆腐

夜幕初临,豆腐就已经做好了。掀开纱布,母亲用刀将豆腐分成小块,然后用秤称一下总的重量,最后计算出1斤豆子可以做多少斤豆腐。如果1斤豆子做出来的豆腐低于2.5斤,母亲还会和父亲仔细分析到底是哪道环节出了问题,达到2.5斤才算是最满意的结果。

晚上,一家人围在一起享受豆腐大餐,因为是自家做的,当天的家常豆腐或者大白菜豆腐,一定比平日里要多出来不少。在接下来的日子里,蒜苗豆腐、青菜豆腐、豆腐汤、豆腐包子,母亲变着法儿做出来的老豆腐,总是让全家人百吃不厌,也给我们兄弟俩留下了童年幸福的记忆——母亲的菜的味道、家的味道。

在灌南,大年三十和大年初一的饭桌上,也是一定要有豆腐的,因为豆腐和"陡富"谐音,有着非常好的寓意。有客人到家里来,也一定有一盘用豆腐做的菜,在那个物资匮乏的年代,这是灌南人既能消费得起又拿得出手的菜肴。

如今,虽然灌南人家的生活富裕了,但豆腐因其健康营养、物美价廉、寓意吉祥,仍作为百姓人家的家常菜,更是过年餐桌上必不可缺的吉祥菜。大年三十和大年初一，喝上一碗青菜豆腐汤也成为灌南人的一种习惯、一份传承，承载着"青菜豆腐保平安"的美好愿望。

色香味俱全的家常豆腐

现在，偶尔和同学、朋友到饭店小聚的时候，笔者总要点上一个雪菜豆腐或者家常豆腐、鱼头豆腐汤，嫩滑的豆腐从齿缝中滑过的瞬间，沁人的香气溢满整个口腔。灌南老豆腐蕴含着朴实自然的家常之味和亲切熟悉的乡土之味，是悠悠岁月里绽放的美好，氤氲着家的味道，是每一个灌南人成长印记里念念不忘的乡愁。

附录：

豆腐在我国起于汉代，已有2000多年的历史。在五花八门的豆腐菜品中，灌南卤水老豆腐独树一帜，采用传统手艺，通过碾豆、搅拌、杀沫、滤汁、制浆、烧浆、点卤等工序，待豆浆结成豆腐脑后，上包控水压形即成豆腐。灌南卤水老豆腐色泽似和田玉，味感如蛋羹，有"过墙不散，入口爽嫩"的特点，而采用其作为主料制作的铁板豆腐、镜箱豆腐、豆腐丸等菜肴，看似"老"，食则"嫩"，风味独具，物美价廉，深受当地老百姓的喜爱。

（文/孙 荪）

——灌南县非物质文化遗产保护项目辑录

青箬笠　绿蓑衣
——蓑衣制作技艺

蓑衣带给我们的记忆，源自唐朝大文豪柳宗元的《江雪》：

千山鸟飞绝，万径人踪灭。

孤舟蓑笠翁，独钓寒江雪。

当所有的山上飞鸟全都不见，所有的路都没有人们的踪迹时，江面的一叶孤舟上，却有一个渔翁披蓑戴笠在独自垂钓，受冰雪侵袭也浑然不觉。

这是学生时代蓑衣给我们留下的美好印象。那时，甚至有同学披着蓑衣学着钓者的样子，在河边小舟上悠闲自在地甩着鱼竿。

前两年，吴其同老师带我们游淮安沈坤状元府，我们在耳房里看到一套完整的蓑衣。可惜，当时没有单独留照。

灌南孟兴庄镇的曹月洲老人精于蓑衣的制作。他做过老师，担任过村支书。他少小家贫，十二三岁时就跟父辈学做蓑衣、弓网、网扑、毛窝、大腰裤等生活用具贴补家用。

他制作的蓑衣主要用蓑草编成，无袖，披在肩上能盖住胸、背。领口小，约1.5尺（1尺≈0.33米）宽；下摆大，约5尺宽，里层均为白果扣，平整光滑，外层以莞草层层垂披。

有一天，晚上，笔者和妻子谈论起做蓑衣的事，她说："作为孟兴庄镇人，也不给你丢脸，我也会制作蓑衣。"原来，

柴蔑斗笠和莞草蓑衣

编制蓑衣与编制簸箕、草篓有着大同小异的手法，当地乡人多会依架制作。

但做蓑衣的时候妻子还小，是跟在老父亲后面学的，有着现成的框架。她对于材料的选择却不清楚，甚至记得也用稻草编织过，对于莞草如何晾制成绳，她也记不清楚。笔者对用稻草编制蓑衣持怀疑态度，告诉妻子难长久。从前的人穿衣服讲究"新三年，旧三年，缝缝补补又三年"，而蓑衣的坚韧足够陪伴主人一辈子。

但笔者在这方面也是一知半解，了解得并不全面。其实，蓑衣制作的用料很广泛，且多是就地取材。中国南方多用稻草、蓑草，也有用棕毛、棕叶者。北方多用茅草即龙须草，也有用蒲草者。

看来，稻草经过细选，或许也可以作为蓑衣的原材料。曹月洲老人选用的蓑草又名"龙须草"。

蓑衣又分为长、中、短三种，长的到腿弯，中的到臀部，短的到腰部。既可挡雨，也可当席铺地而睡。蓑衣必须与斗笠配套使用，否则不起防雨作用，当地有俗语："穿蓑衣不戴斗笠——雨罐子。"

中国古人使用最早且范围最广的雨衣叫"袯襫"，就是后来通称的"蓑衣"。《国语·齐语·管仲对桓公以霸术》篇里提道："脱衣就功，首戴茅蒲，身衣袯襫，沾体涂足，暴其发肤，尽其四肢之敏，以从事于田野。"唐代诗人陆龟蒙《奉和袭美添渔具五篇·蓑衣》诗称："山前度微雨，不废小涧渔。上有青袯襫，下有新膔疏。"清郝懿行《证俗文》中曰："案袯襫，农家以御雨，即今蓑衣。"

蒲草

蓑草

以蓑草制作蓑衣时，将蓑草晾晒后制绳，成骨架，分部成片。蓑衣领口要松软，蓑衣面须用针线连接而成。拼接后的整件蓑衣像一只大蝴蝶，两翼略上翘，并用蓑草成骨做圆领。

灌南手艺人制作的蓑衣又可分为上裙和下裙两部分，上裙宽3尺，长2尺；下裙的形状像"横轴"，宽3尺多，长1.8尺。"横轴"两边连着两块片裙，作为胸襟从胸前垂下，可把下腿肚围起来。

晚唐诗人郑谷《雪中偶题》写道："江上晚来堪画处，渔人披得一蓑归。"可见蓑衣在那时的生活中便很常见了。明清时，人们在雨季出行，大多带蓑衣。明徐光启《农政全书》中记载了当时的一条流行谚语："上风皇，下风隘，无蓑衣，莫出外。"

棕榈蓑衣

灌南手艺人还用蓑草制作蓑草鞋。古时候，人们缺少衣服，常用蓑衣来遮蔽身体，全身上下皆着蓑草。蓑衣与伞盖一类的雨具相比，不仅避雨效果好，而且可使空出的两只手自由干活。

头戴斗笠、身披蓑衣在风雨中劳作的情景，从古代一直延续到约20世纪70年代。此后，现代化的雨布、雨衣、雨披等的生产使用逐渐取代了蓑衣这种古老的防雨用具。现在，在灌南地区，蓑衣已较少用作雨具，转而成为旅游纪念品和室内装饰品。

（文／汪友国）

应怜屐齿印苍苔
——高木屐制作技艺

一

浑身毛茸茸,两齿泥里啃。上秤没多重,千斤能载动。

——打一脚上物件

谜底便是"高木屐"。

记得儿时,每逢下雨天,家乡泥泞的土路上,不乏穿着高木屐的身影。听着他们脚下的高木屐发出浑浊的"吧嗒"声,瞧着他们那"高人一等"又很神气的样子,那时的笔者,好生羡慕。

刚开始穿高木屐的时候,一般人会有点不习惯;穿久了,也就习惯了,便也会神气活现地在泥泞的土路上走来走去,如履平地。

可那时,笔者的那些左邻右舍的大人们也有神气不起来的时候。笔者常爱和小伙伴们看他们穿着高木屐走

展览馆里陈列的高木屐

路的样子。雨雪天里,我们有时会冲某个大人做起鬼脸,又是伸舌头,又是大笑,还大声地逗喊:"你有本事来追啊!"极尽玩皮相的我们,常惹得这个大人冲我们干瞪眼却没办法,因为他穿着高木屐是跑不过穿着平底鞋或光着脚板的我们的。

高木屐是时代的产物。以前,一些人家没有水靴,再加上雨雪天里尽是泥泞的土路,如果穿布鞋行走,那简直就是在糟蹋布鞋。于是,聪明的乡人便"合为事而作",制作起了高木屐,以应对雨雪天的路况。

二

灌南的高木屐可分为冬木屐和非冬木屐。

现在着重说一下冬木屐的制作。

夕阳下湖边茂密生长的芦花

首先进入材料准备阶段。

第一步,准备好一些成熟后带绒的芦花,数量不求多,但求够用。

第二步,找来两块结实一点的木片,必须是桑树、柳树之类质地比较合适的木片,还必须厚薄如普通的鞋底一般。

第三步,找来4块同样大小的正方形或长方形的质地较为坚实的小木块,准备作木屐齿用。

第四步,准备一些编织高木屐鞋帮用的麻线、茅草、布条等。

第五步,准备几根钉木屐齿用的铁钉,以及锯子、锤子、钻子等工具。

有了以上材料与工具,擅长制作高木屐的乡邻们就可以放开手脚一显身手了。

然后就进入了冬木屐的制作阶段,具体分为两步来完成。

第一步,制作高木屐的底部。先把要穿的人的脚印印在准备好的木片上面,再用锯子把木片锯成两块比脚印大两圈的鞋底,还得在鞋底的前后分别钉上准备好的小木块作为木屐齿。至此,高木屐的底部便制作成功了。

第二步,制作高木屐的上部。先在制作好的鞋底四周用钻子均匀地钻出一溜小孔,然后用成股的麻线从下向上穿孔而过,且每股麻线必须是两头一起穿两孔而过的;再将这些穿孔而过的麻线掺杂芦花、布条等编织起鞋帮来——这样,编织成的鞋帮既暖和又结实还牢固,特别适宜冬天在泥泞的土路上行走。

等两只鞋底上的鞋帮都编织好了,一传统意义上的纯手工的工艺品就诞生了——这就是高木屐,具体点说,是天冷时穿的保暖又养脚的冬木屐。

有冬木屐,当然就有适合在暖和天穿的非冬木屐。非冬木屐的制作,底部和冬木屐的制作相同,不同的是上部,它不掺杂芦花之类比较保暖的材料,这样编织而成的高木屐穿在脚上透气性能好,凉爽而舒适。

高木屐制作的整个过程,简单点说,就是制作鞋帮和鞋底两部分。而编织高木屐的鞋帮与编织草鞋的鞋帮差不多——这么看来,编织草鞋的人制作起高木屐来,或许会更得心应手些。

三

高木屐的制作,可以追溯到古代。

记得笔者念小学的时候,学过宋朝叶绍翁的《游园不值》,其中有"应怜屐齿印苍苔"句。苍苔一般都是长在石头上的,而木质的屐齿叩击于石头上,发出"笃笃笃"的清脆声,这该是多么的美妙与动听,仿佛一下子就穿越了千年的时空,清晰地回响在我们的耳畔。

在灌南,除了高木屐外,还有矮木屐,只是矮木屐没有屐齿。

如今在灌南,基本见不到有人再穿高木屐了。快节奏、高质量的生活,把穿着如同踩高跷似的高木屐给淘汰了。

虽然现在看不到高木屐了,但是因它们而产生的语言广为流传着,比方说,当张某赞誉或抬举李某时,李某会谦逊地说:"又给高木屐我穿了!"

听到这样的赞誉,你是否也会萌生出制作一双高木屐来重温一下儿时光景的念想?

(文/刘喜权)

灌南油条制作技艺

制作好的油条

"卖油条喽！"小时候，傍晚偶尔会有卖油条的从家门口经过，一声声吆喝，馋得我们直流口水。在"70后""80后"的记忆中，早餐或者晚餐能吃上油条和大饼，就是一种非常幸福的生活了。

"我也不省了，早晚也买点儿油条、大饼吃吃……"这是母亲最近常说的一句话。在笔者的记忆中，母亲是极其节俭的，像豆腐、油条这些我们眼中的美食，她平时都是舍不得买的，但是偶尔看到我们馋乎乎的样子，她也会拿出一角、两角的毛票，买上一点儿给我们吃，她自己却是无论如何都舍不得吃的。

相传南宋时，人们对卖国贼秦桧恨之入骨，在京城有个丁姓小食贩，把面团做成人形，入油锅炸之，取名"油炸桧"，却不承想这一食品居然成为老少皆宜、妇幼喜食的传统早点。明洪武年间，油条的制作技艺开始传入灌南县境内，一直传承至今。

正在油锅里炸制的油条

据灌南非物质文化遗产普查走访资料记录，被调查人李书成出身于炸油条世家，他18岁时随父亲学炸油条，结婚后与妻子一起炸制油条，销售至今。2004年，李书成采用新技术、新配方制作无铝健康油条。他制作的无铝健康油条外酥嫩、内松软，色泽金黄，咸香适口，很受顾客欢迎。

灌南无铝健康油条的配方包括一定比例的小麦粉、鸡蛋、植物油等，炸好的油条成品膨松良好，大小均匀，无异味。李书成用新型

手艺人在制作油条

复合油条粉代替了传统的盐、碱、矾、膨松剂试制油条，同时在面团中添加12%的鸡蛋，改善油条的质感和色泽，使成品油条的各项指标都优于传统方法下的制品。由于这种油条在制作中未加明矾及臭粉，因此，不会分解出对人体有害的铝和其他成分。

油条制作技艺主要以家传的方式传承，目前，据不完全统计，在灌南从事油条炸制和销售的家庭约100户，从业人数200人。

制作油条的原料其实也很简单，只需要面粉、油条粉、鸡蛋、色拉油即可。先往一定比例的调好温度的水中，加入适量的鸡蛋、色拉油、面粉及油条粉，充分搅拌均匀。随后用双手从低往上挑，一直到没有干面为止。然后盖上盖头，恒温醒发4小时即可开始下一工序。

醒发完成后开始油炸，首先打开一包油条面，用擀面杖将面擀成长约50厘米、宽18—20厘米、厚约1厘米的形状，然后用刀根据需要的规格把面切下来，一条一条用手重叠顺好。随后，将油条面切成宽约2厘米、厚约1厘米的长条，再用刷子轻轻地在面上刷一下干面，将两条面坯对叠，用压条摁牢，将两头捏实后，再把面拉长、拉直，放进烧沸的油锅中炸制2分钟左右，待两面全部变成金黄后即可出锅。

虽然现在油条随时都可以买到，但笔者总是忘不了小时候在堆沟老家，把一根油条分成两片，和弟弟一起将油条裹在母亲做的涨面饼里大快朵颐的幸福滋味。

（文／孙 苏）

杏林春风

（传统医药）

杏林春风

传统医药

周达春和他的五妙水仙膏

周达春在介绍药物

在灌南,周达春的"五妙水仙膏"可以说是家喻户晓、远近闻名。五妙水仙膏对多种皮肤、外科疾病有独特的疗效。据统计,五妙水仙膏治疗单纯性血管瘤、毛囊炎及各种痣、疣等,有效率达90%以上。20世纪80年代起,五妙水仙膏先后荣获国家中医药重大科技成果甲级奖、第三届全国发明展览会铜牌奖、国家科学技术进步三等奖、第37届布鲁塞尔尤里卡世界发明博览会金奖等,并获国家专利。

周达春荣获国家科学技术进步奖

关于周达春获奖的报道

省级非物质文化遗产代表性传承人周达春,灌南新安镇人,出身于中医世家,自幼学习中医药知识。时连云港市卫生局曾授予周达春领衔的灌南县中医院皮肤科为"连云港市中医特色专科",周达春本人也光荣地当选为八届全国人大代表、江苏省政协委员、连云港市政协常委、灌南县政协副主席,并被授予"全国劳动模范""江苏省劳动模范""连云港市劳动模范""灌南县劳动模范"荣誉称号,三次

荣获"全国卫生先进工作者"称号，还荣获"全国优秀归侨侨眷知识分子"称号和"江苏省名中医"等称号，享受国务院政府特殊津贴。

周达春获国务院政府特殊津贴　　周达春当选为第八届全国人大代表

周达春先祖周金和随张山人学医，因医术较为精湛，并乐善好施，在当地十里八乡颇有名声。自此，周家后代多为行医出身。周达春祖父周赵勤接手祖传衣钵后，更是留下了不少治疗皮肤、外科疾病的古方。

周达春从小便受到家族中医药知识的启蒙，他孜孜不倦，遍读各种中医药书籍。在数十年的医疗实践中，在家族传承经方、验方的基础上，周达春将理论联系实际，不断创新改革。

周达春所获发明专利证书　　周达春获得"全国先进工作者"称号

周达春是一个有着顽强毅力的人。20世纪60年代，在一次夜晚出诊中，他意外摔伤腰椎，瘫痪卧床六年，经过自己医疗康复后，在自制的一只竹拐上烙下了这句话："在地球上，在祖国大地上又留下了脚印。"他在另一只拐杖上还绘制了随风起舞的蒲公英，长生不老的人参和顶霜傲雪的松、竹、梅，似乎是在勉励自己要像"岁寒三友"一样经得起风霜，像蒲公英一样把真情洒满人间。

灌南是多种流行病及皮肤类疾病的多发地区，因此，在周达春祖父时期，就留下了大量的关于治疗疙瘩、皮炎、湿疹，颈、肩、背、腰、腿痛，骨质增生、风湿关节痛，毛囊炎、甲沟炎、脓肿、带状疱疹、皮肤溃疡、瘘管等病症的中药配方。周达春在行医过程中，在家传古方的基础上反复研究探索、筛选比较，在家传配方中增加有效成分，调整剂型，确定配方比例。经过多年经验的积累，大量病症得到有效治疗，且疗效颇丰。周达春还发表了《五妙水仙膏治疗血管瘤等皮肤病715例疗效观察》《五妙水仙膏治疗皮肤病891例疗效观察》等文章。

制作五妙水仙膏时，将中草药黄柏、紫草等与无机化合物碳酸钙经漂洗、碳化水分后充分研磨，在抗腐蚀容器中，用高温蒸馏水沥下，依次按比例放入研磨后的药物，待药物升腾后搅动，经过数天的炼制，直至变成黏稠的糊状膏。

五妙水仙膏具有消炎解毒、去腐生新、收敛杀菌、消除组织增生的作用。其适应证包括各种痣、疣、带状疱疹、神经性皮炎、结节性痒疹、化脓性疾病及溃疡、毛囊炎、疖、甲沟炎、皮肤黏膜溃疡、淋巴结核化脓、窦道及瘘管、鸡眼、肉芽肿及刀口久不愈合等。

周达春在"五妙水仙膏"推广应用学习班授课

周达春的儿子在义诊

五妙水仙膏有五种给药方法：点药法、涂布法、插药法、封包法、冲洗法，可根据需要选择使用。

五妙水仙膏被《健康报》称为"中医药这棵古老宝树上的一枝奇葩"。在随后的推广应用中，国家中医药管理局授予周达春"全国中医专科授课专家"称号。周达春还出席了第37届布鲁塞尔尤里卡世界发明博览会及世界传统医药大会。

中医药的生命力在于其具备特色优势。中医努力研究中医药可治疗的优势病种，积极开展专科专病专治工作。长期以来，周达春和他的三个儿子经常一起探讨、扩增新病种的治疗方法，如面部血管瘤、汗管角化症的给药时间、次数、疗效标准，使治疗方法更成熟、完善。长子周建亚、次子周田雨、三子周文分别在灌南县中医院、江苏省第二中医院、中国中医科学院推广、传承、应用五妙水仙膏，为广大患者解除疼痛，光复中国传统中医药。

五妙水仙膏的各类包装

五妙水仙膏在发展过程中，得到各级党委、政府及科技、卫生部门的大力支持。为了使五妙水仙膏得到迅速推广、造福社会，国家科学技术委员会和江苏省政府拨专款在灌南县兴建了达春制药厂（现在更名为"江苏福邦药业有限公司"），批量生产五妙水仙膏，该药厂集研发、生产和销售于一体。目前，江苏福邦药业有限公司拥有8条生产线，其中，五妙水仙膏为该治疗领域的第一品牌。

近年来，江苏福邦药业有限公司投入近千万元加强基地建设，把外用药车间作为传承基地，在传承的基础上推进产品创新和工艺改革，成为集药品生产、科技研发、文化展示于一体的新型生产性传承基地。2012年6月，灌南县文体广电和旅游局批准江苏福邦药业有限公司外用药生产车间为五妙水仙膏传承基地。2013年6月，江苏福邦药业有限公司被评为"市级传承基地"。

（文／刘华玉）

百年老字号　"万寿"正青春
——"万寿堂胃病疗法"代表性传承人苗少伯

百年杏苗成巨树，千载岐黄有传承！

苗少伯在诊治病人

在灌南的地理版图上，宽阔的盐河，静静流淌，逶迤北去；奔腾的南六塘河、武障河、龙沟河、义泽河，湍流急进，一路向东。就在她们宽厚弯曲的臂膀里，环枕着一颗历史悠久的苏北村镇明珠——大圈（今属新安镇）。灌南县知名中医老字号——万寿堂，就是在这里孕育、传承发展、发扬光大，走向更广阔的天地，并造福桑梓、惠及万家的。

笔者于2023年5月的一天，走进了著名中医师苗少伯先生的万寿堂，了解这个百年中医老字号的发展历程。而万寿堂作为岁月长河里的印记，也在笔者的眼前清晰地呈现。

苗少伯在配伍药剂

（一）源起——杏苗初成

苗少伯先生的曾祖父苗怀方（1860—1930），为灌南县大圈乡人，20岁拜师学医，24岁行中医，精中医内科，善治胃病；祖父苗崑基（1883—1932），25岁行中医，在灌南大圈乡开设"万寿堂"药店，精中医内科，尤善治疗胃病。

大圈，是四面环水的一块陆地，因地理形状似一个圆圈而得名。历史上曾先后隶属海州、灌云县、灌南县，既是远离闹市的世外桃源，也是交通不便的偏僻之地。清末至民国，老百姓缺医少药，苗少伯先生的曾祖父、祖父，宅心仁厚、扶危济困，成为泽被一方的名医，逐渐声名鹊起。万寿堂药店，好似灌河大地上的一株幼苗，在这片贫瘠的土地上生根、发芽，逐渐生长、壮大起来。

（二）继承——弦歌不辍

苗少伯先生的父亲苗继伯（1918—2001），7岁读医书，熟读《汤头歌诀》《药性歌括》《金匮要略》《伤寒论》《脉诀》《医宗金鉴》《傅青主女科》《温病条辨》《伤寒舌鉴》《喉科紫珍集》《笔花医镜》《伤科证治》，他昼夜背诵，精研深辨，打下了扎实的中医理论基础。同时，苗继伯随其父苗崑基学习中医8年，15岁又从名师深学中医，18岁行医，并经营"万寿堂"药店。

中华人民共和国成立后，苗继伯一直在新集乡卫生院、大圈乡卫生院、灌南县中医院工作，精中医内科，业医60余载，先后带徒十几名，他们也都从事中医临床工作。苗继伯精中医内科,尤善治疗胃病。他医术精湛,医德高尚,疗救沉疴,是当年灌南县中医界屈指可数的杏林高手。他秉承为人民服务的宗旨,工作敬业、治学严谨、怜贫惜弱、救死扶伤。有时候出诊到田间地头、工厂一线,为老百姓送医送药,有力地支援了家乡的工农业生产建设。他一生的医案实践、理论著述等经验成果,为万寿堂的复兴打下了承前启后的传承基础。

（三）发展——薪火相传

苗少伯中医诊所（万寿堂）设立在连云港市灌南县城内,占地面积657平方米,是一所以治疗胃病为主的内科门诊。

苗少伯生于1959年10月,1979年高中毕业后,随父亲苗继伯与多位名老中医学习,后随父亲苗继伯学中医临床4年,4年后独立临床,精于中医内科,从医40余载,尤擅治胃病。

苗继伯治愈胃病的病例很多,积累了丰富经验,常用丹参饮、香苏饮、百合汤加减治胃炎,有良好疗效。苗少伯后来在父亲治疗胃病的基础上进行观察、研究、改进,使家传的专治胃病医术更加完善。

俗话说:"十人九胃病。"现代人工作压力大、精神紧张、生活习惯不规律、饮食习惯不科学,加之农药化肥的超标使用及其他环境污染等原因,萎缩性胃炎患者目前较多。苗少伯将家传胃病汤用于临床,反复验证,根据多年的治疗观察,疗效较好,求诊者逐年增加,除本地病员外,还有来自周边地区如山东、浙江、安徽、河南等地的。这些地区的不少人或在外打工,或外出经商,由于精神压力、生活习惯、水土不服等多方面因素,患慢性胃炎的概率不断增加,许多人专程前来万寿堂医治,满意而归。

苗少伯在几十年临床中,还发现萎缩性胃炎的症状除有饱胀、嗳气、消瘦、隐痛等症状外,还伴有不同程度的精神紧张、失眠、健忘等症,随以和胃安神法,药用合欢皮、川百合、朱麦冬、蒲公英、丹参、老苏梗、法半夏、制香附、鸡内金、炒枳壳、党参、延胡索、阳春砂等进行合理配伍研制成汤剂,治疗效果较好。其汤剂制作方便、成本低、药味平和,易被患者接受,有极为广阔的拓展前景。

苗少伯在父亲治疗胃炎的理论基础上结合现代胃镜检查,积累了许

苗少伯在授课

多经验,既用传统医药方法,又应用药机将中草药煎成汤剂包装,帮助患者服用,促进患者早日康复。

由于万寿堂的胃病疗法医疗特征鲜明,疗效好,具有较高的经济价值和学术价值,因此,在周边影响较大。

苗少伯还定期开展医务人员培训,参加各种中医学术活动、讲座、讨论等,努力建设好中医临床教学基地,以培养出一批优秀的、面向基层的中医内科临床医务工作者。

苗少伯辛勤的耕耘获得了各级政府的肯定:治疗慢性萎缩性胃炎的药物获国家发明专利;国家中医药管理局授予他"农村基层优秀中医"称号;江苏省中医药学会授予他江苏省第二届"基层优秀中医"称号;国家中医药管理局将他治胃病的经验编入《农村基层优秀中医临床经验选编》一书,在全国发行;"万寿堂胃病疗法"被列入连云港市第五批、江苏省第四批非物质文化遗产保护名录。

万寿堂所获的各项荣誉

初心如磐承祖业,奋楫笃行启新程。焕发青春的万寿堂在苗少伯先生的主持下,继续书写着中医药界新的荣光。

(文/张　沂)

仁心笃志 躬行致远

——"曹氏中药热敷接骨疗法"代表性传承人曹晓波

五月的初夏,绿意葱茏,空气清凉湿润,麦田一片金黄。清亮的柴米河水环抱着酒乡汤沟,古镇平添了一番水乡的灵动。俗话说,酒香不怕巷子深,在人杰地灵的汤沟古镇,除了著名的汤沟美酒外,曹氏中医骨伤科诊所也是

曹晓波在诊病

远近闻名、广为人知的,是汤沟古镇的一张特色名片。

走进曹氏中医骨伤科诊所,迎面看到一位青年中医师正在接诊,只见他一边耐心地和病患沟通,一边仔细地研判病患的拍片结果,斟酌治疗方案。

眼前的曹晓波医师,面容清秀儒雅,待人热情大方,性格随和,业务熟练。他已然从一个中医学校的毕业生成长为一个著名的骨科中医师,走过了20多年挥洒青春的奋斗历程。

曹晓波出身于中医世家,其父曹永刚的外公冯锦州(1886—1984)为冯氏骨科中医第三代传承人,曹永刚的母亲冯玉成为第四代传承人之一,曹永刚为冯氏骨科中医第五代传承人。曹永刚自幼随母亲学习接骨技术,在家传医技的基础上,于20世纪90年代受邀去北京中医药学会举办的中医正骨按摩研修班进修。他秉承家学,在家乡从医多年,医德高尚,声誉千里。曹晓波为第六代传承人,2008年他取得个体医疗机构职业许可证,执业中医师,成为中华中医药学会和江苏省中医药学会会员。

受家庭环境的耳濡目染，曹晓波在青年时代就立志为乡亲们解除贫病困厄。他于1998年考入连云港中药学校（现更名为"连云港中医药高等职业技术学校"）。在校读书期间，他认真学习基础理论知识，熟练掌握中医理法方药、接骨八法，并与临床相结合。2001年，曹晓波作为连云港中药学校的优秀学生被推荐到江苏省中医院实习一年。在那里，他惜时如金，如饥似渴地拜师学习，把家庭传承与学校的理论知识、江苏省中医院的实践结合起来，初步形成了传统与现代相结合、中医与西医相结合的治疗理念。

曹晓波在授课

回到家乡行医的曹晓波，有了进一步实现他的行医理想的机会，他在实践中注重传承与发展，边学边干，探索出一条科学高效的中医正骨治疗之路。

曹氏接骨的治疗特色是先用祖传中医手法的接、摸、端、提、推、拿等将骨折断端复位，再用绷带石膏固定，同时利用西药消炎、镇痛，待病人骨折处稳定后（一般需要48个小时），再通过用当归、红花、川芎等20多味中草药配制而成的曹氏中药沙袋热敷，促进骨骼愈合，疗程短、疗效好，不开刀、少吃药。同时，曹氏中医也善于治疗关节炎、类风湿性关节炎、脊柱炎、骨质增生等骨科疾病。

曹氏中药沙袋

为了熟练、精准地接骨，曹晓波认真研读解剖学、病理学、针灸学、中医外科学、中医内科学的相关书籍。在父亲曹永刚的指点下，曹晓波熟记人体骨骼、血管、神经的位置，会根据人的年龄、性别、体型，构建一整套人体外科模型。经过无数次的摸索和揣摩，他的正骨手法日臻完善。

手术室里，曹晓波正在为一位骨折病患正骨复位，他凭着一双"火眼金睛"、一双"回春妙手"，参照一张X光影片，调息静气，屏声凝神，熟练地操作着、观察着、对比着、思考着、调整着，不大一会儿，一台复杂的正骨手术就初步完成了。曹晓波的额头上也渗出了一层汗珠。

曹晓波说："传统中医并不排斥现代西医的检测手段和药物治疗。对于一般的伤情，我们一看一摸，就知道怎么一回事，但是通过透视拍片观察，可以进一步验证，纠正我们的判断，为手术提供直观的指导，起到事半功倍的效果。同时，采用药敷和一些理疗器械进行辅助治疗，也有助于病人快速康复。"

为了提高中药活血化瘀、消肿止痛、去腐生肌的疗效，曹晓波不断调整、改进、优化处方，做到因病施治。《汤头歌诀》《中医方剂学》《中药药理学》《丹溪心法》《五十二病方》《金匮要略》《医宗金鉴》是他的案头必备之书。

在曹氏中医骨伤科诊所，大多数病患免受开刀之苦，既解除了病痛，也减轻了经济负担。病患病情稳定后可提前出院，后续通过邮寄药物治疗，直至康复。医者仁心，仁者爱人，这体现在曹晓波一贯的行医实践中。一位居住在上海的60岁老人不慎骨折，医院诊断需要5万元的治疗费用，他来到曹氏中医骨伤科诊所治疗，仅花费2000元即康复出院。

对于一些伤情特别严重、难以治疗的情况，曹晓波热心为病人推荐医生、联系医院，并跟踪随访，做到为每一位病人负责到底、为每一位病患服务到位。

走进曹氏中医骨伤科诊所，这里有手术室、拍片室、药房、病房，布局规范整齐，合理有序；DR拍片机、透视机、电动颈腰椎三维牵引治疗床、微波理疗仪，一应齐备；医院介绍、工作守则、消毒规程、住院

事项、收费标准、安全消防等注意事项全部悬挂上墙，内容齐全，一目了然。

曹氏中医骨伤科诊所的声名响彻柴米河两岸，县内外乃至全国有很多病患前来就诊。曹晓波治病救人，热心公益，并致力于中医文化的推广。一张张证书，代表了专家的认可，也是老百姓的口碑："曹氏中药热敷接骨疗法"首批进入灌南县非物质文化遗产保护名录，2010年获列第二批连云港市非物质文化遗产项目，2011年获列第三批江苏省非物质文化遗产项目。2012年，曹氏中医骨伤科诊所被评为"连云港市非遗保护基地"。

曹晓波先后当选为"江苏省'三带'能手""连云港乡土人才'带领技艺传承名家'""港城工匠"、灌南县第十一届政协委员等。

名医明德，正心正骨。忠乎其心，贯之于行。行而不辍，履践致远。衷心祝愿柴米河畔的曹氏中医在灌南领先行业的百花园中长开久馨，泽被桑梓，世代流芳！

(文/张　沂)

妙手回春　家喻户晓

——"喻氏中医经络散结疗法"代表性传承人喻兴兵

一

走进位于灌南县城桥西人民路北的灌南县喻氏中医经络散结治疗诊所，墙上悬挂着醒目的省、市级非遗标志牌匾，室内弥漫着淡淡的中药清香。自门厅开始，从南到北共有四进诊室，墙上挂满了锦旗，有的是本县四乡八镇的乡亲们赠送的，有的是外省市县的病患赠送的，他们在这里得以医治康复，这是他们对喻兴兵及其同仁们感恩、感谢的表达。

眼前的喻兴兵，50岁出头，短发、清秀、干练、随和。由于精通医理，善于保养，勤于锻炼，他看起来要比实际年龄年轻得多。

喻兴兵在为病患诊治

喻兴兵是新安镇镇西村人，青年时候受家庭影响，立志行医。20世纪80年代，他跟随淮阴市王营镇的夏广喜老先生学习基础康复理论。20世纪90年代初，喻兴兵正式拜师淮安市"名老中医"吴文成。

吴文成是清代名医、《温病条辨》作者吴鞠通的后人，家族世代行医，针对特定患者采用中医经络散结康复技术进行康复实践，并获得了大量的成功经验。在喻兴兵随师学习期间，吴文成传授其经络散结康复技术，并赠予其《黄帝内经》《寿世保元》《经络全解》等宝贵医书。

20世纪90年代末，喻兴兵开始运用经络散结康复技术，并结合人体解剖学、运动康复医学等现代医学方面的知识，在连云港进行中医医术实践。他先后参加灌南县中医院推拿学习班，山东中医药大学任建、高冬梅教授中医理论培训班，并考取高级中医经络调理师、高级中医保健按摩师证书。他还担任连云港市艾灸协会副会长、特聘讲师。几十年来，他造福桑梓，服务邻里，沿途累累结硕果。

作为中医经络散结康复疗法第五代传承人的喻兴兵，善于治疗颈肩腰腿疼痛和强直性脊柱炎、脑梗偏瘫后遗症等。喻兴兵还总结了科学完备的经络散结疗法技术方案，先后成功帮助2万余名颈肩腰腿疼痛、有脑梗后遗症的患者康复。他曾在2005年11月采用经络散结康复技术帮助一名救治无门的脑萎缩后遗症孤儿康复，其免费救治的善举被民政部门挖掘并报道在连云港市《苍梧晚报》A3版。

二

谈话间，一名病患走了进来。喻兴兵戴上眼镜，表情严肃地站在病床前，按照疗程规划认真地进行施治。只见他手指、手掌、肘尖并用，熟练地进行按、点、推、摩、搓、捻。手法自如切换，动作行云流水。不一会儿，病患疼痛减轻，喻兴兵的额头也轻微出汗了。

喻兴兵坐下来，喝了几口茶，缓缓地说道："经络散结手法有按、点、推、拿、揉、摩、搓、捻、拨、扳、伸等，根据病情需要选择使用。"

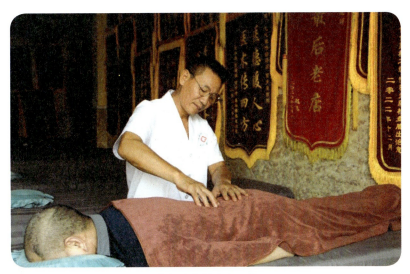

喻兴兵在帮病患理疗

"人体有阴阳经络共12条，内连脏腑，外接肢体，生命活动靠气血循环运行，一旦出现淤堵，疾病由此而生，中药都是归经治疗。我治疗的原理就是通过师传手法化解经络淤堵、祛除病痛，因此，将我的治疗方法称为'经络散结疗法'更为准确。"

在喻兴兵看来，针灸、推拿是作用于人体经络上的腧穴，即一般讲的神经末梢密集的地方或者是较粗神经纤维经过的部位。原理是刺激相关部位的神经末梢从而达到促进气血运行的作用，属于间接作用；而气血运行不畅、经络淤堵的直接表证为经络出现不同位置、不同大小的筋结。经络散结疗法直接作用于筋结，针对由各类病因、病机产生的筋结，采用不同的经络散结手法，直接进行筋结驱散、打通经络淤堵，从而达到活血化瘀、病情康复的效果，属于直接作用。

喻兴兵详细地介绍说："经络散结疗法针对各病因、病机引起的经络淤堵所产生的筋结，结合实践手指触感，对筋结进行准确定性、定位。运用拇指按压、肘尖点压、手掌大鱼际推法等纯手法进行筋结疏散，使筋结逐渐变软、变小甚至消失，而伴随着这一过程，病症也会得到缓解直至治愈，从而达到通经活络、减轻疼痛、康复的作用。"

喻兴兵在治疗中还会用家传秘方外敷药包加以辅助治疗，药用当归、川芎、千年健、红花、鸡血藤、透骨草、伸筋草、干姜等，治疗立竿见影。

"喻氏中医经络散结疗法"的传承人主要是利用家传与跟师学习的方式进行传承，目前第六代传承人有喻峰、喻勃、喻稚雅、刘天月、门书伟、房同让、陈朝阳、周勃龙、韦志总、曹定海、朱延荣、黄秀兵等40余人，主要来自江苏省内周边城市如连云港、淮安、盐城等地。同时，辐射外省，江西、广东、河南、天津、广西、山东等地均有人慕名前来跟师学习。

喻兴兵被列为"喻氏中医经络散结疗法"代表性传承人

"喻氏中医经络散结疗法"被列为连云港市非物质文化遗产项目

据喻兴兵介绍，连云港市喻氏经络调理有限公司作为传承平台载体，在连云港市设有两处门店，累计为全国各地的患者提供康复服务达 2 万次。

喻兴兵依托连云港市喻氏经络调理有限公司，将技术传承给在岗的 20 余人，组织传承人参加各中医药大学理论进修 10 余次、行业内康复技术交流会议 10 次、市县级非遗文化主题活动 2 次，开展职业学校、社会团队的相关经络康复技术培训与专题讲座 5 次，推动了中医经络散结康复技术的传承与发展。

2023 年 11 月，"经络散结疗法"获批江苏省非物质文化遗产项目。

（文 / 张　沂）

秋心分两瓣 愁字去无踪
——李氏鼻渊疗法

一

嚏涕连连心情烦，鼻窦咳嗽生活难。

鼻炎不是大病，却让人备觉痛苦。

灌南当地有一位刘姓小伙子，一心想去当兵，却因鼻炎被拒之门外。他带着苦恼找到了省级非物质文化遗产项目"李氏鼻渊疗法"的第四代传承人李玉成，将自己的苦衷对李玉成和盘托出。

李玉成帮他检查后胸有成竹安慰这位刘姓小伙子："你这个毛病，不出三天，我就能替你治好！"

李玉成参加非物质文化遗产展示活动

李玉成让这位刘姓小伙子服用了他的独家配方——李氏鼻缘口服液，三天过后，这位刘姓小伙子的鼻炎果然好了。

刘姓小伙子很高兴，又去征兵处报名，后经体检，一切正常，顺利入伍，实现了成为军人的愿望。

李氏鼻缘口服液

现在这位刘姓小伙子在部队里干得相当出色，但他没忘记李玉成的恩情，每当他回乡时，总会上门看望李玉成。

二

李氏鼻缘口服液为何如此有疗效？

一方面，这源于它的配方成分。它由人参、鹿茸、阿胶、肉桂、

黑顺片、野防风、辛夷花等18味地道、名贵的中药材组成，然后经过加工粉碎、秘法浸泡、四次煎蒸提取，将提取液混合在一起煎熬浓缩、去除杂质，去毒存性，高温灭菌，密封保存，方制作而成。另一方面，它治标又治本。只要患者按疗程服用，就能够补益阳气、祛除寒湿、疏风解表、散结除涕、扶阳固本，最终达到"正气存内，邪不可干"的功效。同时，该药口感好，副作用小，服用方便，见效快。

"李氏鼻渊疗法"为中医"温阳派"（火神派）中药疗法，常用于肺气受损、脾阳不振、肾阳亏虚等引起的"阳虚寒湿型"的鼻渊（鼻窦炎）、鼻鼽（过敏性鼻炎）等鼻炎，能快速控制其引起的鼻痒、鼻塞、打喷嚏、流鼻涕、头痛、腺样体肥大等症状，以及其诱发的耳鸣、嗅觉减退、失眠等症状，疗效显著。

2023年11月，"李氏鼻渊疗法"获批江苏省非物质文化遗产项目。

三

"李氏鼻渊疗法"现已传承至第四代传承人李玉成。

李玉成，1970年出生，灌南县田楼镇佑兴村人，1994年在灌南县中医院工作，后在灌南县城创设个体诊所。他是中西医结合医师，毕业于连云港中医药高等职业技术学校中医药系，1999年考取西医执业医师资格证，2014年考取中医执业医师资格证，2017年考取执业中药师资格证，2019年取得西医副主任医师资格。他擅长医治呼吸系统疾病，以及鼻鼽、鼻渊、咳嗽、哮喘、咳嗽变异性哮喘、慢性阻塞性肺疾病等，对各种出血性疾病的治疗，亦有独特的中药配方。

李玉成于2019年发表了论文《阳主阴从治鼻鼽——论温阳化湿治疗鼻鼽病（变应性鼻炎）的重要性》，刊登在《临床医药文献电子杂志》（2019年第37期）上，为鼻炎的预防、治疗和研究提供了一定的理论基础。

李玉成还以师承和医学院校相结合的方式，将"李氏鼻渊疗法"传承于他的子女徐宏扬（随母姓）、李宏媛、李宏宇。

桃李不言，下自成蹊。"李氏鼻渊疗法"治愈患者无数，为李玉成赢得了声誉，前去他们在新安镇开设的科福诊所求医的患者络绎不绝。李玉成及其传承人，正在为越来越多的患者解除忧愁与痛苦。

（文／刘喜权）

秉承国粹　中庸致和
——朱氏风湿针灸疗法

中医上常说，通则不痛，痛则不通。很多慢性病通过手术治疗效果不大，但借助中医治疗则可以彻底解除病痛。在灌南朱中学中西医结合门诊部，连云港市第六批非物质文化遗产项目代表性传承人朱中学正在施针，为患者进行治疗。

在患者诊疗室，只见助手将患者的穴位正确消毒后，朱中学先用笔在患者的身体上做标记，然后用小扁针在患者的穴位上施行提、插、捻、旋、转针法，整个治疗过程只需1分钟，而小扁针在朱中学的手中，如同绣花针一般，纤巧而实用……

不一会儿，患者就能够站起来慢慢走动了。

在灌南，针灸专家朱中学可谓家喻户晓。不仅因为他有连云港市非物质文化遗产项目"朱氏风湿针灸疗法"第四代代表性

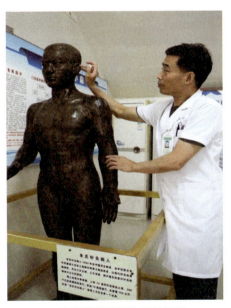

朱中学借助铜人施针授课

传承人的荣誉加持，还因为有很多患者得益于他的针灸技艺而重获健康。

针灸是针法和灸法的总称。1973年出生的朱中学，是灌南县百禄镇人，出身于中医世家，其曾祖父朱国勇出生于清咸丰年间，自学中医针灸等医术，在清代中后期利用针灸方法帮助当地百姓治疗疑难杂症，而且他自编《朱氏针灸验方》手册，至今还保存在门诊的展馆里。朱中学的祖父朱兆田在1941年前后曾用朱氏针灸技术为新四军苏北抗日将士医

治，并且自编《朱氏针灸伤科普图》手册及手制"银针"十枚，也保存在展馆内。朱中学的父亲朱云荣生于1937年，中学毕业后秉承朱氏针灸家传技术，随其父朱兆田在农村行医，1993年在河北保定铸造"朱氏针灸铜人"一尊，现保存在其门诊一楼。

朱中学在为病人施针　　　　　　朱中学在工作

耳濡目染父辈的行医事迹，朱中学从小就对针灸有着浓厚的兴趣，并立志治病救人、传承和发扬中医针灸文化。1993年，朱中学考取山东中医药大学，系统地学习了中西医结合的知识。大学毕业后，他曾先后在灌南县百禄中心卫生院、硕湖卫生院工作，后于2003年独立开诊所。朱中学擅长治疗颈肩腰腿痛，包括股骨头坏死、强直性脊柱炎、腰椎间盘突出、腰椎间盘膨出、椎管狭窄、腰椎间盘手术后疼痛、颈椎病、颈椎间盘突出、骨质增生、坐骨神经痛、肩周炎、膝关节炎、膝关节退变、膝关节积液、肢体酸麻木、风湿、类风湿关节炎、产后风等各种关节疼痛病。

多年临床实践使朱中学在百年祖业的基础上自成一派——朱氏小扁针疗法，被誉为"颈肩腰腿痛克星"。早在1999年，朱中学就荣获专科专病成果奖。当时，他还应邀参加了在人民大会堂召开的首届国际针刀医学学术交流大会。

对于朱氏小扁针的来历，朱中学介绍说他从小就看到父辈们用大银针给病人治病，但是这种针粗、软，韧性不好，还不好消毒，达不到灭菌的效果。而现代针灸通用的毫针的效果也不是特别好，为此，朱中学发明了一种扁头的、钢制的针，取名"朱氏小扁针"。这种针柄圆、尖平，下针快，患者不会感到痛苦，以"快、准、少"为特色，在临床应用中取得了非常好的效果。这项发明在2003年获得了国家专利。

在传承先辈诊疗技艺的基础上，经过不断研究和外出学习，朱中学结合现代的高频C型臂X射线机、骨密度悬吊X光机及常规检验等辅助检查，能更精准地找到患者的病症所在。在治疗过程中，他用到了传统的中医针灸疗法，配以中药贴膏，疗效更加显著。

2004年，朱中学和妻子共同创办了朱中学中西医结合门诊部，以朱氏小扁针治疗颈肩腰腿痛、风湿骨病等，每月门诊接待患者2000多人。这些人中有周边市县的，有从上海、山东、浙江、新疆、黑龙江等省份慕名而来的，还有从国外特地到门诊求医的。

"10年前我腰椎间盘突出，在朱医生这边看好的，一直没复发，最近腰有点不舒服，特地找朱医生看看。"75岁的患者孙桂兰介绍说。她是灌南县张店镇张店社区人，很相信朱中学的医术，一个疗程治疗下来少的只要四五十元，多的也就几百元。花钱少，来回跑的次数也少，这次生病第一时间就想到了到朱中学这里来看看。

"颈肩腰腿痛等风湿骨病一般都是经络出了问题。针灸讲究辨证施治，平时我会在自己或者家人身上施针，只有自己亲身实践才能了解其中的精髓。"朱中学介绍道。

作为一位医者，朱中学不仅有精湛的医术，还有高尚的医德。在看到患者深受颈肩腰腿痛的困扰时，朱中学始终以一颗仁心对待他们，对于一些家境确实困难的患者，会减免费用甚至会免费治疗，给患者以希望。

2023年11月，"朱氏风湿针灸疗法"获批为江苏省第五批非物质文化遗产项目。

朱中学荣获"江苏省乡土人才'三带'新秀"称号

（文／惠康拯）

陈克山的喉疾治疗技艺

陈克山，开设灌南陈氏诊所（原克山喉科诊所），为中医喉疾疗法第五代代表性传承人。

陈克山被列为"克山喉疾中医疗法"代表性传承人

"克山中医喉疾疗法"被列为连云港市非物质文化遗产项目

中医烙法是中医传统外治法之一，已有1300多年的历史，最早可追溯到唐代名医孙思邈《千金翼方》中的"治咽中肿垂物不得食方，先以竹筒内口中，热烙铁从竹中拄之，不过数度愈"记载。后历代医家都对此做了深入的研究。明清医家在《外科正宗》《咽喉经验秘传》等医籍中对中医烙法也提出了自己的观点和施烙方法。

中医喉疾疗法始于现传承人陈克山的外高祖父温如英，温如英在19世纪中期即用此法在民间行医。第二代传承人陈克山的外曾祖父温悦河又师从晚清名医赵海仙，经名师指点，使中医喉疾疗法得到进一步提升。第三代传承人为陈克山的外祖父温以宽，他12岁开始读医书，随父亲温悦河学习中医基础理论8年，21岁在张湾街行中医，在中医烙法的基础上增添了中医钩法，将中医烙法和钩法结合在一起。第四代传承人陈兰甫17岁随温以宽学习中医基础理论和中医钩烙法技艺，擅长治疗乳蛾、梅核气，治愈患者不计其数。陈克山为第五代传承人，1983年考取个体行医执照后，继续传承中医喉疾疗法，行医40余年，治疗患有乳蛾、梅核气的病人不计其数，积累了丰富的临床经验。在家传技法的基础上，陈克山深入研究、开拓创新，做到了传承不泥古、创新不离宗，更加完善了中医喉疾疗法。经临床验证，总有效率达89.1%，治愈率达78.2%。

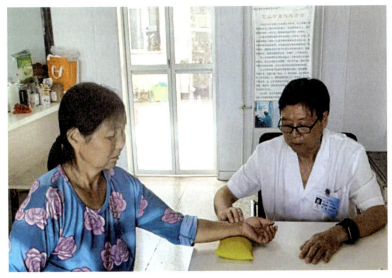

陈克山在为患者诊治

灌南陈氏诊所治疗急性、慢性喉疾只需舌板一个、钩针一根、烙铁一个、陈氏珠黄散一克即可。治疗时间短，每个患者只需治疗10次左右便可基本痊愈，每次治疗时间只要3—5分钟。

"克山中医喉疾疗法"治疗急性、慢性喉疾时针对性强，对不同的症状采取不同的治疗措施，如治疗乳蛾患者时，以烙法治疗为主，使肥大的乳蛾自动萎缩，直至痊愈，不再复发；对梅核气患者以钩针法治疗为主，把咽喉部的淤血放出，达到治愈的目的。在治疗中，陈克山还会敷用以珍珠粉、西黄、冰片、月石、麝香等制成的陈氏珠黄散，技法独特，做法新颖，效果特别好。

"克山中医喉疾疗法"既遵循传统，又凸显灵活性。在长期的临床实践中，针对不同病例，灵活采取治疗措施。例如，针对比较顽固的慢性喉疾，采用一日多次的中医喉疾疗法，弥补现有中医喉疾疗法的不足。

"克山中医喉疾疗法"的影响区域以灌南县为中心,辐射至整个苏北,求诊者中甚至有来自北京、上海、浙江、山东等地的。

"克山中医喉疾疗法"汲取古法的精髓,挖掘传统的治疗方法,在治疗咽喉部疾病方面力求创新和突破,拥有重要的推广价值和传承价值。传承人常年在各社区医院进行义诊,并应邀到周边市县的中医院免费为患者诊疗;在各大中专院校举办讲座,普及、传播中医喉疾疗法;在盐城、响水等地,建立中医喉疾疗法工作室,作为推广中医喉疾疗法的教学、宣传、见习基地,传授"克山中医喉疾疗法",为进一步传承、传播中医喉疾疗法,减轻或解除广大喉疾患者的病痛做出了应有的贡献。

2023年11月,"克山中医喉疾疗法"获批为江苏省非物质文化遗产项目。

(文/庄洪高)

印氏妇科疗法

曲径通幽处，市井隐良医。在灌南县新安镇新安南路与曲折的马桥巷交会处，有一"印氏中医妇科"的老招牌。印良相在此以"印氏妇科疗法"主治妇科、不孕不育、中医内科、中医儿科及其他多种疑难杂症。

印良相从诊兢兢业业，为民治病，从不畏难退却。数十年来，他以精湛的医术，赢得了广大病友的信任。印良相采用"印氏妇科疗法"主治妇科以来，疗效显著，蜚声海内外。其主要传承人分布在上海、南京、连云港、淮安等地。

印良相参加义诊

"印氏妇科疗法"源远流长。其隶属"山阳医派"，为清代温病学代表人物石寿棠一脉传承。江苏素有"南孟河，北山阳"之说。石寿棠著有《医原》《温病全编》等书，其"藿朴夏苓汤"被纳入国家首批经典名方，在治疗疾病方面发挥了重要作用。石氏医学对后世影响巨大，在清末大受江浙一带医家推崇，如今仍为各大医家所公认：何廉臣在《重订广温热论·验方妙用》中反复引用；任应秋在《中医各家学说》中专门评述其独到的学术见解；国医大师周仲瑛的《中医内科学》多次引用石氏理论；国医大师郭振球认为石氏在温病方面"博采众长，穷流溯源，发人深思"。

印良相的医术源自石氏，深得石氏的学术精华，且流派守正，声名远播。2013年，印良相和上海长征医院合作研发了"山阳养宫安抚汤"，临床使用疗效卓著，将试管婴儿的成功率从27%提升至57%，使该院一跃成为国内该领域的佼佼者。柬埔寨电视协会会长肯·顾纳瓦，马达加斯加共和国总统特别顾问、国民议会对华友好领导小组秘书长高洪刚慕名前来求医，甚为惊喜，并代表各自国家邀请"印氏中医"进行医疗访问。印氏传承弟子王栋受政府委派，作为中国医疗队专家，前往圭亚那进行医疗援助，为包括总统、总理、农业部部长、大使在内的高层提供诊疗服务，也受到了该国政府的高度赞赏，彰显了我国"中医外交"的力量。2020年新冠疫情暴发时，"印氏中医"免费向民众提供印氏防疫茶包、药包、香囊等各类抗疫产品，并承担了上海金山区区政府的中医防疫任务，实现了使用人群零感染的良好成果。

"印氏妇科疗法"传承世系清晰——石寿棠为第七代传承人；石抚生的父亲（名讳失考），为第八代传承人；石抚生（1867—1957），为第九代传承人，师承于父亲，1920年迁至灌南县新安镇行医；印庚生（1917—2000），为第十代传承人，灌南县新安镇人，于1930年正式拜入石抚生门下，为其关门弟子。1935年，他出师独立行医，先后游学、行医于盐城射阳、合德、阜宁。1936年年底，他在新安镇开设"新南大药房"配"征德堂"，专营中药、西药。1985年，淮阴市中医学会授予印庚生老中医为祖国医学做出贡献奖状。

印庚生获得的奖状（奖状上姓名书写有误）

石氏医学的第十一代传承人为印良相,他于1939年出生在灌南县,为印庚生长子。他自小随父学医,一直在农村卫生室工作,直到1982年取得灌南县第一张个体营业执照,开设"印良相中医妇科诊所",2012年获评连云港市非物质文化遗产项目"印氏妇科疗法"代表性传承人。2018年,他被灌南县委、县政府特邀为灌南建县50周年庆典嘉宾,获"海西工匠"头衔。2023年11月,"印氏妇科疗法"获批江苏省非物质文化遗产项目。

印良相对"山阳医派"印氏医学的传承和弘扬起到了承上启下的作用,他将印氏医学与临床密切联系起来,发展推出了"五定"临床方案,用"四诊"收集病因、病机、病程,判断病势、病性,拟定药方和指导用药,对临床诊疗有着积极的指导意义,对于各类疾病的辨证论治起到了精准定位的作用,将古中医诊疗精神更加直观地推向临床一线。他借助中医妇科传统与现代常见疑难病的中医辨证思路,对现代医学的疾病正确地辨别,将经典引进并融入现代医学,对治疗不孕不育、多囊卵巢综合征、卵巢功能早衰、乳腺病、症瘕重症等有非常深入的研究。

守望中华医学的宝贵财富,印良相解放思想、择良传承,先后传授"印氏妇科疗法"于第十二代传承人——印虎、印骏、周晓明、王栋、王以杰等。其中,印虎、印骏为印良相之子,他们继承父业,再授业于第十三代传承人袁中衡、孙文武、林淑玲等。

印氏嫡传、再传弟子皆为医学界翘楚,在国内颇有建树,成绩斐然。其中,印虎为上海雷允上首席特约专家、上海童涵春堂特约专家、君和堂中医连锁特约讲师、中国青年中医论坛

传承人印骏在坐诊

特约嘉宾,印骏为上海正德堂中医门诊医院院长。

印氏医学,薪火相传,德布四方!

(文/汪友国)

温氏中药贴敷疗法

温兵然,生于1966年,毕业于徐州医学院,为"温氏中药贴敷疗法"第五代传承人、连云港市非物质文化遗产项目代表性传承人、中国中医药研究促进会新中医分会常务委员、国家注册执业医师、江苏省中医药卫生技术人员,在灌南县开办温兵然诊所。

温兵然和父亲

温兵然出身于中医世家,幼承祖训,学有渊源,及长考进医堂,虚心访学于名医大家,德术并重,阅古今专著,略有滋润,待厚积薄发,方在治疗儿病领域略有小成。温氏中药配方精良、理念新颖、治疗范围广,用于临床,效如桴鼓,因此,深受广大患儿家长的一致好评,求诊治疗的病人遍布周边县市乃至全国各地。

"温氏中药贴敷疗法"发展至今已有150多年的历史,是以中医基本理论为指导,应用中草药制剂,施于皮肤、孔窍、腧穴及病变局部等部位的治病方法,通关开窍,引药先行,使药性直达病灶,拔病外出而治愈疾病,属于中药外治法。发展中药透皮技术不仅是为了应对现代科学技术对中药的挑战,还是为了满足中药外治法自身发展的需求。

"温氏中药贴敷疗法"是中医治疗学的组成部分,较内治法更为简便、实用,其主要特点是途径直接、用药安全、使用简便、药源广泛、稳定可靠、副作用小,易为患者所接受。

温氏中药贴

"温氏中药贴敷疗法"可治疗小儿气管炎、肺炎引起的咳嗽、咳痰、气喘等,发热、腹泻、肠系膜淋巴结炎、偏食、消瘦、体弱多病、长不高等;成人因风寒湿痹造成的颈、肩、腰、腿等部位的各种骨病性疼痛等。对女性脾胃虚寒引起的胃寒胃痛、宫寒、四肢不温、手脚怕冷等顽症均有独到的治疗和调理功能。

"温氏中药贴敷疗法"避免了肝脏首过效应,避免了胃酸和消化酶对药物的破坏和降解,避免了胃肠道给药时的副作用,减少了给药次数,毒副作用小,发现不良反应时可随时中断治疗。

2023年11月,"温氏贴敷疗法"获批为江苏省非物质文化遗产项目。

温兵然被列为"温氏中药贴敷疗法"代表性传承人

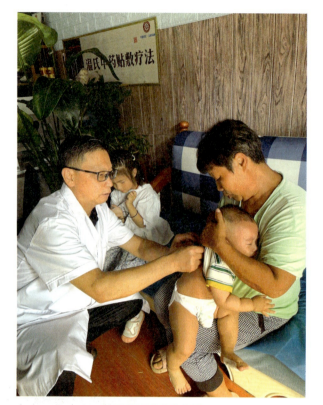

温兵然在为患儿诊治

（文／庄洪高）

仁心仁术　大医至诚
——"中医正骨疗法"代表性传承人张林

一个夏日的早上,笔者跟朋友一起来到位于新安镇苏州国际商贸城的灌南县儒和堂养生中心,听说当天是张林医生亲自坐诊,才刚刚八点钟,就已经有二十几个从周边市县慕名前来的患者在排队等待就诊了。

踏进儒和堂养生中心的时候,浓浓的中草药香味扑鼻而来。大厅的墙上挂着各种人体构造图解、健康养生知识和一些常见病的中医防控方法,柜架上摆着琳琅满目的中药瓶罐,右侧有一张中医把脉辨证的接待桌,桌前坐满了等待辨证调理的人。

当笔者经过左边第一个房间时,看到张林医生正认真地给一个患者进行拨经活络正骨复位调理。只见她先熟练地点按患者的穴位,再对其疾患部位进行按摩,舒筋活络,整套动作轻、稳、准、巧,如行云流水,一气呵成。朋友不由得感叹:"光看着张医生的这手法都让我觉得是一种享受,现在浑身舒服了不少。"

张林在给患者正骨复位

据张林介绍，拨经活络主要是让患者患处的肌腱放松，以便使错位的筋骨更好地复位，这只是采用"中医正骨疗法"之前的一个步骤。通过拨经正骨能够疏通局部经脉瘀阻引起的肿胀，促进血肿的吸收，使骨折得以复位，纠正畸形，恢复骨的连续性，从而为骨折的愈合提供条件。另外，还能改善关节功能，缓解关节脱位或者半脱位导致的疼痛。

张林是中医师张玉国的侄女，出生于1973年，她从小就经常听长辈们讲述曾祖父张忠义的"中医正骨疗法"的奇特，以及各种各样的临床案例和他对周边老百姓的贡献，加上受伯父张玉国为诸多骨伤患者正骨复位的影响，她对传承"中医正骨疗法"产生了浓厚的兴趣。中学毕业后，她考入了安徽芜湖医药卫生学校，自1992年毕业以来一直跟着伯父张玉国学习中医正骨及一些常见疾病的治疗，后经自学取得医学类本科学历。

中医正骨在中医骨伤治疗中占有重要地位，是骨伤科四大治疗方法（整复、固定、药物和功能锻炼）之一。到了第五代传承人张林这儿，"中医正骨疗法"得到了进一步完善。张林还在张氏正骨八法即手摸心会、拔伸牵引、旋转屈伸、提按端挤、摇摆触碰、夹挤分骨、折顶回旋、按摩推拿的实践基础上，对骨盆异常的推拿理疗进行了独到的总结和归类，形成了独特的正骨方法，即手牵顶盆法和过伸压盆法，从而形成了如今的张氏正骨十法，使"中医正骨疗法"进一步系统化了。

"中医正骨疗法"已有360多年的历史，主要运用拔筋碗、拔筋板，配合张氏独特的家传秘方活血去毒丸、接骨丸、桃花散进行治疗。"中医正骨疗法"在一代又一代人的传承实践中不断得到总结提升，形成了的五大核心理念。

第一，平衡观。人体健康是人体对内、外环境适应的复杂过程，体内各器官、系统之间保持着动态变化的相对平衡。例如，采用"中医正骨疗法"能对病变脊椎做出准确诊断，然后精确把脊椎移位，调整脊柱骨骼肌肉系统，使脊柱恢复相对稳定，重新构建脊柱的力学平衡。

第二，整体观。任何脊椎的不正常移位所造成的消极作用将给骨骼肌肉系统、神经系统及消化系统、内分泌系统、心血管系统带来整体上的连锁反应。采用"中医正骨疗法"治疗，不仅能消除或缓解患者的椎体位移及有关症状，而且对治疗椎体位移引起的其他系统疾病或症状也有一定的疗效。

第三，缜密性。基于"中医正骨疗法"的独特理论体系，就诊的患者，无论是有颈椎、腰椎的疾患还是有胸椎的疾患，都必须提供椎体正、侧位X线影像学检查结果，以便精确测量病变脊椎在各个方向上的位移，并进行复位。

第四，复位性。"中医正骨疗法"运用解剖学、生物动力学、X线影像学等现代科技手段进行诊断，并结合传统中医推拿按摩理论和中医气血理论，通过一个瞬间特定的手法使脊椎复位，从而使机体达到健康的平衡状态。

第五，针对性。"中医正骨疗法"针对性强，无痛苦，安全可靠，治疗往往立竿见影。

"中医正骨疗法"良好的治疗效果受到了越来越多人的青睐，显示出愈来愈强大的生命力。2021年12月，"中医正骨疗法"获批为连云港市第八批非物质文化遗产项目。

"中医正骨疗法"获批连云港市非物质文化遗产项目

"中医正骨疗法"的代表性传承人张林还是一位热爱公益的医者，她针对全国持聋哑人残疾证的2700多万名患者发起恢复听力与语言能力的公益捐赠调理行动，并对负责康复治疗的人员进行中医技术培训。20多年来，她先后担任灌南县女企业家协会会长、青年企业家联合会会长，带领企业家团队持续帮助孤寡老人、单亲家庭、孤儿、患重大疾病家庭等，给好几百个家庭送去了温暖。

"仁心仁术，大医至诚"，张林说她将始终秉承"中医正骨疗法"的发展理念，用自己扎实的中医正骨基础理论知识和实践经验致力于患者的康复事业，为更多的患者送去健康与幸福。

（文/杨 梅）

王氏黑膏药制作技艺

一

灌南县新安镇流传着一句顺口溜："黄石膏，煅大黄，膏药就得数姓王。"这里的膏药即王氏黑膏药，由此可见王氏黑膏药的知名度。

提到王氏黑膏药，不得不提到王应权（全）（1885—1964）。

王应权（全）是王氏黑膏药的第三代传承人。旧时，他在如今的新安镇的街道上继承祖业，经营一家诊所。作为一名中医全科医生的他，医术精湛，治疗伤寒、痘疹等疾病，手到病除。他更是利用祖上传承给他的王氏黑膏药，救治百姓，绝少令前来求医的患者失望。

王应权（全）不仅医术高明，而且在费用收取上从不计较。穷苦人本身吃饭穿衣都成问题，看病花钱对他们来说更是雪上加霜，王应权（全）会尽心尽力免费给他们医治。而对于那些有钱人，他则按价收费，也不多占多贪。

正因如此，当年慕名来他的诊所的患者络绎不绝，有本地的，也有外地的。

那些被王应权（全）医治好的穷苦人，无以回报，往往将养的鸡鸭、打来的野兔、自家扎的扫帚等，作为心意，送至他家。

二

王氏黑膏药的第一大特色是，市场上的膏药限一次性贴敷，撕下就不能再贴，浸水就失效，而王氏黑膏药可反复贴敷，撕下再贴还是粘，即便贴着洗澡，也不怕水泡，而且疗效不减。

王氏黑膏药的第二大特色是，选材大部分为草本类天然植物。

王氏黑膏药的第三大特色是，为患部创造了良好的授药环境，将足够的药物精髓直接送达患处，从而取得事半功倍、立竿见影的效果。

常言道，"是药三分毒"。药物的毒副作用对人体的危害是不容忽视的。这一方面由药物本身的成分决定；另一方面来自施药的过程，如口服药，首先经消化系统吸收，再经循环系统，最后才到达患部，使得药物全身分配，造成患处得到的有效成分很少，这样康复肯定慢，而王氏黑膏药没有这些弊端。

现传承有《王氏黑膏药工艺流程歌诀》："一丹二油，膏药呈稠；三上三下，药枯去渣；滴水成珠，离火下丹；四季变化，冬小夏大；丹熟造化，冷水地下；形似胶漆，黑泽光滑；黑功在熬，亮功在搅；凉之则硬，热之则软；贴之即粘，拔之即下；皮肤无损，方为上佳。"

王氏黑膏药对颈椎病、肩周炎、腰椎间盘突出、骨质增生、面神经麻痹、肿毒、腮腺炎、膝关节综合征等有显著疗效。

三

王氏黑膏药历经150余年，从先祖王学裕（19世纪早期）在新安镇创办医馆（全德生医寓）、药号（叙伦堂）开始，依次传给王震来（19世纪中期）、王应权（全）、王立义（1931—2011）、王亚东（1952—）、王鹏（1977—）。时至今日，已传至第六代。

每一代传承人在继承先辈的医术、医德、医风的同时，没有故步自封，而是不断地摸索与创新，一心将王氏黑膏药发扬光大。

就拿王氏黑膏药第五代传承人王亚东来说，王亚东1952年出身于新安镇的中医世家，自幼随父学医，后受教于傅延龄、崔霞、杨秀娟等教授，又进修于南京中医药大学。他在行医的同时，还一直从事中医中药外敷治疗疑难杂症的研究。他对王氏黑膏药加以创新研发，以中药穴位贴敷的内病外治法，治疗腹泻、腹痛、腹胀、呕吐、感冒、发热、咳嗽、手足口病等，效果显著。

作为一名医药类的非物质文化遗产代表性传承人，一心为患者着想，尽力把患者治愈，消除其痛苦，是王亚东的初衷。于是，他刻苦钻研，学习众医家理论，实践，再学习，再实践，终于实现了自己的梦想。

王亚东在给患者诊治

比如，在治疗咳嗽，咽干、咽痒、连咳不止、咳出血丝、咳得头晕眼花及胸肋疼痛症时，王亚东均能在数十分钟内使病症得到控制。再比如，在治疗呕吐、吐得不能进食、饮水也吐时，也能一贴治愈，百试不爽。

四

王氏黑膏药凭借"简、廉、便、效"的中药穴位贴敷特色优势服务患者，治愈的病例不计其数。

正是在这不懈的追求与探索、继承与发展中，王氏黑膏药取得了令人瞩目的成绩。2016年，王亚东获批为连云港市非物质文化遗产代表性传承人。2017年，"王氏黑膏药制作技艺"被收录于《江苏省中医药传统知识保护名录汇编》。

王氏黑膏药如今依然在新安镇享有盛名，被收录于2021年版的《新安镇志》。新安镇设有"王亚方内儿科诊所"，为更多的患者送去福音。王亚东也正把希望寄托在他的儿子——王氏黑膏药的第六代传承人王鹏，以及王磊、王涛等更多人的身上，让王氏黑膏药薪火相传，造福华夏。

（文／刘喜权）

柯匮存灵药　祛痔除烦忧
——痔科中医疗法

弯弯曲曲的盐河风光带，熙熙攘攘的古城南环路，环抱着一个水美林秀的村落……

柯继先的中医痔科诊所坐落在灌南县新安镇镇南的南江原上，这里靠近南渡口，邻近南环路，与盐河二桥相距不到1000米，地理位置十分优越，交通便捷，风景独特。

柯继先坐诊于痔科诊所，以传统的中医中药科学配方，用独特的治痔手法，有效地治疗了内痔、外痔、混合痔，肛裂、脱肛、肛门瘙痒、直肠息肉等各种肛肠疾病。

目前，可考的柯继先独特的"痔科中医疗法"已传承了五代人，分别是第一代：胡炳章；第二代：柯云培；第三代：柯济民；第四代：柯继先；第五代：柯伟利、柯胡龙。

胡炳章，字寿山，生于1865年，江苏宝应人，清光绪末年在南京下关惠民坊"仁和堂"药铺坐堂。胡氏擅长中医外科、痔科，在长期的诊疗过程中，以祖传和自研相结合的方式，积累了宝贵的临床经验，潜心研制了独门配方，熬制成治痔膏剂"净痔膏"，并使其逐渐流传开去，震撼了当时的中医界，远近慕名来求医的肛痔疾病患者络绎不绝。1930年，胡炳章过世。

柯云培生于1889年。1917年，因家乡受灾，贫困无依，年轻好强的柯云培开始闯荡江湖，漂流到南京，并受雇于"仁和堂"药铺当跑堂，为胡炳章所赏识。胡炳章收其为徒，并传授技艺。1922年，因战乱，社会动荡，柯云培跟随师父返回其原籍宝应开设药铺，取名"古月斋"，深受家乡民众的欢迎。

柯济民为柯云培之子，生于1919年，自小便随父从医，在其父的熏陶下，青年时已能独立行医，为民众解除肛痔疾病的痛苦。中华人民

共和国成立后，柯济民举家来到灌南，于新集永胜药店行医，并在实践中改进治痔配方，发扬了原药方中的优点，增加了新的成分，将"净痔膏"改为"枯痔灵"，并配制了"肛裂膏"和"肛门湿疹膏"，进一步提高了治疗效果。

柯继先参加义诊活动

柯继先为传承中医药文化遗产，继承先辈的遗志，高中毕业后便随父亲柯济民从医，经灌南卫生学校培训，获得中医理论知识，且取得中医执业医师资格。

作为灌南县人大代表，柯继先自坐诊以来，先后获得了多项赞誉：他医德高尚、家风优良，其家庭是镇里的"文明家庭"、连云港市的"五好文明家庭"，也是受连云港妇联、江苏妇联乃至全国妇联推荐的"最美家庭"；为回报社会，他对于80岁以上的老人及残疾人皆半价收费，对贫困户减免治疗费用，成为连云港的热心人；他的诊所内各类锦旗、匾额挂满了堂屋，既有本地患者赠予的，也有来自浙江、安徽、北京及徐州、苏州等地的患者的。

2013年，"痔科中医疗法"获批为连云港市非物质文化遗产项目。2014年6月，柯继先中医痔科诊所入列连云港市非物质文化遗产"中医痔科传承基地"。

（文／汪友国）

朱冯兰和她的中医接骨胶囊制作技艺

朱冯兰中医骨伤科门诊部坐落于灌南县人民中路,门面朴素简洁。朱冯兰以其高超的医术,在灌南当地百姓中享有盛誉,每天从各地来此求医者络绎不绝。

在热闹的都市圈内,能守住一颗平常心,数十年如一日地为民众悉心化除各种骨伤病痛,这是一件非常不容易的事。朱冯兰作为女性,就更不容易。

朱冯兰在坐诊

朱冯兰是第九届全国名老中医传承创新绝技交流大会的特邀嘉宾、连云港市非物质文化遗产项目代表性传承人。她手握两个国家级发明专利证书,其中,中药接骨胶囊尤其引人注目。

朱冯兰中医骨伤科门诊部先后获得了各部门颁发的"零投诉文明医疗优秀示范单位""老百姓信得过专业骨伤科诊所""江苏省医疗行业诚信单位"等荣誉。

门诊部内挂满了来自各方的感谢信与锦旗,朱冯兰的优秀事迹先后刊载于多家报刊、书籍,如《淮阴市卫生志》《淮阴中医》《乡愁》《经

典连云港》等。

冯氏祖居沭阳县官田乡(今七雄街道官田社区),世代皆为民间骨伤医家,专以特技服务桑梓,历时100余年。与传统中医类似,其医术以家传为主,一般不收外徒。

朱冯兰中药接骨技艺传承谱系清晰——

第一、二代传承人,名号不详,均活动于清代。

第三代传承人冯锦州(1886—1984),幼承家传,在祖传技艺的基础上,不断摸索整骨复位技巧。1930年前后,他已由单一的骨伤科扩展到对关节炎及神经痛等综合骨病的医治,名声远传官田周围数十里(1里=500米)。1940年,冯锦州举家迁至汤沟。1959年,冯锦州被聘为灌南县人民医院骨伤科临床医生。

冯锦州生三女:长女冯玉霞、次女冯玉成、三女冯玉珍,她们均承袭父业,为冯氏接骨技艺的第四代传承人。

朱冯兰,冯玉霞之女、冯锦州之外孙女,为冯氏接骨技艺的第五代传承人之一。

第六代传承人是纪洪伟、纪洪林、纪洪艳。

朱冯兰制作的中药接骨胶囊有多味中草药成分,主要功效是活血化瘀、消肿止痛、接骨疗伤。经过几十年的临床实践,以数万名患者的病例证明,该接骨胶囊能消肿、消炎、减轻疼痛,具有快速活血化瘀、接骨续筋的功效,且不用开刀、不打石膏,无痛苦,安全有效、无毒无副作用。朱冯兰凭着一颗执着的医道仁心及对患者负责的担当和责任,受到了就医患者的一致好评。随着患者痊愈率的提高,周边县市慕名而来的患者也愈来愈多,他们对朱冯兰高超的医术很是钦佩,向她赠送了近百面锦旗和多封感谢信。

朱冯兰接骨热敷中药包是将20多味中药碾粉、包装。有的药是先烤干,后碾;有的药是先煮,后烤干再碾;有的药是用捣筒、碾槽等传统工艺碾成粉末后,再用筛子筛选。然后拌入细沙混合装入中药包,再高温热敷。这样,药效更快,更能刺激神经末梢,减轻患者深部组织充血,让患处肌体更充分地吸收。

朱冯兰中药接骨胶囊和接骨热敷中药包主治各类骨折,包括粉碎性骨折（颈椎、胸椎、腰椎粉碎性骨折等）、斜形骨折、螺旋形骨折、压缩性骨折、股骨颈骨折错位、骨不连等。

2012年，"朱冯兰中药接骨"入选连云港市第四批非物质文化遗产保护名录。2013年，"朱冯兰接骨热敷中药包"被国家知识产权局授予发明专利证书。2018年，"朱冯兰接骨胶囊"被国家知识产权局授予发明专利证书。

神奇的接骨药物造福了千万病痛患者。

"朱冯兰中药接骨"获批为连云港市非物质文化遗产项目

（A）　　　　　　（B）

朱冯兰所获的两个国家级发明专利证书

（文／汪友国）

儒雅侯秀成　造福病患者
——侯氏中医泄血疗法

侯秀成，儒雅沉稳，行医20余载，经验丰富。

侯秀成毕业于山东中医药大学，先后在扬州大学医学院、深圳大学医学部、南京新中医学研究院、南京医科大学第二附属医院进修学习，师从南京新中医学研究院院长王自平教授，有幸成为大师弟子，并得其真传。

侯秀成（左三）与同事在研究病情

侯秀成遵循王自平教授所整理和挖掘的古代中医"一针、二灸、三用药""杂合以治，各得其所"的优化诊治原则，又师从台湾名医董氏针灸传人李国政，学习泄血疗法。侯秀成长期应用针灸、针刀、拨针、刺骨针、椎间盘针、钩针等泄血疗法和中药方法，在各种颈肩腰腿痛疾患和内科疑难杂症的诊疗方面，积累了大量的临床经验，具有丰富的诊疗心得。特别是针对慢性内科疾病，如在2型糖尿病、慢性阻塞性肺疾病、支气管哮喘、高血压、面瘫、中风后遗症等疾病的治疗上疗效确切，在应用毫针、水针、中药外敷及小小方对婴幼儿的急性、慢性疾病进行治疗方面具有独到之处。侯秀成是复兴中医的坚定践行者和追随者。

侯秀成能熟练利用脉诊对临床绝大部分疾病做出明确诊断，在治疗上运用中药内服、针药并用、杂合以治之法，对各种病因引起的疼痛、内科杂症、妇科疾病的调理均取得了满意的效果。他还擅长运用新中医诊疗体系，对多种骨关节病、慢性病加以治疗，疗效确切。

侯秀成的泄血疗法实用价值显著，其对血液成分、神经肌肉组织

侯秀成在为患者诊脉

及血管功能、免疫防御功能、消化功能等均有有益影响，能促进患者肌体康复。

2021年12月，"侯氏中医泄血疗法"获批连云港市第八批非物质文化遗产项目。

侯秀成对待患者如亲人，他还经常资助家庭经济困难的患者，是病患信赖的好医生。

（文／庄洪高）

史话文苑

（民间文学）

史话文苑

灌江口二郎神的传说

小时候，每到夏天的夜晚，我们都喜欢在门口的场地上纳凉。这个时候，邻居小伙伴们就会到笔者的家里，和笔者一起听父亲讲故事。在很多的故事中，二郎神系列传说无疑是笔者和小伙伴们最喜欢听的。那个时候，会讲故事的父亲让笔者很是骄傲。

二郎庙山门

二郎神系列传说是流传于灌南群众中的诸多民间传说中的一类，尤其是"二郎神变术擒蛟龙""二郎神锁齐天大圣""二郎神劈山救母""二圣斗变""二郎神担山赶太阳"等传说，在灌南民间以口头形式代代相传，既富有生活气息，又离奇生动。

元杂剧《灌口二郎斩健蛟》《灌口二郎初显圣》中提到，二郎神杨戬的故乡在灌江口。相传在很久以前，灌河口一带蒿草丛生、芦苇连片，是飞禽走兽的栖息之地，水患虫灾连年发生。为了开垦这片肥沃的土地，玉皇大帝决定派遣二郎神管辖灌河口。二郎神来到自己的管辖区之后，为当地人做了很多有益的事情，最让人们感念不忘的是平治水灾，使两岸人民享受到二郎神治水的福利。

二郎庙里的二郎神塑像

《封神榜》《西游记》《宝莲灯》《五龙口传说》等和灌南县张店镇境内盐河西岸的法宁寺及其他史料与实物相佐证，又经过当地百姓和文人墨客一代代的完善和传承，形成了现在广为流传的二郎神系列传说。明代小说家吴承恩赞二郎神："斧劈桃山曾救母……性傲归神住灌江。"他笔下的《西游记》中有许多故事都在灌南当地留有印痕：许多村庄的名字都跟二郎神的故事有关；二郎神系列传说中的许多载体，如今已成为灌南的景观，如香泉井、旗杆村、法宁寺、五龙口湿地等，尤其在历史悠久的张店镇更多。

除了张店镇外，灌南县其他镇如北陈集镇、堆沟港镇、李集镇等地的老百姓中也流传着诸多二郎神的传说，如现在李集镇的大杨村、兴杨村，还有北陈集镇的旗杆村等村落的名字和二郎神相关故事中的地名一模一样。尤其是民间流传的《五龙口传说》，更是道出了二郎神的家乡在灌河口。

二郎神系列传说与灌南地区的风土人情相结合，凸显了地域特色。传说中的二郎神具备人和神的特征，反映了古代灌南人对自然的认识和征服自然的愿望。同时，二郎神劈山救母的传说也凸显了灌南地区信奉"孝"文化。如今，灌南县五龙口湿地的二郎神文化遗迹公园，就是当地政府打造二郎神文化的一个重要载体。

一直以来，二郎神系列传说以口头方式在灌南老百姓中代代相传。近年来，灌南县委、县政府高度重视对二郎神文化的保护和挖掘，当地不少文化工作者和老师也以讲故事的方式在当地群众尤其孩子中间进行宣讲，更有不少本土学者以文字的方式展开对传说的搜集、整理，如堆沟港镇的孙前柱、张店镇的朱宝林和孟兴庄镇的潘志忠等。而老艺人潘志忠还和徒弟们以群众喜闻乐见的说唱形式，让二郎神系列传说得以传承。孙前柱至今还记得小时候他爷爷给他讲过的许多关于二郎神的民间传说，他从小就对这些传说非常痴迷。现在还利用各种节假日走乡串户，收集、整理这些传说。

二郎神系列传说主要包括以下几个。

(一) 灌口二郎斩健蛟

在很久以前，一条蛟龙盘踞在灌河口，它经常兴风作浪、作恶多端，致使灌河两岸蒿草丛生，水灾连年发生。农民辛辛苦苦忙了一年，最后颗粒无收，只能过着食不果腹、逃荒要饭的生活。为了帮助这里的老百姓过上好日子，玉皇大帝派遣二郎神管辖灌河口。二郎神来到这里之后，首先想到的是平治水灾。话说农历五月初一那天，二郎神经过一番准备后，跳入河中，化身为牛，在河中与蛟龙激战了三天三夜，最终生擒蛟龙。二郎神怕它以后再兴风作浪，就把它用一根大铁链拴住，锁在二郎神后来带领人们修筑的防水堆下面。

(二) 二郎神劈山救母

玉皇大帝的妹妹私下凡间与凡人杨天佑结为夫妻，并生下一个男孩，取名杨戬。玉皇大帝知道这件事情后大发雷霆。他心一横，将自己的亲妹妹压在了桃山之下。杨戬为了救母亲，拜在玉泉山金霞洞玉鼎真人门下，17岁已经练成可以傲视乾坤的神通，特别是在他得到三尖两刃刀后，其神通更达到了不可思议的地步。他救母心切，后一刀劈开桃山，救出了母亲。

这一传说也成为灌河两岸"孝"文化的重要起源。

(三) 二圣斗变

孙悟空下界显神威，李天王向玉皇大帝求援，观音菩萨推荐二郎神，说二郎真君居住在灌江口，享受下方香火，神通广大。玉皇大帝即调二郎神前往花果山捉拿孙悟空，二郎神与孙悟空打了三百多个回合，孙悟空渐落下风。孙悟空虽有七十二变，但

文化工作者在考察旗杆底座遗址

是斗不过具有七十三变本领的二郎神。最后，孙悟空无路可逃，情急之下，变作一座庙，将尾巴变作一根旗杆，但被二郎神的第三只眼识破。孙悟空又跑回花果山，被众神包围混战，最终被二郎神擒获。

（四）二郎神担山赶太阳

二郎神劈山救母后，惊动了玉皇大帝，玉皇大帝一怒之下，要严惩妹妹。他趁杨戬去找食物的当口儿，命掌管太阳的金乌神用十个太阳将杨母晒化了……杨戬赶回来后看到母亲巨石留字，心如刀绞，随后，他挥三尖两刃刀大战金乌神。金乌神哪里是他的对手，几个回合下来，被他一连砍倒九个太阳，每砍倒一个，杨戬就搬来一座山压在那个太阳身上。最后，金乌神不敢硬撑，只好带着最后一个太阳一路向西逃走。二郎神一路追到西海，为了过海，他把三尖两刃刀变大，挑起两座大山来当过海的垫脚石，继续西追。这个时候，西海三公主把杨戬拦了下来，杨戬在美丽温柔的三公主面前，终于放下屠刀，昏迷过去。醒来后他与三公主成了亲，移居在灌江口。

这就是民间传说中的"二郎神担山赶太阳"，其勇敢、有担当的形象永留灌河口儿女心中。

（五）五龙口传说

二郎神在乱石山碧波潭打败了九头怪之后，便与孙悟空成了要好的朋友，他答应去西天取经的孙悟空照应他的老家花果山。二郎神住在玉女峰的当天，就在山上山下巡游了一番，防止有妖怪前来骚扰众猴子。闲时，他会顺便看看周围的山景。有一天，他因为贪汤沟酒香而喝醉了，在一农家睡了一年，后与照顾他一年的这户农家女子成婚，婚后生育六女四男。太上老君知道这事后，向玉皇大帝禀报："杨戬赴其母之辙，又在下界作事，如今已是儿孙辈共计数百人等，分住灌河口一带，您看如何是好？"玉皇大帝让太上老君妥善处理。太上老君决定带走二郎神并惩罚他的子孙。二郎神刚随师众离开灌河口，那个村子边一夜间就冒出一条五六千尺宽的大河来，波涛汹涌，恶浪滔滔，这是玉皇大帝根据杨家后代的村落布局，下旨建造的天然屏障，其有两层意思：一是阻挠杨家亲戚正常往来；二是不时派出海妖兴风作浪，搅乱杨家后代的安宁。

后来，有人称这五条大河的所在地为"武障河"或"五障河"，意思是"用武力制造障碍的河"或"五条阻碍交通的河"，后来人们又把这五条本是"障碍"的河，统称作"五龙口"，意即有了祥龙护佑，河清海晏，国泰民安。

（六）二郎神醉酒酿香泉

传说二郎神驻扎在灌河口，一天在沿河巡游途中，突然闻到阵阵酒香，他了解到汤沟镇境内一户人家正在酿酒，故香味扑鼻。二郎神讨酒喝了以后，觉得非常好喝，于是突发奇想："这等好酒要是伴以天宫玉液酿出，然后献给师父，一定会受师父的喜爱。"一日，二郎神来到天宫，偷了宫中御厨的一瓶"玉液琼浆"，悄然投入汤沟镇那家酒坊的院内，这便是"香泉井"的来历。

二郎神是传说中的水神。灌河口独特的水资源优势及灌河"虎头潮""大鱼拜龙王"等特有的天然奇观成为二郎神系列传说重要的地理和文化背景，使其具有浓郁的地方特色。

二郎神武艺高强、神通广大、正直仁义、孝母情深、性情桀骜的艺术形象是群众创作民间文学时所赋予的，曲折地表达了群众对二郎神这一形象的赞美。

二郎神系列传说在叙述人物、刻画景物、解释风俗等方面具有浓郁的地方特色，展现了民风民俗，充满着乡土烟火气息；故事讲述运用方言土语，极富韵味，使民众在传说的字里行间自然升腾出热爱故园的乡土情结。

如今，二郎神已成为灌南县的城市形象与城市人文精神的代表。二郎神系列传说从连云港地区辐射到更大的范围，二郎神成为家喻户晓的人物形象。

（文/孙　苏）

汤沟御酒的传说

"南国汤沟酒,开坛十里香。"早在清初,著名诗人、戏剧家洪昇就已写下这样的名句。时隔三年,另一位戏剧名宿孔尚任更是题词赞叹:"汤沟传奇水土,美酒绝世风华。"

千年汤沟,永续传奇。

若光临灌南,无论如何要品尝一下御用美酒——汤沟酒,这可是乾隆皇帝当年夸赞过的好酒,钦定进贡朝廷。

汤沟美酒是誉满中外的中国传统名品。顾名思义,汤沟酒的产地为灌南县汤沟镇。这里自然条件得天独厚,极宜酿造美酒。汤沟美酒以传奇灵异的"香泉"水酿制,采撷水谷精华,工艺独特,源自百年老窖、原浆精华,香气幽雅,醇厚协调,酒体丰满完美,风华自古独秀。

汤沟酒历史悠久,优美传说众多。位于汤沟酒厂正中央的"鳌大汪"就和其中一个传说有关。

传说在很久以前,天上有个守护神鳌的大王。有一天,他趁王母娘

汤沟镇酒文化公园

娘不在，偷偷地跑进天宫，把天上所有的美酒都喝了。王母娘娘发现后，非常气愤，为了惩罚他，一气之下，把他从天上摔到地下，他落在汤沟镇，地上被砸出了好大一个坑。这一摔不要紧，结果鳖大王把所喝的美酒全吐出来了，就形成了一个汪塘，汪塘里酒香四溢。老百姓见状，就在汪塘四周挖泉酿酒，酿出的酒醇香、浓烈。在挖掘过程中，有老百姓真发现了鳖大王，后来人们就称汪塘为"鳖大汪"。

清乾隆皇帝第三次南巡时，各地官员上报"祥瑞"之兆，有人报：海州之南汤沟镇内有个鳖塘（今"鳖大汪"），群鳖可聚于水上起舞。乾隆皇帝便决定取道汤沟镇。看了鳖大汪，饮罢汤沟酒，乾隆皇帝龙颜大悦，连叹不虚此行，并传话：汤沟酒进贡朝廷。

这便是汤沟御酒的由来。

香泉古井

据《海州志》记载，早在北宋之前，汤沟就有了酿酒作坊，明末清初渐成气候。相传在北宋年间，山西有位酿酒名师黄玉生出门远游，途经汤沟，见一鳖状池塘，便在这池塘边挖了一口井，渗出的水清凉甘爽，引水酿酒，芳香浓郁，独具一格，故取名"香泉"。黄玉生在这里办起了"玉生糟坊"。史载到明朝末年，汤沟镇有13家酿酒糟坊，进入鼎盛时期，其中，以玉生糟坊用"香泉井"水酿制的酒最香、最醇。南来北往的小贩们把汤沟酒销往全国各地，又带来了各地的土特产品，使汤沟镇逐渐富庶起来。汤沟酒经当时的滨海县殷福记商号远销日本和东南亚一带，开始为世人所瞩目。清康熙年间，汤沟酒更是名声大振，风靡华夏。

后"玉生""永记""义源"等7家糟坊的规模日益壮大，汤沟古镇年产曲酒已达500余吨，南来北往的行商小贩把汤沟美酒运往全国各地。其时，汤沟镇上酒楼林立，商贾云集。清政府为了加强对酿酒业的管理，增加酒税，合并7家糟坊，根据属地，在"香泉井"的原址上成立汤沟酒坊。在这些糟坊中，以"义源糟坊"和"玉生糟坊"最为出名。1915年，汤沟大曲荣获莱比锡国际博览会银质奖。1924年，"义源糟坊"被国民党中央政府实业部命名为"义源永记酒厂"。

中华人民共和国成立后，灌南县政府联合原7家糟坊在汤沟酒坊的基础上，在"香泉井"的旧址上成立了地方国营灌南汤沟酒厂。1974年，时任江苏省委书记（曾任全国人大常委会副委员长）的彭冲视察灌南县时发现了这块历史瑰宝，批示要大力发展汤沟酒，使汤沟酒厂真正成为一个独立企业。

1985年，当代文学家、书法鉴定家、故宫博物院研究员徐邦达老先生饮过汤沟美酒后，挥毫写下了"陶然共一酹，好是醉为乡"，回应了三百多年前洪昇的两句绝句。同年，还留下了"启功食言，两题汤沟"的佳话。

1985年岁末，农历乙丑年大雪刚过，北京宣武门饭店宴会大厅内仍是暖意洋洋。从江苏灌南县到首都北京，汤沟酒厂正在举办品酒活动及座谈会。偌大的大厅内，可谓高朋满座，众多"大家"悉数到场。当然，还有当晚的主角——刚刚在第四届全国评酒会上荣获第五名的"汤沟特曲"。"汤沟特曲"特有的醇香洋溢整个大厅。"好酒！""真是好酒！""赛茅台！"的赞誉声、碰杯声、喝彩声此起彼伏。

觥筹交错间，一个年轻人走到大厅中央的长桌前，挥毫写下"南国汤沟酒，开坛十里香"。这一写可引起了不小的轰动。大家都在议论："这小子，'大家'还未动笔，他竟敢挥毫？"这时，参会的嘉宾纷纷走到启功桌前："启老，请您先写，请您先写！"启功婉拒："后生可畏，后生可畏呀！让他们先写。"

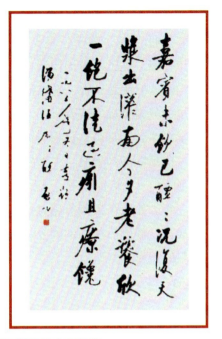

书法家启功为汤沟酒厂题写的书法作品

其实，参会之前，启功就有言在先："去可以去，但去了不写。"酒不醉人人自醉，许是被大厅里的气氛感染了，年过古稀的启功不时拿出钢笔在白纸上画一画，时而蹙眉，时而点点头。同行的人眼尖，看出片刻间启功已经写好了一首赞美汤沟酒的诗，便大声宣布："各位嘉宾，启老的诗写好了，现在请启老为汤沟酒题诗！"顿时，大厅里爆发出热烈的掌声和欢呼声，嘉宾们一下就拥到启老的桌前。

启功缓缓地从座椅上站起来，笑着说："是后生的精神感动了我，是汤沟特曲诱惑了我，我即兴赋诗一首，并把它题写下来。"于是，他缓步走到中央大厅的长桌前，要了张六尺大宣纸，把一支斗笔放在长桌上盛满墨水的大碗里蘸了蘸。然后，用手在宣纸上理了理，又量了量。启老弓着身子，手握斗笔，中锋下墨，一笔一画，一丝不苟地写着刚刚拟就的诗。一刻工夫，题诗就写好了。

    嘉宾未饮已醺醺，况复天浆出灌南。
    今夕老饕欣一饱，不徒过瘾且疗馋。

启功自嘲"老饕",将汤沟酒喻为"天浆",赢得现场来宾的阵阵喝彩。过了好一阵子,只见启功又站了起来,自言自语道:"李白斗酒诗百篇,我还要为汤沟酒再题诗一首。"他一边写,一边念道:"一啜汤沟酿,千秋骨尚香。遥知东海客,日夜醉斯乡。"启功的二次题诗,把会场的气氛推向了高潮。

李白斗酒诗百篇,自古美酒伴诗文。可以想见,当年的吴承恩、李汝珍一边品尝汤沟美酒,一边挥洒如椽巨笔,给我们留下了惊世巨著。相比而言,"天生刘伶,以酒为名",说"杜康造酒醉刘伶",一醉三年。如果今天刘伶路过灌南汤沟,他一定会品尝汤沟御酒,把灌南当成自己醉倒后梦中的酒乡,去体味"灌南人民豪气发,城乡建设美如画"的精彩。

(文 / 苗先锋)

盐河的传说

古老的灌南是真正的水乡，县域内单是能常年通航的河道就有12条，航道里程达174.54千米，其中，盐河、灌河为江苏省干线航道，境内航道里程达57.56千米。在这12条河流中，历史最悠久的就是纵贯县域南北的盐河了。

盐河经涟水、淮安南接大运河，向北穿过灌南、灌云、板浦至新浦，在连云港境内全长155千米。

唐武则天垂拱四年（688），在游水旧道上，从泗州涟水县向北开凿了一条通达海州的新漕渠，北通齐鲁，后称"官河"。

那么，新漕渠（官河）为什么又叫盐河呢？因为它与此地的盐业生产与运输休戚相关。

武障古渡遗址

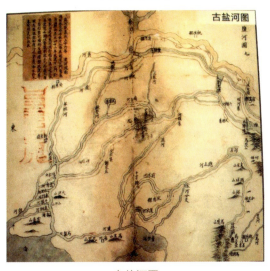

古盐河图

早在商朝时期，殷商因井盐渐枯，组织武力东征，迫使东夷的一支南下赣榆，带来了原始的煮制海盐生产工艺，在今赣榆区海头镇设盐仓

城。这东夷的一支最初分布在泰山以东的潍河一带。潍河,古称"潍水",又称"淮河",故这一带以徐夷为主体的夷人最早有"淮夷"之称。由此开始了今江苏淮北、江淮地区后世史称"淮北盐""淮南盐"的原始淮盐的生产和经营。

连云港是淮盐的发源地(灌南曾属古海州),灌南更是煎盐、晒盐、产盐胜地,从灌南县博物馆水资源文化馆珍藏的煮盐大盘铁可以清楚地知晓当初制盐、产盐的规模。

唐朝在古游水的基础上,用官资开发官河,将海州之盐及苏鲁粮食送往洛阳、长安。是故,官河是唐代物流繁忙的漕渠。

盐河的水运,促进了海属之地两岸城市的兴起,致灌南新安镇、灌云伊山镇、"盐都"板浦及新兴商业重镇新浦形成。莞渎、张店、渔场口、大柴市、小柴市等古城镇因盐河而繁盛。

千年运盐河历唐、宋、元、明,至清末始由"官河"改称"盐河"。淮北之盐经盐河转大运河,与漕粮运输各占其半,淮盐资源支撑了大运河的繁忙运输。盐河运出的淮盐,供应湖南、湖北、江西、皖南、皖北、河南六地食用,是历代王朝财税的主要源头。盐河在将海州食盐运往外地的同时,亦将外地的大宗茶叶、陶瓷等商品运回,连云港由此作为河海交汇点而成为海上丝绸之路上的重要城市。

盐河沟通大运河,成为连云港市南北向最长的河流,它既承载着通过京杭大运河外运淮盐的任务,也充盈了历代朝廷的银库。盐河为海属大地提供了发展机遇,促进了灌南河海联运和对外贸易的发展。盐河作为大运河的重要支流,成为港城人民、灌南人民的"母亲河",盐河与大运河命运共存。

盐河流经灌南的张店古镇、红色上马台革命传统教育基地、龙沟河、二郎神庙、五龙口生态湿地公园、新安古镇、孙家湾、新集镇等。"渡江第一船"也停泊在灌南秀美的盐河岸边。这些颇具历史底蕴的名字,串联起历史文化上的闪烁明珠,勾起灌南人无尽的乡愁。

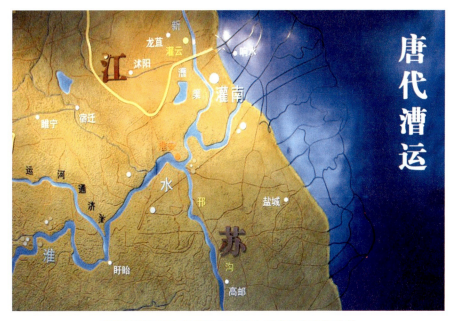

灌南县博物馆水资源文化馆墙上展陈的唐代漕运图

大运河文化是中华文明的重要标识，盐河文化是大运河文化的重要组成部分。2019年2月，中共中央办公厅、国务院办公厅印发的《大运河文化保护传承利用规划纲要》中明确提出"打造大运河文化带，是新时代党中央、国务院作出的一项重大决策部署"，为推进大运河文化带建设指明了方向、提供了路径。

古老的盐河也将驶入大运河文化带发展的快车道，带动连云港、带动灌南经济社会尤其是文旅事业快速发展。

（文／苗先锋）

王彦章铁篙撑船的传说

五代时有一个后梁国,后梁国里有一名将,名唤"王彦章",因战功卓著,被封为"开国伯"。后虽受奸臣诬陷,遭到排挤和非难,但他对后梁忠心耿耿。在后唐军兵临城下,汴梁危在旦夕时,他率领刚组建的只有五百人的新兵,迎战上万人的强敌,终因寡不敌众,身负重伤被俘。对手对他的本领和人品十分敬重,为他医治创伤,百般劝他归顺后唐。后唐庄宗更是赏识他,以厚礼相待,想让他做后唐的将领。他却落地有声地说:"哪有当将领的人,早上替这个国家效力,晚上又为另一个国家做事的?"他死前大呼:"豹死留皮,人死留名。"

同一时期,后唐也有一位名噪一时的战将,名叫"李存孝",与历史上西楚霸王项羽齐名,被誉为"将不过李,王不过霸"。他的结局是受人迫害,被五马分尸,"车裂于市"。

王彦章与李存孝各为其主,曾多次交手,王彦章胜多败少。

王彦章死后被玉皇大帝封为神仙。他的形象从手握铁枪、胯下骏马、威风八面的将军变成了身高丈余、头大如斗、掌大如扇、臂大腰圆的"水头王",外貌形体与其他神仙别无二致。

王彦章在天上做神仙时,海西地面一马平川,没有河流,雨水不能及时东流入海。这里十年九涝,田地易被淹,沼泽遍地,芦苇遍野。当地人只能选择在高处搭建草棚栖身,以泥土砌灶为厨,每逢阴雨连绵,水灾更重,只能以芦根、树皮、嫩草果腹,民不聊生,饿殍遍野。

神仙王彦章看在眼里,痛在心上。他决心学得大禹"开九州,通九道,陂九泽,度九山、疏通河道"的治水妙方,开凿河道,把聚集的洪水疏导到大海里,解除水患,为民造福。

一日,王彦章瞅准机会,趁玉皇大帝酒后酣睡之际,潜入兵器库中,盗得十八般神兵神器,放到神炉中施神火、扇神风、念神经,七七四十九天后,铸成一艘大铁船,船上的舵、篙、锚、桨、橹皆为铁铸。王彦章驾铁船来到凡间,施展神力,擎铁篙、撑铁船,铁篙点地,陆地行舟,铁船如飞,再看那沼泽芦苇地泥沙翻滚,把日光都遮挡住了。不一会儿,便犁凿成一条长长的沟,那沟深数尺,两旁的积水快速流向沟里。沟里的水越积越多,积水冲刷泥沙,沟便越来越宽、越来越深,一条碧波荡漾的大河出现了。河水向着东海奔腾而去,两岸的树木、田舍、庄稼渐渐展露出来,鸡也叫了,狗也吠了,大水牛发出"哞哞"的欢快声。这便是大潮河!王彦章看到这些,心花怒放。他再展神力,铁船在海西大地上风驰电掣,凡铁船过处,陆地成沟,积水入沟汇流成河,河流奔腾到海。王彦章在船上开怀大笑,笑声震动天地。

海州伊芦山上,有一山神,他就是被五马分尸的李存孝,因功没有王彦章大、德没有王彦章厚,死后被封为山神,也是身高丈余、头大如斗的神仙模样。此时他正坐在山中阴凉处摇扇纳凉,悠哉悠哉,忽觉地动山摇。他侧耳一听,听得山南声如雷鸣,越来越近。他忙起身登高察看,只见王彦章驾铁船、挥铁篙,摇橹桨,陆地行船,犁沟成河一路驶来。宿敌相见,分外眼红。他大喝一声:"好一个大胆的王彦章,时隔多年,你还敢来犯。此山是我的宝山,今日你是绕山过,还是穿山过?"王彦章见是李存孝,便住篙停桨道:"谁也不要阻碍我开河疏水拯救百姓。再大的山,我也要把它凿通。"话音刚落,王彦章用神力撑铁船向山撞去,只听霹雳一声巨响,伊芦山塌下了半边。

那李存孝也不是吃素的,他力大无比,有拔山掘地的本领。只见他腾空而起,双手提起伊芦山便向王彦章压去。王彦章感觉不妙,一纵身跃出船外,仙不跟神斗,驾祥云回天上去了。以十八般神兵神器炼成的铁船却被压在了山下——从此以后,便有了美丽富饶、与灌河相通的一帆河。

过灌河来到灌云县的伊芦乡(今同兴镇),登上伊芦山,那犁地成河的铁船还停泊在山脚,不知有多少年了。听山中的老人讲,散落的铁舵、铁篙、铁锚,几十年前被村人拣去大炼了钢铁。至今,在那铁船撞山的豁口处,仍能找到小铁块、小铁钉,锈迹斑斑。把它们拿在手上,向南遥望那波光粼粼的灌河水,不禁浮想联翩。

(文/江 恒)

海西古城的传说

"海西古城"壁雕

2020年秋,灌南县文体广电和旅游局邀请南京大学考古队来张店镇龙沟河考古勘探,传说这里是"海西古城"的遗址。

龙沟河的秋天,云高天远,风清水净;环眼所见,斜汀陂田,榆落槿稀。一道河闸将龙沟河一分为二,闸西水草丰满、鱼鸭成群,仿佛时光还停留在盛夏时节不愿流逝;闸东却是另一番景象,水枯草黄,略显沧桑,俨然一副初冬模样。

这地方会是海西古城遗址?笔者不禁有些怀疑,虽景色如凡·高油画般入胜,却不见半缕古迹踪影。

龙沟河闸现址

"这地方几乎可以断定有汉代遗存。"考古队长一见面就说道。

笔者知道他很专业,但依然心存疑惑:"你们不是昨晚刚到?这么快就勘探过了?"

"我今天上午转了一圈,"他推了推歪斜的眼镜,"发现河滩上有不少汉代的砖瓦碎片。"

"是吗?"笔者神情为之一振,"走,瞧瞧去!"

据《读史方舆纪要》《嘉庆重修一统志》等古籍记载,汉武帝于太初四年(前101)在海州之南百二十里,置海西侯国,为贰师将军李广利封地。张店镇距离海州刚好百二十里。张店镇,旧称"张家店",为灌南境内最古老的乡镇之一,这里流传着众多古老传说,海西古城的传说便是其中之一。据《灌南县志》记载,20世纪七八十年代,龙沟河闸建设和龙沟河清淤拓宽,出土了不少汉纹陶罐、五铢钱、半两钱、画像石等汉代文物,加之县内考古爱好者的多方举证,我们坚信海西古城不是传说,而是史实,所以请来了南京大学考古队。

河堤两岸,麦油瓜香,芦飘柳依,高高低低的岸线清晰地显示着早年河道拓修与后期农田改造的成果。

"看,这些砖瓦片有着典型的汉代特点。"考古队长在一处高耸的土堆边停下脚步,肉眼可见土堆中密杂着许多砖瓦碎石。有些很新,一看就是近现代的红砖红瓦。当然,更多的是不起眼的灰黑色瓦片,跟泥土混杂不清。

南京大学考古队挖掘现场

虽然看上去年代久远,但何以见得就是汉代的?带着疑虑,我们又被领进了边上一户农家。短暂寒暄和说明来意后,憨厚的老农便打开了话匣子。

"小的时候,我们在河沟里洗澡,河滩上到处都是陶罐碎片。"老农陷入回忆,眼神逐渐深邃,仿佛穿越了时空,"后来修河道时,只记得从河沟里挖出了好多东西,都让大家拿回了家。再后来文物局也来人了,要征集回去研究。大家把石头、砖头留下盖房子,把没啥用的土罐罐什

么的交了上去。我也拿了些石块、砖块回来，这不墙基还有一块……"

顺着他手指的方向，在墙角卧着一块青石，颜色、形状均与众不同，方方正正的，比墙体更宽更厚，还有清晰工整的人工凿纹，一看就是"身世不凡"，让人坚信它在前世必属于大户人家。

随后我们又在村里走了一圈，零零散散地发现了一些相对完好的古砖、陶罐、石块，大多能看出一些汉代特征。

一个月后，南京大学考古队给我们递交了一份《连云港灌南县龙沟汉聚落遗址考古调查、勘探工作报告》。报告中陈述："整个遗址分布在龙沟河南、北两岸，从采集的陶片纹饰、瓦片绳纹、砖块尺寸等遗物判断，具有明显的汉代特征，初步推断龙沟遗址为一处汉代居住遗址。""遗址时代从目前采集遗物判断应为汉代城址，结合历史文献及现场考古资料初步推断：龙沟遗址同消失的海西古城有较大的关联性……"

龙沟河岸堤

站在河闸上，河风阵阵扑面而来。笔者默然思忖：当年的海西古城，几番荣辱，几番兴衰？流水、飞禽、村郭、城邦……古人用怎样的勤劳为生活堆砌砖瓦，又用怎样的坚韧为岁月敲凿纹饰？在光阴穿梭的岁月里，是否每一个传说的背后都有一段让人充满遐想的故事？若海西古城确在龙沟河闸附近，那么闸西应如古城的春夏，生机勃勃，郁郁葱葱；闸东该如古城的秋冬，历经苦难，阅尽沧桑。时空虽有变迁，生命奔流不息。尽管目前还不能断定这里就是海西古城遗址，但笔者感觉古城已经鲜活地展现在我们面前，不再似古籍中描述的那般遥不可及。

驱车离开，迎面吹来的泱泱汉风，历两千年而不曾偃息，拂过耳畔，带着嘴角轻扬的笑意，怡然前行。

（文／席文波）

探秘硕项湖

夕阳西下的硕项湖

硕项湖是灌南的一块瑰宝。厚重的文化底蕴成就一方水土，留下众多传说。有关硕项湖的由来、硕项湖名称的由来的传说更是广为流传。

一

（一）硕项湖的由来——城陷成湖

关于硕项湖的形成，在灌南流传着一个神奇的传说。

传说在先秦时期，今灌南县硕项湖这里有座硕项城。秦始皇时，硕项城很繁华。观音菩萨扮成乞丐来这里考察民情,只见家家丰衣足食,就是没人给她饭吃。最后,一个善良的老太婆给了她一块饼,她吃完后告诉老太婆:"快向北跑吧,城门有血的那天,这里就要沉陷了!"老太婆一听,心里很害怕,也很不安,每天大清早起来都要跑到城门口,左看看,右望望。这天,她牵了条狗又来到城北门,伸头探脑地瞎看。守城的士兵看这老太婆神经兮兮的,觉得奇怪,就拘住了她,问:"你干什么的,天天来这张望?"老太婆就把乞丐的话讲了,说不放心,准备城陷时逃走。那个士兵说:"你尽造谣生事,胡说八道,搅乱人心。"老太婆说:"我这也是听说的,信不信由你!"士兵说:"我偏不信!"他看老太婆带了条小狗来,随手挥剑,把小狗的耳朵割了下来,血直淌。他手捧狗血,就朝城门上乱涂乱抹起来,开玩笑说:"我这就叫它城门有血,看它能真的沉掉吗?"老太婆一见城门上真的有血了,掉头就跑。顷刻之间,就听"哗啦啦",滔滔大水跟着她的脚后跟赶来。老太婆牵着小狗向北跑。她回头望了望,不得了了,硕项城已全部沉入水底。老太婆牵着狗一直向北逃到今灌云境内的伊芦山才幸免于难。

于是,烟波浩渺、汪洋浩荡的硕项湖就这么出现了。据传,后人在山上建了座神母庙来祭祀那乞丐,至康熙年间庙还存在。

硕项湖

《永乐大典》:太湖,在安东县西北一百二十里,而接沭阳县桑墟湖。南北长八十里,东西阔四十里,与海州沭阳三分之一为界,即硕项湖也。

《大清一统志》:硕濩湖,在安东县西北一百二十里,一名硕灌湖,又名硕项湖,又名大湖,西接海州沭阳县界,为涟水之上源。

清时,由于黄河带来的泥沙淤积,硕项湖区基本淤澌成陆,康熙年间靳辅开凿南、北六塘河,迁民屯田。

灌南县博物馆关于硕项湖的介绍

碧波荡漾的硕项湖

（二）硕项湖的由来二——玉液琼浆汇成湖

传说当年齐天大圣孙悟空大闹天宫，恰逢各路神仙给王母娘娘敬酒祝寿。遭此惊吓，王母娘娘手中的碧玉金樽失手坠落人间。据传，这碧玉金樽正好落在今灌南硕项湖边的渔场口，随即化作一座圆形石门，樽中玉液琼浆化成滔滔清泉自石门中涌出，汇成东至今灌南新安、南至今涟水红窑、北至今东海房山、西至今徐州新沂的硕项湖。

湖中特产"三白一刀"。"三白"为银鱼、白米虾、白芡实。银鱼是硕项湖内的天然小鱼，呈半透明的银白色，细小无鳞，肉质细嫩，营养非常丰富；白米虾自不待说；白芡实就是硕项湖中野生的鸡头菱角去壳、褪皮后的仁，洁白如玉，营养丰富，味道极好。"一刀"即刀鱼（硕

项湖鲫鱼）。民间传说，硕项湖湖水有多深，鱼群层就有多深，一网下去就是一锅鱼，且湖中的刀鱼为黑脊、黄腹，骨脆、脑香而多油，肉质极其细嫩。很多外地商人慕名而来，渐渐地，硕项湖特产连同湖区盛产的其他湖产，如蟹、野鸭、莲藕等，被远销淮、扬、苏、杭、赣、皖各地，

硕项湖东岸边的渔场口（旧址在今灌南县新安镇境内，近白头关）也就成了湖区特产集散中心之一。

为什么硕项湖的物产如此丰美呢？那广阔无垠、碧波荡漾、美丽多产的硕项湖水莫不真是王母娘娘的玉液琼浆变化而来的？

水草丰茂的硕项湖边

（三）硕项湖的由来三 —— 秦始皇赶山塞海成湖

沭阳县的东山、西山现在并没有山，硕项湖古时候也并没有湖，那么这山哪儿去了，这硕项湖又是怎么来的呢？说起来还有个故事。这故事跟秦始皇还沾上了边。

很久以前，此地是一片大海。秦始皇东巡过会稽勒石记事，在海州树界碑"秦东门"。志得意满的秦始皇抬头往南北一看，舒展的眉头又紧锁起来——怎么孔望山以东、海头以北、房山以南都是一片大海？秦始皇顿觉不快，他从华山取来降龙木作鞭杆，又到岐山，以神凤之羽拧以为鞭，将太行山边的王屋山赶到沭河口填海。他还觉得不够，又将沭阳的东山和西山赶来，这就是著名的秦始皇"赶山塞海"的传说。据说在赣榆那边，秦始皇同时专门赶出了一条通海的神路。只是从此大海东移，海疆也成了强大秦帝国的陆上领土。但这块地毕竟低洼，自然就形成了湖，也就是灌南的硕项湖了。

水天相接的硕项湖

二

（一）硕项湖名称的由来一 —— 索、象争斗成湖名

硕项湖一开始没有名字，后来湖里来了两个水怪：一个像蛇，叫"索"；一个像猪，叫"象"。于是，这个湖就叫"索象湖"了。"索"和"象"不和，经常打斗，"索"打不过"象"，就到山西勾来黄龙。黄龙张牙舞爪，口吐黄水，把海州一带都冲平了。这"索象湖"也就被黄水带来的泥沙填平了。现在硕项湖一带的土都是黑土夹黄沙，或许就是那时黄龙折腾

出来的。"象"被黄龙打败了,但它不服气,又请东海龙王镇住了黄龙。东海龙王用尾巴扫了许多沟河,使老百姓都能引水东排,龙沟河就是那时留下的。

这"索象湖"填平了,"索"和"象"也都没有了,但人们仍然把这个地方叫"索象湖"。只不过年深日久,有文化的人把它写成了现在的"硕项湖",简称"硕湖"。

硕项湖,又叫"大湖",很大,有多大呢?西到西新安(徐州新沂),东到东新安(灌南新安)。湖边上的人们都以捕鱼摸蟹、拾螺砍柴为生,一旦干活必须下湖,所以虽然现在硕项湖大片现滩成陆,变成农田,但老湖区人下地做活,还按老习惯叫作"下湖"。现在东至东新安镇、西到西新安镇都有这个习惯说法。

多姿多彩的硕项湖

(二)硕项湖名称的由来二 —— 纪念项羽成湖名

从前,茧渎河西面有个大湖,这个湖南到卧佛矶、北到房山、西到西新安、东到东新安,西楚霸王——项羽的项王庄就坐落在湖边。这个大湖就是后来的硕项湖。这个湖原本叫"大湖",后来怎么又叫"硕项湖"了呢?

传说硕项湖一带古时候属楚国，湖的西南岸有个项王庄（今属宿迁），项王庄上出了许多名人，项羽就是其中一个。项羽，本是楚国名将项燕的孙子，楚国灭亡之后，他随叔父项梁流亡吴中（今苏州），年少时曾学习书法，不成，又学剑，仍不成，后立志学兵法，于是跟随叔父项梁学习排兵布阵之道。项羽24岁时，秦末农民起义的急风暴雨，将他推上了历史大舞台，他成为秦末各路义军的重要领袖之一，后成为西楚霸王。西楚霸王取梁、楚之地九郡（占有今江苏、安徽、山东、河南部分地区），定都彭城（今江苏徐州），同时又割地封王，分封了18个诸侯，并封刘邦为汉王（后称"汉高祖"）。可鸿门宴不杀刘邦，为他后来四面楚歌埋下了伏笔。最终，项羽被汉高祖刘邦团团包围在垓下，自刎而死，这是后话。

　　项羽是一位才能超群的军事家、统帅，他能征善战，在战场上豪气盖世，叱咤风云：巨鹿之战，项羽破釜沉舟，以寡击众，全歼秦军主力，客观上为汉高祖进入咸阳，推翻秦王朝创造了条件；救彭城，拔荥阳，袭成皋。项羽一生大战数十次，古人称他"有百战百胜之才"。虽然最终军事失利，没能成就帝业，但是他在硕项湖一带影响极大、声望极高，人们都很怀念他。随着汉王朝的建立，受朝廷压制，硕项湖地区的老百姓没有办法大张旗鼓地纪念自己家乡的大英雄。为了隐秘地纪念项羽，人们就把"大湖"改称"硕项湖"了，"硕"者，大也，大军事家、大英雄、大西楚王，何为不大！"项"者，表面是说湖形像脖颈，实际上是指项羽其人。

　　硕项湖名称就是这么来的。

（文/橄　榄）

爱国画家王小古

王小古先生是中国当代著名画家，灌南县新安镇人。

（A）　　　　　　　　　　　　（B）
王小古书画作品

关于王小古先生的名字，在新安镇历史上有一段佳话。先生的父亲喜读古诗文，对古人十分崇拜，因此，为儿子取名"小古"；到了18岁，先生师范毕业，有了自立的能力，不再盲目崇拜古人，遂改名"笑古"；到了20岁复改为"小古"，究其含义，他自己解释道："小则小矣，古也不古；有小方见大，无古不成今。"后来他自刻两方印章——"小则小矣""古也不古"，正是其名字含义的注脚。"小古"，敢于小视古人，表现他在艺术上不迷信古人、力求创新，有超越古人的雄心壮志。他在艺术追求上确实表现出这种精神，可谓名副其实。

我们崇拜和敬仰先生，不仅因为他是家喻户晓的大画家，其大作《国色天香》等至今仍是人民大会堂的上佳之作；也不仅因为他作为名师，

培养出冯梦白、崔培鲁、李长有等一大批书画界成名成家的学生。我们敬仰先生,最主要的是因为他作为画家所具有的爱国精神,一个文弱的书生,在日寇强敌面前,所呈现的一副不屈不挠、勇于抗争、不愿做亡国奴的中国人的铮铮铁骨。

在家乡的土地上,先生有很多以画笔反抗日军侵华的故事,他的事迹在家乡广泛流传,其英雄形象高大伟岸,真正地体现了一个爱国画家的家国情怀。

1942年,先生离开袁庄,在友人的帮助下,办了一所改良私塾,收学生40多人。这时期,他看到日寇扛着太阳旗到处横行霸道,卖国贼大发国难财,心里非常愤懑。他的这种心情无处表达,他常常意味深长地对学生说:"我早上打着伞,背向太阳,来给你们上课,和你们在一起,很高兴。放晚学,我又打着伞,背向太阳,回到我的住处。看到池塘里的荷花,能出淤泥而不染;勤劳朴实的农民,登田头而能小视天下,我也很高兴。这样永远不和太阳见面,其愿足矣!"学生们心领神会,在心灵深处和老师产生共鸣。在新安镇,至今还流传着先生的一个故事。几个日寇请先生在一把白纸折扇上作画,起先先生以有事忙为由,百般推托。后来在日寇的多次威逼下,他不得不拿起笔,在上面画了一只螃蟹和一杯一箸,并用篆文题道:"看你横行到几时。"那些个目不识丁的家伙喜滋滋地拿走了。就这样,先生用自己的智慧戏弄了日寇。

王小古作画戏弄日寇

1944年春的一天上午,街上有一群人围在那里。先生走近一看,见一个日寇买东西不给钱,不但与那卖货人争吵,而且还拳脚相加,凶狠地打那卖货人。那时,血气方刚的先生一怒之下,便冲上前去狠狠地揍了那日寇一顿。人们看出了事,都一哄而散。先生怕日寇来报复,就越过几家院墙,悄悄地逃出了新安镇,到北方大周庄一个亲戚家躲了起来。后来,他辗转来到云台山区南城的一所小学任教。但这地方,游击队常来活动,日寇伪军也常来骚扰。一天,先生正在上课,忽然来了几名游击队员想借处躲避,他们对先生做了个手势,暗示他:"日寇来了!"先生急中生智,马上让他们坐在空位上。然后,他给每人发了一张白纸和笔,并叫他们不要慌,照黑板上的画。不一会儿,一个日寇小头目带领十来个敌伪人员闯进来,在教室里巡视了一遍,问:"这是些什么人?"先生答:"我是美术老师,他们都是学生。"敌伪人员有些不信,便说:"那你当面画给我看看。"先生不慌不忙,铺纸挥毫便画了起来。他画的是日本的樱花。当粉红绚丽的樱花在纸上逐渐形成的时候,日寇小头目及士兵都为之全神贯注了。日寇小头目十分欣赏这幅画,画完后,还要他在上面写几个字。先生明白他的意图,便挥毫题了一首诗:"纵横中原到处家,丈夫志不恋樱花。怜我三千年古国,沉睡何时剑弩发?"日寇匆匆地收拾起画幅,在教室里搜寻了一下才悻悻而去。先生捏了一把汗,再看看那几位游击队员,已不知去向,便对学生说:"快收拾起书包,跟我去后山躲一躲。"一行日军不知走了多远,半路上回味起画上题诗的含义,便恼怒起来,返回查问时,教室已空无一人。先生以一个知识分子的爱国心,冒险掩护了游击队,表现了自己对日伪的敌视及爱国的情怀。

今天,先生已离开我们多年,但他的那些爱国之举至今仍在家乡灌南大地上广为传颂。王小古先生是永远值得我们家乡人怀念和学习的爱国画家。

(文/吴其同)

楝树的传说

"处处社时茅屋雨，年年春后楝花风。"

记忆深处，暮春时节，故乡的村庄绿荫如盖。小路边、河渠旁，楝树静立，自由地舒展着枝叶，浓化着春意，暖暖的，似亭亭玉立的处子，沉静含蓄、宠辱不惊。清瘦的楝叶丛间，淡红色的楝花别致、文雅地团

楝树开花

簇着，淡雅、文静、柔美。楝花如诗如歌地在笔者梦里反复缠绕，让笔者不禁回味起那清贫而欢乐的金色年华，似又看到了故乡那一棵棵亭亭如盖的楝树，又看到了散发着幽香的楝花和那结出的串串翡翠般的小楝果。

楝树，又称"苦楝"，属落叶乔木，花、叶、种子和根皮皆可入药。

《花镜》载："楝树有二种：青皮楝坚韧可为器具，其皮肉俱青色；火楝性质轻脆，其皮肉皆红。树高一二丈，叶密如槐而尖，夏开红花紫色，一蓓数朵，芳香满庭，实如小铃，生青熟黄，又名金铃子，鸟雀专喜食之，故有凤凰非楝实不食之语。"

关于楝树的传说有很多，这里略提一二。

（一）楝树不生虫的传说

楝树从不生虫，据说这是乾隆皇帝的旨意。这个传说在清朝中后期就在当地流传，并延续至今。

传说，夏季的一天，乾隆皇帝微服下江南，来到灌南盐河边一棵枝繁叶茂的桑树下，又饥又渴，便四处张望，看看是否有人家，但这里前不巴村后不着店，不知在何处可以弄到食物。乾隆皇帝十分失望，便坐在地上对大桑树说："大树啊，你可帮朕渡过难关？"说来也凑巧，乾隆皇帝话音刚落，一阵风吹来，树叶哗哗作响。乾隆皇帝抬头一看，满

树都是紫红色的桑葚，他好生奇怪，心想：莫不是上天赐予的食物？于是，他伸手摘了几个放入口中，觉得桑葚味甜多汁，不但解渴，还能压饿，真是惊喜万分，便大口大口地吃起来。吃饱以后，乾隆皇帝来了精神，又继续南行。乾隆皇帝游山玩水半年后，又原路返回。他来到盐河边一棵楝树下，这时已是冬天，只见楝树叶已落尽，树枝上挂满果子，乾隆皇帝哪里分得清楝树和桑树，竟错将楝树当成桑树，就对楝树说："大树啊，你曾帮朕渡过难关，朕现在要报答你，封你永远不生虫。"旁边的桑树一听，真是又气又急，但既是皇帝的旨意，它便不敢申辩。乾隆皇帝走后，桑树越想越生气，最后把肚皮都气破了。

直到现在，害虫也不敢靠近楝树一步，桑树却经常受到害虫啃食，树干也裂了很多口子，真像肚皮破了一样。这原来都是乾隆皇帝金口玉言造成的。

（二）朱元璋金口玉言咒楝树的传说

灌南物华天宝，人杰地灵，掌故多，传说也多。其中，关于朱元璋的传说在灌南也有很多，而关于苦楝树的传说也有涉及朱元璋的呢——

相传，朱元璋打小说话就极灵验。当年他起兵反元，不想消息泄露，为了逃避元兵追杀，他四处逃亡，终有一天累坏了，也是难得这片刻闲暇，便靠在一棵苦楝树下睡着了。时值严冬，寒风料峭，树叶飘零，苦楝子不断随风落下打在朱元璋那癞头上，痛得他直骂："你这个坏心的东西，过年你就枯死。"没想到，苦楝树就真的是被诅咒着了，每当新旧岁交替之际，西风呼啸，满树碧叶尽皆枯黄，继而四处凋零，黄叶满地，辅以碧云天气，苦楝树全株就呈现出枯死的姿态，模样好不凄惨，真应验了坏心的诅咒，直到来年春暖花开，楝树才又焕发生机。

这个传说帮苦楝树的凄凉身世找到了一个理由，同时也为人们缺乏科学定义提供了一个解释。

（文／倪　青）

长满果实的楝树

秫老姑嫁身借粮

《新响马传》里的三十六位绿林好汉中,有一位灌南县的女好汉——灌南新集的安东女侠秫老姑。

秫老姑自幼倔强,抗拒缠足,稍长好斗,邻里的儿童皆莫能胜她。后来,她抗婚、抗礼教,喜习练武功,能飞檐走壁、骑马射箭、舞刀弄枪,好打抱不平。她看到灾民遍野、社会动乱、官府腐败、民不聊生,便萌生了劫富济贫的想法。她与周境青年广结为伍,路见不平,一呼之下竟有数十人响应,皆能拔刀相助,为受冤者打抱不平。她见有难民不能生存者,每每聚众,劫富济贫,因而名震一时,遂成为女中豪杰。

秫老姑行侠为民,惊人义举多,嫁身借粮是其中一件。

时百禄有周姓大户,家有妻奴,富甲一方,却为富不仁,很多人恨他。秫老姑见乡邻遭受自然灾害,曾多次着人去借钱借粮,都没有成功。

山重水复疑无路,柳暗花明又一村。

忽一日,周家着人备以重礼,前来秫老姑家,欲聘秫老姑为二房,明媒正娶,并言明周家仰慕老姑武功大名,为着保一家平安,只要秫老姑不计名分,一入周门,可以不拘礼教,听便自由,无拘无束。秫老姑考虑再三道:"你告诉周家,我名为入周门为妇,实为入周家保门,但要言而有信,不可诓情,若无异议,一月后择日来娶。"来人走后,秫老姑召集同道好友,言明此举,意在摸清周家底细,救助一方梓民。人人敬佩。一月后,周家来了许多人夫轿马,大张旗鼓,非常风光地把秫老姑抬到了周家。

三朝之后,秫老姑在周老爷的陪同下,对全宅上下、各处险要安防进行视察,一一记在心中,并着人在周家宅院的关键部位又加筑了一些防御工事。

一天,忽听门口来了许多人,吵吵嚷嚷要见周老爷。秫老姑走出大门前来问道:"你们是做什么的?"有人说:"我们想向周老爷借点粮,家里都揭不开锅了。"秫老姑明白他们的来意,便开口道:"好吧,你们来两个代表,跟我到厅房去说话。"一转身见周老爷已来到她背后,众人便一齐来到客厅,各自坐下。嵇老姑刚一落座就说道:"你们有什么话?说吧。"其中一人道:"我叫朱少五,他叫薛崇甫,今年雨水太厉害了,夏秋庄稼皆被淹得颗粒无收。秋季蝗起,飞时遮天盖日,过了两天两夜,不少人家房上的烂草都被吃光了。现在天气渐冷,已有不少人家揭不开锅,所以前来请周老爷发发善心,借点粮食给我们。"周老爷冷冷道:"你们遭灾没收,我也一样啊,哪有粮借?"朱少五道:"你周老爷嘴边剩一点,也能救活我们一大片啊,行个善吧!"周老爷不耐烦地火了:"滚出去,没有粮借……"嵇老姑忙起来道:"朱先生消消气,有话可以慢慢商量,请稍坐,我和老爷去书房商量一下。"嵇老姑和周老爷来到书房,嵇老姑说道:"客人到家,怎么能这样得罪人呢?今天你得罪的不是朱少五一个人,而是门外的一大片人。他们因为活不下去了,才向你求救借粮。现在你囤的钱、粮是为了保富,他们来张口借粮是为了保命。你恼了这样多的人,你叫我怎样才能保你全家平安无事呢?其实你家后仓有几百笆斗的粮食呢,若借出一二百笆斗,到明年麦口,按当时粮价,让他们都还给你新粮,就是借一还一,你也不吃亏啊!你若能向他们道个不是,再约定以时价借一还一,那他们一定会感恩戴德,这不是保平安无事最好的做人之道吗?"周老爷听了嵇老姑的一席话,认为确实是金玉良言,就同意了。他们俩来到客厅,周老爷满面春风道:"刚才我粗言冒犯,谢罪,谢罪!你们看要借多少粮食?"朱少五、薛崇甫看周老爷的态度完全改变了,也就畅所欲言道:"多谢周老爷一片仁爱之心。我们一共有一百一十多户,大小口总共三百六十余人,若能度过大寒冬天,需要一百七十笆斗粮食,如何借法,请周老爷言明,到明年麦口,一定奉还。"周老爷道:"你们借的一百七十笆斗粮,到明年麦口,可按时价借一还一。只要各讲信用,各打一个借条,十天后分批分户,由你们两人来负责,凭条分户,借粮还粮。"朱、薛二人,没有想到这次借粮会如此顺利。当然,各人心中都明白,这完全是因为嵇老姑。

  这年大年三十的晚上,嵇老姑借故光明正大地离开了周家,骑着白马飘然离去。

(文/佑　德)

城头村的传说

大概有城的地方就有"城头村"。

笔者在网上搜索发现,全国有好多"城头村"。四川、安徽、浙江……让笔者意外的是,淮安也有一个城头村,它附近有城头村遗址、周恩来故里、河下古镇、吴承恩故居等,貌似颇有些来头,笔者瞬间感叹:似乎叫"城头村"的地方都有点历史故事。

灌南新集镇塘河村城头路牌

笔者的家乡也有一个城头村,位于灌南县新集镇,这个村也有一些历史传说。据当地的老文化站站长介绍,村名的来历与金国在此建城有关。北宋皇帝在此建望海楼,以便观海。北宋末期至南宋初期,金军侵犯中原,金将领金兀术(完颜宗弼)三次领兵攻至城头村,看中了此处优美的环境和清新的空气,于是以望海楼为原址为其母亲建造府第,历时6年而成。据说,新建府第比后来的故宫还大,东西长10里,南北长5里。后来,南宋与金多次在此进行拉锯战,府第遂毁于战火。灌南建县时,只残留部分城头,城头村村名即由此而来。

这传说笔者一点都不信。灌南是典型的"黄泛区",自南宋绍熙五年(1194)至清咸丰五年(1855)的600多年间,黄河水频繁肆虐,老百姓背井离乡,哪个皇帝会在此建望海楼?就算要看海也会选个高处,如北边的云台山,宋金时期,此地一直是两国拉锯战的战场。说金将领金兀术(完颜宗弼)三次领兵攻至城头村,在此为母亲建造府第,在战场为母亲建造府第,这脑洞开得够大。说府第比北京故宫还大,那就更不可能了……

作为古战场,有一两座城池倒是合乎情理。灌南偏安一隅,本不应战火连天,但这里历来盛产海盐和芦苇,都是重要的生活物资和战略必需品,难免招致厮杀抢夺,如此,顺理成章地建个城池确实会比较安心。所以,记载建县时发现部分残留城头是可信的,不然怎么会叫城头村呢?只是今日城头遗址已不可见,不知当初这城高几许?方圆几何?何人何时所建?何年何月消失?

这些年,笔者工作时偶尔会路过城头村。这个村是典型的苏北乡村,一弯小河畔,大片农田如油漆般铺卷开,庄稼嫩绿嫩绿的,沁人心脾。一排一排的农房,或一两层或三四层,在绿树的掩映下,静静点缀其间。从航拍视角,宛如一大片绿色水池中亭亭玉立着一簇簇红白睡莲,处处散发着恬静的惬意。确实称得上环境优美、空气清新。

然而这番美景,古人可曾见过?不管是千军万马,还是黄水滔天,三年两至,十年九荒,恐怕只能用凄凉来形容,处处散发的绝不是恬静的惬意,更多的是挣扎求生的艰难。面对那一番光景,所谓传说,窃以为映射的不过是人们对现实生活的无奈与失望,蕴含更多的是先人对美好生活的希冀和向往。

换个角度看,九曲黄河万里沙,虽然带来了民不聊生的一片汪洋,却也造就了黄淮平原的万顷良田,让十年九不收的盐碱地变成了物阜民丰的沃土。福兮,祸兮?谁人可知?无惧命运、不畏天意、历尽沧桑的先辈,战胜敌人,战胜天灾,战胜岁月,铸就了如今这生生不息的万里江山。

回望城头村,那些年岁里,不知何人在这城上望穿日月,祈祷希冀,可曾奢求如今这般万户太平?不知是那一身戎装守护了这千年传说,还是那一锄黄土播种了今朝的春光?

(文/席文波)

蛟龙借雨飞

龙沟河

龙沟河与盐河交汇处

有古迹的地方就有传说。

灌南龙沟汉文化遗址疑似海西古城所在,其间传说纷纭。有关龙沟河的传说只是其中一二。

一

很久以前,东海龙宫有一条蛟龙贪玩,整天在龙宫玩耍。时间一长他玩腻了,就私自跑出龙宫,到江河上玩。江河湖海玩够了,他就来长江、黄河里玩耍,可是,那些地方不是河水太急,就是河里沙子太多。

一天,他突发奇想:"我何不到灌河玩一趟?"这天正是四月十八日,他兴致很高,一边行走一边观赏两岸芦苇、垂柳、渔船、随风摇摆的麦穗、码头、农户家的田园风光,无处不是景,越看越想看。不知不觉他来到东三岔,游玩到了西山河,一阵潮水迭落,他被搁在河滩上,连打数个挺,也下不到河里,只能躺在河滩上喘息。最后他干僵在了这里。说来也怪,虽然经历了七八年,但龙身从不腐烂,也不脱皮,两岸附近的人们,每到逢年过节都来这里烧香磕头,敬奉这条龙。

一年的六月初三这天,人们正在场上翻晒粮食,只见东南方天上乌云密布,雷电交加,一刻工夫,雨下得沟满河平。只见一阵雾气里,一条蛟龙乘着雨柱向东南方向游去,人们到河边一看,原本蛟龙躺着的地方变成了一道深深的沟,蛟龙已不知去向。后来,人们把这条河叫作"龙沟河",直到现在。

这就是蛟龙借雨飞的传说。

二

另外还有个传说呢,也跟龙有关——

灌南县城向北10千米处有一条有名的河,叫"龙沟河"。这条河原来只是一条大沟,而且又窄又浅。可后来怎么叫"龙沟河"的呢?

龙沟河闸

相传很久以前的一天,二郎神杨戬巡游完刚回到灌河口老家,就听外面有人念一首童谣:"二郎神,二郎神,你是玉帝的外甥,家乡三年未下雨,就是不见你的人。"二郎神一听,掐指一算,的确不错:苏北海州一带三年滴雨未下,那东海恶蛟触犯天条,罪不可赦。二郎神带上哮天犬、神鹰,手提三尖两刃刀直奔东海,找恶蛟兴师问罪。此时一条叫水母的蛟龙正和女儿小白龙在东海戏水。二郎神大声喝问:"好你个恶蛟,你可知罪?"水母和小白龙一见二郎神杨戬来问罪,大惊失色,遂蹿上水面,如巨蟒摇头、懒蟒翻身,在空中上下翻飞、左右盘旋,与二郎神交战,海面上顿时激起滔天巨浪。不到几个回合,她们母女就败下阵来,向西北方向落荒而逃,二郎神紧追不放。此时天空狂风不止、乌云翻滚、飞沙走石,一转眼水母和小白龙就逃到了沭阳县李恒镇上空。二郎神一看眼前显出两座高山,一座叫东山,一座叫西山,他右手抓起东山,左手抓起西山,奋力向二龙砸去。水母眼疾手快拼命一跃,躲过一劫,而小白龙由于体力不支一下被砸中了。水母摇身变成一妇人,来到一家面馆,此时她口干舌燥、又渴又饿,要了一碗面条就吃,可她哪里知道这是二郎神变

出来的一家面馆。吃下去的面条立马变成一条长长的铁链,二郎神把水母锁住带回天庭,打入天牢。

再说小白龙被二郎神一山砸中后,头昏脑涨,天旋地转,眼前发黑,向东飘去。也许是实在坚持不住,她一头栽在了灌南张店镇境内的一条大沟里。因天气持续干旱无雨,大沟早已干涸,这天又正好是农历六月初三,天气炎热,小白龙背部受伤,鳞甲不整,在烈日的烤炙下奄奄一息,龙嘴一张一合。周围十里八村的人听说天上掉下一条巨龙,纷纷前来观看。人们议论纷纷,有的说这是一条懒龙,她在管辖的海州一带三年没有布雨,以致被天庭贬下凡尘,遭此惩罚;有的说她恐怕是条恶龙,贪赃枉法、胡作非为,被逐出天庭。众说纷纭间,有一位老者上前说道:"不管是懒龙还是恶龙,总归是龙。龙乃神兽,我辈岂可怠慢?赶紧想法施救。"再看那龙蜷缩在河床上,蝇叮蚁咬,惨不忍睹。众人为之驱蝇逐蚁,掀扇驱热,但无济于事,那龙在烈日的烤炙下喘着粗气,苟延残喘,实在是"龙困浅滩,雄而无威"。

老者继续说道:"谁家有水,弄点水来给她润润鳞甲。"因持续干旱,水贵如油,每户人家都过得十分艰难,可灌河两岸柴米河畔自古民风淳朴,百姓以慈悲为怀,乐善好施。在老者的提议下,大家纷纷将家里舍不得喝的水端来,一杯杯、一瓢瓢地泼在龙身上。那龙得水后将腰一伸,抬起头向四周拜了几拜,连摇几下尾巴,那大沟立马被扫成了个大塘,顿时泉水喷涌,水流如注。龙借水势,水助龙威,小白龙腾空而起,刹那间乌云翻滚,电闪雷鸣,海州地区普降甘霖,人们欣喜若狂。小白龙由于思恋母亲直奔天牢去探望,流下了伤心的泪水。因为这天正好是六月初三,所以灌南一带就有了这样一个说法:每年的六月初三,不管之前天气如何干旱,这天都会下雨,因为小白龙要到天牢去探望母亲,这雨就是小白龙流下的伤心的泪水。

此后,这条大沟由于不断受雨水冲刷就成了一条河流,人们叫它"龙沟河"。

(文/橄 榄)

"神医"张山人

在烟火气浓郁的民间，医术精湛的人一向被民众尊称为"神医"，济世圣手如扁鹊、华佗、张仲景、孙思邈等，莫不如是。他们以精湛的医术造福民众，泽被后世，万古流芳。

电视剧《神医喜来乐》中，李保田所饰演的"一笑堂"喜郎中，以精湛的医术、神奇的治病防疫手段，赢得百姓尊称。这不禁让笔者想到了家乡盛传已久的"神医"张山人。

灌南县已故文化名人卜星光所作的《灌南文化史鉴》记载：张山人，字子襄，江西人。许乔林编辑的《海州文献录》中又说他是山东人。但不管来自哪里，清乾隆年间，他以针砭术游于海州新安镇，出家修行于新安镇碧霞宫，即当地人称的"泰山奶奶庙"，这是事实。张山人擅针砭术，功效如神，凡有疑难杂症不治者，先生言救则救之，否则也不下药；张山人在70余岁时去世，百姓为感先生恩德，在其墓前立祠以祀，富绅汪瀛洲为之立肖像，书立祠额曰："张山人祠。"贞崖王猷悦为之立传，载于《鼯技集》中。张山人的传说于清中期形成，并流传至今。

传说张山人到新安镇开医馆后，与五牌巷的汪生脾气相投，相处友善。一日，张山人见汪生携二子来馆，观二子气色后，就对他说："大公郎将有天花，后麻面也。二公郎无事，光面。"

汪生当时疑惑不解。不久之后，果然应验。

再一日，张山人立于医馆门前，见一队送丧人抬棺经过，且有鲜血从棺中滴下。他急忙上前阻止，问明情况："棺内何许人？"

抬棺人回答道："棺内是一妇人，因为难产，足月没有生下小孩，如今闭气而亡。"

张山人说："既是如此，不要急于下葬，我观其滴血尚鲜，且把她抬回家，待我金针医治。"

妇人家里素知张山人医术高明，不会说假话，也就遵命抬了回去。

张山人随即至其家，开棺出尸，用金针刺妇人脐下，顷刻生下一男孩。只见婴儿左手上还有一血痕，正是张山人所针。

妇人得以保存了性命，其后，阖家皆谢张山人的救命之恩。

又有一年冬天，有一个山东大官久闻张山人大名，特遣仆人来到新安镇，跪请张山人医其子。张山人左右推脱不得，只能坐着对方的轿子前往。到了那里后，见大官已请了许多医生环列病床前，皆是束手无策，只因大家都不识这样的病症，无医治之法。

张山人随即入座诊断，须臾已知原委。他命府内备壮汉十名、大鼓十面，置于病者房中，以棉被数条覆盖于病者身上。一切完备，他对壮汉说："我叫你们擂鼓时，则尽力擂。"他又请大官的夫人坐于其子身边，视其出汗情况，并交代她一些需要注意的事项。

"汗顷下告知于我。"夫人为救儿命，珠泪涟涟，此时闻言，唯是叩首以应，但求神医施妙法，一展神技。

张山人于病者周边反复察看一番后，随即命壮汉擂鼓，一时间，室内鼓声大作，震耳欲聋。

在场的诸多吏医，不乏有声望、有手段的，但都没有看过这样的治疗方法。他们便聚在一起议论，摇头哀叹，以为这不过是妖术，是骗人的把戏。

然一刻钟后，病者开始出汗，夫人频频视看，为其子擦拭，汗巾皆湿。张山人命打鼓者连续擂起，病者则是大汗不断，身上如同水涝，汗水淋漓而下。少顷，病者竟然不药而愈。诸多吏医皆感到奇怪，追问缘故。张山人说："此乃雷震伤寒症也，今冬月无雷，故以鼓代之。"随即，他把随身带的一本医书翻出来，让大家看上面的篇目，果然有雷震伤寒之论篇。这一来，众人皆是拜服，直呼其"神医"。

张山人是灌南医学的奠基人之一，他是新安镇周氏医学的开山鼻祖。张山人没有儿子，有一女许配给他的弟子周金和，后周金和传承岳父的医术，传与子，再传孙，直到传至周赵勤。周赵勤是灌南名医周达春的先祖。周达春将医药传承发扬光大，研究、创制了五妙水仙膏，用来治疗皮肤病。

1993年，在第37届布鲁塞尔尤里卡世界发明博览会上，张山人的传人周达春研究、配制的五妙水仙膏一举获得此届博览会的唯一药物奖。

周达春1994年被评为"江苏省名中医"

"五妙水仙膏"荣获1986年全国（部级）中医药重大科技成果甲级奖

（文／汪友国）

引羊寺的传说

引羊寺的两只大石羊

引羊寺,原名"弥勒禅寺",又称"引羊禅寺",建于宋嘉祐三年(1058),寺庙因寺门两边躺着两只长年酣睡的大石羊而得名。引羊寺坐落在灌南县县城北,现新东北路与北环路前调渡河交汇处南侧。当年庙宇巍峨,殿阁雄伟,气势非凡,寺庙内有楼台殿阁40多间。每年农历三月二十八日,是引羊寺一年一度的庙会,当日人山人海,香火旺盛,影响甚广。

传说古代新安镇北永洋河河水泛滥,淹没村庄,百姓无处躲藏,退往弥勒禅寺高地安身,水龙王又兴洪水涌至,水淹高地,百姓眼看佛像、菩萨像欲被冲走,便手挽手筑起人墙与洪水搏斗,但大水仍汹涌而至,令人难以招架。适逢弥勒佛骑神羊路过此地,见此情景,十分感动,将神羊化为两只石羊，从天落下，只见电光一闪，洪水被镇住了，石羊便一直留在永洋河边，百姓得以安居乐业。石羊虽然镇住了洪水，却昼伏夜出，啃食庄稼，危害乡里，乡民便用红绳将石羊系住，石羊从此不再外出。清乾隆年间，寺僧将两只石羊"请"到寺门两边，加以管理。所以，人们又称弥勒禅寺为"引羊寺"。

　　此传说于清末民初即在当地流传，并延续至今。近千年斗移星转，历经沧桑，引羊寺的主体建筑毁于日军的侵华战火中，余下部分因年久失修，于1946年秋，被周围群众拆除。虽然引羊寺毁于战火，但原址还在。唯一可作为引羊寺标志物的两只大石羊，曾经被保存在灌南县文化馆院内，现存于灌南县博物馆。

　　引羊寺的传说在《新安镇志》、卜星光所著的《灌南文化史鉴》、殷红坚所著的《灌南》中均有记录。

（文/刘华玉）

"哑圣"汪大爷的传说

坐落在古盐河岸畔的灌南新安镇，自古就有八景点缀，如今更是貌美翩然：红瓦白墙的楼房屋舍整齐、美观大方；风格迥异的村庄自然恬静、宜居宜赏；宽阔平整的道路苗木葱郁、车来人往；纯真自信的笑脸温暖如春、昂扬向上。古镇河清海晏，人杰地灵。你看，硕项湖、二郎神文化遗迹公园、五龙口、苏北菇菌文化展览馆、白头关、吴承恩祖居地纪念馆处处古韵悠扬，美不胜收。而镇分八牌、环列五庄的古镇布局，是否暗含五行八卦的意味，无人论非。这里走出了徐淑、徐璆、徐宣等中国历史上一代又一代先贤古圣，也是不争的事实。是因为"分黄山一点秀气，振惠泽全境文风"，还是因为"八景连岁月，江山育英才"，抑或是因为"姑苏千古秀，沿河下新安"？对于为什么新安古镇会出现这么多的文人雅士，无从一一考证。总之，"哑圣"是一位大家永远不会忘记的古镇草根文化人，他以聪明才智为新安镇争得了荣誉和实际利益，至今仍被人们津津乐道。

灌南仪制令碑

一年春天，京都戏班赴南京为制台祝寿，乘船途经新安镇西官河，镇上票友、士绅闻讯上船，恳请留镇一日，为本镇唱一台戏，以饱大家耳福。可班主不肯，并再三谢绝。面对眼前的难得机会，票友哪里肯放，还点名请求戏班唱一台《刘三姐赶会》方可放行。

班主万般无奈，陡生一计道："若演《刘三姐赶会》，尚需一物，不知有无？有则送戏一台，无则敬请放行。"

众人道："何物请讲。"

班主道:"翁姑祭将,难织龙袍。"

大伙听了,面面相觑,都不解此为何物,亦不知此为何意。

班主笑道:"诸位既然拿不出此物,就请放行吧!"

票友道:"去找'哑圣'汪大爷,或许有办法。"

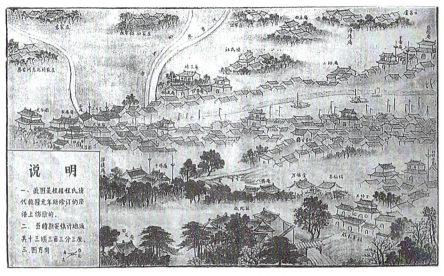

清乾隆元年(1736)新安镇图(阎寿山 复制)

"哑圣"汪大爷,是新安镇七牌人,自幼饱学多才,平时沉默寡言,故有"哑圣"的美誉。他当时在三口教书。于是,票友自备一乘快驴,前往三口。及至,"哑圣"问明来意,笑道:"此有何难?走!到八佛庵看戏去。"

"哑圣"来到八佛庵时,里里外外,已是人山人海,"哑圣"在票友的引导下,来到戏楼后台并问道:"怎么还不开锣呀?"

班主见票友身后一老者先开了口,便笑道:"本班所缺的'翁姑祭将,难织龙袍'尚未找到,无法开锣,请先生见谅。"

"哑圣"道:"贵班所缺之物,我已令小孙带来,可以打开台锣鼓了。"

班主大惊,接过"哑圣"孙儿递过来的大红纱裙,对"哑圣"深深一作揖道:"贵镇虽处边远,却不乏人才,在下佩服,佩服!本班这个谜,曾在许多堂会庙台张示征射,今在贵镇却能意外得解射中,幸甚,幸甚!"

他哪里知道,新安古镇自古就是灯谜的故乡。说话间,只见班主向前台挥手道:"开锣!"

散戏后,士绅票友问"哑圣"此谜作何解。

"哑圣"道:"翁乃一家至尊至大,'翁姑'即'翁故'之谐音,意指全家缟素;'祭将'即'忌绛',绛者,红也,红色是喜庆之象征。翁故禁忌家人穿红着绿,意即无大无红。过去秀女刺织红色龙袍,须沐浴更衣,焚香着红,而孝服在身,则不能刺织龙袍,所以"难织"。龙袍是君王之衣,演戏时君王衣多以纱裙代之。合起来不就是缺少大红纱裙吗?"众人闻之,莫不拊掌慨叹。

这真是:灌南代有才人出,"哑圣"猜谜在新安。

(文/倪 青)

大个子颜小龙的传说

颜小龙（1910—1971），原名"颜开发"，乳名"小龙"，灌南县张店镇湖坊人。颜小龙身高 2.4 米，比姚明还高 0.14 米；体重 160 公斤，脚长 0.4 米，双手巨大，伸开似蒲扇，握起像榔头。人称"巨人严小龙"。

颜小龙虎背熊腰，不光个子高、力气大，饭量也惊人，他一顿饭能吃粮食 1 公斤以上，250 公斤的石磙子他能毫不费力地搬起再轻松地放下。闲暇时，他常以麻绳将石磨串起来，甩着玩。

1929 年，北洋军驻海州的师长白宝山招聘贴身保镖，要求身材高、力气大、反应快。颜小龙因为身材高大，膂力过人，在海州一带尽人皆知。所以，有人向白师长推荐了他。于是，白师长就传令颜小龙到海州。颜小龙赶到海州时，天已过午，部队已经吃过中饭。白师长一看颜小龙身材高大，心中就有几分欢喜，让厨师下面条给他吃，并炒了几个好菜，招待颜小龙。为了试试颜小龙的力气，白师长就叫他搬石磙子。颜小龙伸手就把一个四五百斤的石磙子搬了起来，又轻轻地放下。在场的人都报以热烈的掌声。饭菜上桌，又渴又饿的颜小龙狼吞虎咽，风卷残云间，那一大瓷盆面条连带几盘菜，被他吃得干干净净。

颜小龙这次算是吃了回饱饭，心满意足。饭后，白师长过来了。颜小龙一看师长来了，就要起身迎接，却连续三次都没能站起来，最后，他按着小桌子才站了起来。白师长看到颜小龙这样费劲才站起来，感到颜小龙灵活性不够，没有聘用他。颜小龙因此失去了他人生中最难得的一次机遇。

1938 年秋季的一天，颜小龙推着独轱辘车到盐滩贩了四麻袋私盐，计有 500 多公斤，被盐防营追赶。颜小龙情急之

颜小龙用过的麻绳和石磨

下，把车和盐一起背了起来，躲进了路旁的高粱地里。

追来的人突然不见了颜小龙和车子的影子，很是奇怪，搜查到高粱地里，发现颜小龙正坐在地上抽烟，而四麻袋私盐装在车子上原封没动。

追来的人便好奇地问他："这盐和车子你是怎么弄进来的？你有几个同伙？"颜小龙如实相告："没有同伙，盐和车子是我背进来的。"他们不相信，对颜小龙说："若你能把车子和盐再背出去，我们就不没收你的盐！"颜小龙听后站起来，一伸手便把车子和盐搬了起来，又扛着走出高粱地，跨过小沟放在路上。这一番操作，令盐防营的几个人目瞪口呆。

1952年10月，县里举办农民运动会，其中有个拔河项目，要求以区为单位组建拔河队。颜小龙当选为曙红区拔河队队员。比赛开始后，曙红区连胜几个队，最后和实力派板浦队争夺冠军。板浦队队员都是年轻力壮的青年，而且多数是从搬运社选来的大力士，身体素质远远好过曙红队队员。冠军争夺赛开始后，颜小龙站在最后紧紧拽住绳头，板浦队的人无论使出多大的力气就是拉不过去。在双方僵持不下时，有人提醒颜小龙向后拉。闻言，颜小龙轻轻一拉，板浦队队员便倒地一片，输了这场比赛。曙红队成为冠军。后来，板浦队队员说："曙红队恐怕有神人相助，用力如神。"

1956年，颜小龙被抽调到张店镇食品站工作。站里经常派他到盐河西孟兴庄镇的大封和头庄一带买猪。每次都要买回几十头肥猪，过盐河时两三百斤的肥猪在颜小龙手里就像小鸭子一样，一头头被拎上船，到对岸后又被拎上岸。

（文／张中明）

银人银马银鞭的传说

位于新沂河畔的文化名镇——张店不单古迹多、典故多,传说也多。"银人银马银鞭的传说"便是其中一个。

不知道是哪一年的腊月二十八,刮着呼呼的西北风。傍晚时分,阴沉沉的天空飘起了鹅毛大雪,给黑黝黝的旷野增添了一丝白亮。位于张店镇盐河渡口西岸的摆渡棚里,老渡工洪三蹲在一堆牛屎火旁,用干树枝拨溜着几个未熟透的大山芋,嘴里嘀咕着:"这天气,怕不会有人渡河了。"他从脏兮兮的小布袋里倒出几文小钱,盘算着年关的开销。可是,怎么盘算也吃不上肉。他不由得骂道:"财神眼界高,看不上咱穷汉哩。"这时,隐隐约约从西边传来马蹄声,并且不止一匹。洪三支棱着耳朵,眨眼间,棚前出现四位骑马的军汉。在朦胧暮色中,军汉的盔甲银光仍觉刺眼,连坐下的马匹也泛着炫目的银光。其中一位开口嚷道:"船家,摆渡。"洪三心中一喜:"哈!财神也怕被念叨,这不,来钱了!看来今年年关吃肉没问题了。"他麻利地走出窝棚,四个人、四匹马,外加一个渡工,把一只木板船撑得满满当当的。洪三双手抹着冰凌扎手的竹篙,头上冒着热汗,总算把渡船撑到东岸。四位军汉摸摸口袋,都说事情紧急,忘了带钱。洪三说:"俺也辛苦,无论钱物,四位爷总该打赏点。"话说到这份上,其中一位军汉递上一根马鞭,对洪三说:"老人家,这样吧,我把这根马鞭交给你,你明天凭鞭子到东岸大财主孙海山家去讨渡钱。"洪三无可奈何地接下鞭子,四位军汉上了岸,最后一匹马赖在船上,腚子一蹶,屙下一摊马粪。洪三见了,心里更恼,拿起铁锨铲进河里。

第二天,洪三带着马鞭,来到东岸财主孙海山家,将四位军汉没钱过河,以马鞭抵押找孙老爷讨钱的事说了一遍。孙财主略一沉思,估计是哪方的朋友事情紧急忘了盘资,这才想起他这位远近有名号的人。罢了,不就是几文钱嘛!他吩咐管家付给洪三渡资,说不定将来他还能结交四位军汉做朋友哩。

史话文苑(民间文学)

一堆银子

过了数天,财主孙海山到库房里查仓,发现仓库四角,各站着一位盔甲整齐的军汉,身边各立一匹马。孙海山以为出现幻觉了,再仔细凝视一番,发现其中一位军汉手里少了一根鞭子。孙海山想起前些天摆渡的洪三送来的鞭子,连忙找来塞进那位军汉的手里。这一塞不要紧,神奇的事情发生了,四位军汉像沙子遇上水似的,渐渐地瘫了下去,变成了四堆银子,连带四匹马也都变成了四堆银子。孙海山从此成了张店有名的大财主。

数年以后,孙海山得到四个银人、四匹银马的消息不胫而走。摆渡的洪三在惊羡之余,忽然想起当初有匹马屙了一摊粪在船舱板上,粪虽然被他铲进了河里,但说不定还能留下点根脚呢?他急忙掀开舱板,发现舱底里星散着几块碎银子。乡人闻讯戏言:

外财不发命穷人,财宝也喜奔高门。

洪三摆渡真辛苦,总算讨得一杯羹。

(文/佑 德)

八景成往事　三口翻新篇

三口镇新貌

灌河岸畔的三口镇，原名"三岔口镇"，俗称"三岔口街"，简称"三口"，因位于古来安河、古运盐河交汇处而得名。三口镇位于今一帆河经小窑向东北，拐弯向东入大潮河的西侧河北。一个乡村集镇居然具有很是风雅的八景之谓，足以令人称奇。

说来，该镇的形成大约在清雍正年间。

在北宋以前，从张湾、莞渎镇向东到响水口海岸线这一带，历史上叫"黄昏荡"。莞渎镇附近建有莞渎盐场，起初生活在这里的居民很少，都以煮盐、晒盐为生，人称"灶民"。到了南宋，黄河南徙经淮河由云梯关归海，黄河从西部黄土高原带来大量泥沙，使伊芦、响水、云梯关一线海岸迅速东移，加之元明时期的兵乱和明代移民政策，不少聚居的大姓家族为避乱而移向荒芜的海边。自那时起，黄昏荡的居民便逐渐多了起来。

据说清朝初年，三岔口来了一户从山东迁徙过来的王姓人家。同时，在周境还来了汤、徐、吕、马几家。各家一落户，便都围田置地，成了地方上的大家富户。王家在三岔口，一时也成了首户。王家户主热情好客，汤、徐、吕、马各大户常到三岔口王家聚会取乐，而王家每每都有酒菜招待。为了方便聚会取乐，王家不仅备有宽敞的场地，左邻右舍也开起了酒馆饭店、杂货小店。日子一长，外地的盐商和大家富户也有专程前来的。三岔口也就成了人群经常聚集的取乐场所，各种各样的商店、旅店、饭店和酒馆生意兴隆，便自然形成了小街集市，市面日渐繁荣起来。

三岔口发展到清乾隆年间，不仅远近闻名，而且各行商贸也进入了欣欣向荣的时期。这时，王家已经分为南王、北王两个大宅门了，人丁、财气两兴旺。有钱有势力的王家成为三岔口街的集主老太爷，说一不二。

清嘉庆八年（1803），经地方各大户的倡议和王家的鼎力支持，在三岔口街南首，兴建了一座规模宏大的延寿律院，有主楼大殿、中大殿、前山门和东西廊殿，分前、后两大宅院，共有九十九间房宇。据说当时的人们将延寿律院与苏州的西园相提并论，可见其规模与影响。延寿律院前有一个大广场，广场中央还竖有一根很高的雕斗旗杆，因旗杆上有三道铁箍，所以俗称"铁旗杆"。小小的三岔口街，原有王家南、北两个大宅院，现在又添上这样一座雄伟的大寺院，已成为很像样的一座乡村集镇了。

大约到清道光中期，在三岔口街北一里许又建了一座庙，有大殿、东西廊殿和前山门，庙势虽不如延寿律院，但也十分清静，成为地方上一些达官贵人时常光顾的去处。因为有了延寿律院这个南庵，所以人们都称这座庙为"北庵"。至于这座庙叫什么名字，现庙毁无存，已无人知晓了。据说清光绪初年（约1875），在三岔口街东边，还建

三口镇居民住房

了一座庙，在庙东侧又建了一座文昌阁，这座庙是一座姑子庵，庙名为"观音庵"。但人们很少叫这个名字，因庙在街东，都只称其"东庵"。庵内最后一个尼姑，由于火灾庙毁，就住到北庵，1970年才去世。这是后话。

三岔口街虽不大，但也有属于自己的八景，那就是延寿律院、铁旗杆、街北小河上的月牙桥、北庵的庙里庙、有土地爷没土地奶的南庵、街北永不枯竭的双龙井、街西小河交会处的凤凰嘴（据说是块风水地，王家在此树了贤良匾，所以才能久富不衰）、街东的花子坟等。

三口工业园区一角

1931年，延寿律院的大悲楼殿和东西廊殿的神像都被搬入中殿，地方上在大悲楼殿和东西廊殿里兴办了一所高等完全小学，由三岔口街北沿沟崖的潘文忠任校长，有教师8人，学生200多人。

如今的三口镇，"一帆诗声"勾绘文化城镇建设的图景，"三口速度"彰显稳定发展的格局。一座人口6.14万名、耕地8.28万亩（1亩≈666.67平方米）的新兴乡村城镇——三口镇矗立在一帆河畔、灌河岸边，自豪地书写着自己今日的辉煌。

（文 / 吴海波　海　军）

旗杆村的传说

旗杆村属灌南县北陈集镇。明朝末年,这里有一条从海州通往淮安府的南北官道,当时正在创作《西游记》的吴承恩隔三岔五地从淮安前往花果山考察,时常经过这条官道。

阳春三月,正是风柔水暖、桃红柳绿的时节,一天下午,一辆由北向南的骡车缓缓地行驶在官道上,吴承恩因昨夜写书熬了大半宿,此刻正斜躺在车上呼呼入睡。

夕阳渐渐西下,行至一个小村庄,袅袅的炊烟正从远方茅舍徐徐升起,一群春燕穿过河堤的绿柳枝间,掠过铺满晚霞的麦田,飞往前方村落的屋檐下,去寻找它们夜晚的宿处。

这是陈集街北面的一个小村。村口的陈家客栈门前,车夫老三放下手中的鞭子,跳下车来,轻轻勒了一下扯辔,大骡子停下前蹄,车子便在客栈门前停下。"老爷,醒醒!客栈到了!"

车中的吴承恩从睡梦中醒来,掀开车帘,走下来。因为经常在此客栈歇脚,客栈陈老板见老主顾来了,带着伙计们迎上前来,说:"吴老爷,您来啦!我已给您预备了上好的客房,还有您喜欢的酒菜。请您到里面歇脚打尖吧!""陈老板,有劳了!"吴承恩带着车夫老三随陈老板进了客栈。

进门之后,有伙计用毛巾掸了掸吴承恩身上的灰尘,又递上湿毛巾给他擦了擦脸和手,然后安排他在酒桌前坐下。桌上早就摆上了一坛汤沟陈年老窖、四盘精制的淮扬菜,其中有吴承恩平时喜欢的鲫鱼和河虾。吴承恩边吃边喝,身上的疲惫感渐渐散去,人也心情舒爽、精神百倍起来。随着自己的兴奋劲上来,吴承恩又想起了昨晚写的《西游记》章节——二郎神带着一群天兵天将围攻花果山的孙悟空,两个人正杀得天昏地暗,一时难决胜负……

正在吴承恩酒酣遐想之际,邻桌的一对酒客吵闹起来,打断了他的酒兴和思绪,他连忙招呼陈老板前来问个究竟。

陈老板给吴承恩解释道："原来陈集这个地方有两个旗杆庄，一个是北面的孙旗杆庄，一个是南边的杨旗杆庄。据说，此地在宋朝时曾出过两位武举人，孙家和杨家各出了一个。两个村子都竖立了一根旗杆，斗大的杏黄旗上分别写着'孙''杨'两个大字，各自显摆村庄的威风。孙、杨两家互不服气，他们经常在一起比武。两村的后人们也就结下了怨，见面就闹腾，非要分出个高低来。"

旗杆底座

旗杆庙

听了陈老板的讲述，吴承恩顿觉眼前一亮，他苦思冥想的《西游记》小说，又有了好的素材。他放下酒杯，急忙进了客房，取出笔墨纸张，开始伏案疾书，一直到第二天凌晨，他才高兴起身，对着在床上睡觉的车夫大叫："老三，快起床，去准备骡车！"睡梦中的车夫老三嘴里嘟囔着："老爷，您一夜没睡，不歇会儿走？""不了，马上走，我要在中午之前赶到新安镇，去硕项湖吃鲜鱼宴。"

读者也许会问，吴承恩大清早为什么这么兴奋呢？不用言喻，一定是他昨夜写的《西游记》章节十分精彩！请看《西游记》里是这样描写的：

那大圣趁着机会，滚下山崖，伏在那里又变，变一座土地庙儿：大张着口，似个庙门；牙齿变作门扇，舌头变作菩萨，眼睛变作窗棂，只有尾巴不好收拾，竖在后面，变作一根旗杆。真君赶到崖下，不见打倒的鹁鸟，只有一间小庙；急睁凤眼，仔细看之，见旗杆立在后面，笑道："是这猢狲了！他今又在那里哄我。我也曾见庙宇，更不曾见一个旗杆竖在后面的，断是这畜生弄喧！他若哄我进去，他便一口咬住，我怎肯进去？等我掣拳先捣穿窗棂，后踢门扇！"大圣听得，心惊道："好狠！好狠！门扇是我牙齿，窗棂是我眼睛，若打了牙，捣了眼，却怎么是好？"扑的一个虎跳，又冒在空中不见……

这一段是《西游记》中的二郎神与孙悟空打斗的情节，正是北陈集镇旗杆村两位武举人比武的事被吴承恩用作了描写的素材。这后来成为旗杆村的传说，当地村民都津津乐道，从此旗杆村的名声随着《西游记》的面世，更加响亮了。

（文／吴其同）

何仙姑炒面敬龙王

仙境存仙踪，美食美文化。

每一道具有悠久历史的美食，都必定有着美丽的传说。炒面也不例外——

需要说明的是，这里所讲的炒面是指粉状的熟食，吃时需要用滚烫的开水冲泡，搅拌成糊状。炒面是我国北方的一种传统食品，其制作方法是将粮食原料炒熟后，按一定比例磨制成粉状，即可随时食用。

国人钟爱炒面，远非一朝一夕。作为地方美食，炒面的历史源远流长。炒面口感香甜、携带方便，可以供人随时打尖果腹，是为人们出行、夏秋大忙提供便捷营养的传统中式快餐。

炒面简单易得。只要将粮食炒熟磨成粉或将面粉放在锅里炒至八分熟，放入适量的芝麻粉、炒豆粉、香油，拌匀起锅凉透装袋即可。

盛大半碗炒面，再放入白糖，用刚烧好的开水一冲，并不停地搅拌，黏黏的、稠稠的，用筷子掘一块放进嘴里，顿时那种甜甜、香香、软软的

炒面所需的原材料

口感，直冲味蕾，让用餐之人如何不胃口大开？大快朵颐之间，身心甚是享受。

现代医学研究也表明：将炒面粉冲水喝具有养心益肾、健脾润肠、促进消化等功效。炒面粉中富含优质的蛋白质和膳食纤维，具有为人体补充微量元素、促进肠胃蠕动的功能。经常饮用，可以有效调理肠胃溃疡。炒面粉中含有的微量元素可以改善各个器官的功能，且不会加重肠胃和身体的负担，大大增强了人体的免疫力。

在灌南，每年农历六月初六，家家户户都要吃炒面过节，据说这个风俗和龙王老爷有关。

传说很久以前,灌南东边不远处是大海,每到农历六月初,四海龙王就欢聚在灌江口,游玩议事,作法显能。初六这天,他们常比赛行云降雨,这可苦了一方人民。灌江口的老百姓因此年年惨遭水灾,财物飘散,死伤无数。

面对窘境,地方百姓纷纷议论,寻求解救之道,无奈他们身轻力微,大胆尝试者又无不以失败告终,甚至莫名丧命,人们更不敢作声了。

做好的炒面

当时大嘴街东边有个清水塘,塘边有个何家庄,庄里有个叫何仙姑的姑娘。这姑娘生得眉清目秀,且心地善良。她虽然生长在庄户人家,却也"俏丽若三春之桃,清素若九秋之菊",而且聪明伶俐,遇事不慌不忙,有板有眼有分寸,深受庄邻好评。

这年又到六月初六了,男人们又跟往年一样,早早拿上工具,上河堤去排险防汛去了。女人们在家带孩子、做饭。何仙姑想,应该给男人们带些携带方便、不会馊又好吃的东西作干粮,可她家里只有粗麦面,于是她就把面粉放在锅里炒,不多久,炒得喷香。天上的龙王刚一出来,就被这香味吸引了,找了一上午没找着香味是从哪儿来的,就上天去告诉了玉皇大帝。玉皇大帝屈指一算,知道是何仙姑干的,想来自己也怪馋的,马上召何仙姑上天给他做炒面吃。

何仙姑上天后,于每年的六月初六这天炒面给四海龙王吃,让他们高兴,从而忘记比赛的事,这样人间六月初六的水患也就清除了,从此百姓不再承受水灾之害。人们为了防水患,也为了纪念何仙姑,在每年六月初六,纷纷仿效何仙姑的做法——炒面敬龙王。慢慢地,这一带就有了六月六吃炒面的风俗。

后来,农历六月初六吃炒面渐渐成为很多地方的民俗,一代一代地传承了下来。

(文/佑　德)

青牛白马识土气　民族团结谱华章
——契丹庄的传说

出产美酒的地方，就有美丽的传说。

据汤沟汤氏族谱记载，北宋末年，宋、辽、金为争夺土地和人口，经常在北方发动残酷的战争。后来，随着北方女真族的兴起，他们建立起强大的金朝，和北宋联合攻打辽国，最终强大的金国灭掉了逐渐衰弱的辽国。辽国灭亡之后，契丹人大部分成了女真人的奴隶，他们中的男子被充到金国的军队里，也有一些契丹人不甘做亡国奴，流落到中原地区，与汉人和平共处、融合发展。流落在汤沟镇的契丹人，是金国入侵北宋时金国军队中契丹人的一部分。当年金军南下时，大量契丹士兵的家属随军来到中原，其中就有一批契丹人留在了灌南县汤沟镇，聚族而居，人遂称其所在地为"契丹庄"。

契丹人画像（一）

历史上的契丹族是一个英勇而悲壮的民族。他们生活在北方草原，与周边的民族为草原和生存而长年争斗。公元916年，耶律阿保机统一了契丹各部落，他力主改革，学习汉族先进的文化及农耕、纺织、冶金等技术，使契丹人的生产技术水平和社会经济发展有了质的飞跃，最终建立了契丹政权，开启了契丹族200余年的辉煌历史。随着兴起的女真族打败了契丹，强大的辽国走上了灭亡之路。

英勇善战的契丹人虽然战败亡国，但他们的身上流淌着祖先豪迈奔

契丹人画像（二）

放的血液，他们是"镔铁"，游牧于草地、沙漠和森林。骁勇善战的秉性依然能激发出他们为民族的生存和发展而顽强抗争的斗志，倔强的民族性格造就了契丹人不断进取、不断学习的优良传统。而当他们流落到江淮平原的汤沟古镇后，发现这里东近大海、气候温和、沟湖密布、水甜土香、物产丰盈、商业繁华、人善民勤。在他们的眼里，这是从没有见到过的人类最美好的居住地方。于是，他们留了下来，在这里建设了他们理想的家园。

落户汤沟后，契丹人临水而生、择岸而居。于是，北方游牧民族的文化和江淮农耕文化在汤沟古镇经历了由碰撞走向和谐的过程，南北差异在此逐渐消失并相互融合。受千年中华文明熏陶的汤沟人民以自己的善良和大爱包容了这些饱经苦难的契丹人，而契丹人也用自己的勤劳和智慧回馈收留了自己的里人。

汤沟的水是美的，汤沟的地是肥的，汤沟的人是善良的。契丹人和汤沟人在汤沟和睦相处，他们日出而作，日落而息，勤奋和善学成了契丹人和汤沟人的共性，这里成了他们共同的故乡。这个他们向往已久的幸福家园，渐渐成了他们生命中追求的诗和远方。

爱喝酒的契丹人，历史上有着熟练的酿酒技术。东北黑土地上长出的颗粒饱满的高粱、长白山流出的清澈雪水，酿造出刚烈强劲的白酒，

高粱

养育出了一代又一代叱咤风云的马背英雄。

契丹人把他们从北方带来的高粱种子播种在江淮平原肥沃的土地上，结出了火红硕大、饱满肥壮的高粱粒子，有了酿酒最好的原料。江淮平原清澈甜美的水、肥沃厚实的土壤、宜人温润的气候，提供了发酵、酿造美酒的必要条件。于是，契丹人用纯熟的酿酒技术酿制出刚柔相济、绵柔清香的白酒，为汤沟酒乡的历史留下了最早的传统酿酒技艺的厚重印痕。

岁月悠悠，当年的契丹人早已把自己的血脉融进汤沟这片土地。他们与原住民一道都成为现代的汤沟人。时光的影子里，处处辉映着他们曾经在这片土地上辛勤劳作的身影。汤沟酒香的每一滴因子，都在讲述着一个北方火红高粱和南方温甜之水融合而成的动人故事。

一片成熟的高粱地

（文／吴其同）

鸡笼桥　接龙桥

灌南县孟兴庄镇白皂村有一座小桥，叫"接龙桥"。为什么叫接龙桥？这里面还有个故事呢。清乾隆二十七年（1762），乾隆皇帝第三次南巡，经过宿迁，住在宿迁皂河行宫。海州知州卫哲治借机上疏乾隆请求疏浚六塘河，乾隆恩准。三年后，乾隆皇帝第四次南巡，经过沭阳时，要巡视检查六塘河下游的疏浚情况。当时的北六塘河由沭阳入葛集走汤沟到白皂直插柴米河。乾隆皇帝早就听说白皂是个古老的集镇，地方文化底蕴深厚，其中有两家染浆坊，一家浆白布、一家染黑布，每天都挂晒在大沟两边，黑白分明，微风吹来，晃晃悠悠，如诗如画，煞是好看。而且，古镇白天有书场，晚上有夜戏，热闹非凡。为一睹白皂风采，领略白皂的民情风俗，乾隆皇帝身着微服，随行的大学士纪晓岚、沭阳县令钱汝恭扮着行旅模样，策马扬鞭，尾随左右，一起沿六塘河新堤东巡。到白皂老街时已是傍晚时分。时值仲春，只见一家酒楼上灯笼高悬，辉熠夕阳下，"西原饭庄"四个鎏金大字不同凡响，阵阵酒香沁人心脾、令人神往。于是，君臣上门借宿西原饭庄。西原饭庄老板姓朱，一向好客，见几个异乡人相貌堂堂、气宇轩昂，举止谈吐不同凡俗，遂延为上宾，命厨子备菜给客人小酌。乾隆皇帝携臣子在上房落座，但见那壁上字画颇多，其中有四幅郑板桥条屏《墨竹图》。只见那画面上一轮明月当空，几竿嫩竹婆娑，一对白头翁栖息枝头。微风徐徐，似闻秋虫鸣唱其间，赏心悦目，简直妙不可言。乾隆皇帝和纪晓岚已有几分欢喜，显然店家也是解文识字、知书达理之人。不多时，店小二已端来汤沟美酒和潮河鳗鱼、武障河的四鳃鲈鱼、硕项湖的鲫鱼、龙沟河的虾籽和白皂的羊肉汤等地方名酒名菜。

　　酒过三巡，菜过五味，乾隆皇帝酒已半酣，突然看到街上有一只白鸡在叫个不停，随即诗兴大发，说出上联："白皂白鸡鸣白昼。"朱老板也是知书识字之人，又喜欢对对子，见客人说出上联，他紧皱眉头，思索再三，再一注意就看到对门黄家当铺门前有只黄狗在狂吠，且正好已到黄昏时候,因此,慎重应上:"黄家黄狗吠黄昏。"乾隆皇帝一听,这对子对得是如此工整,看来白皂这小小地方不乏有学识的人才。而朱老板确实读过"四书五经",看到客人出口成章、妙语连珠,不住地称赞,佩服得五体投地。朱老板忙替几位客人把酒斟满,说道:"客官谈吐不凡、出口成章,朱某十分敬佩。来,我借这汤沟美酒敬各位三杯!"

乾隆皇帝和纪晓岚都酒意已浓,耳热面红,恐酒后失态,对朱老板说道:"不好意思,虽然是地方名酒,但我们酒已喝好,就饮一杯吧!"说罢一饮而尽。借着酒意,乾隆皇帝说:"早就听说白皂老街有很多好玩的地方,我们今晚可否由您带路,借着如银的月光观看古镇夜景呢?"朱老板听后欣然点头,连连称是。

于是,朱老板带路,纪晓岚、钱汝恭随乾隆皇帝左右,出门观看古镇夜景。

刚出门不远,就见街上有一座拱形小桥。再看这座桥虽然不大,却也古色古香、历经沧桑,少说也有百年历史。桥由一块块古砖精砌而成,中间较薄,下面是一个半圆拱形设计,桥下流水潺潺,在粉墙黛瓦的古镇建筑的映衬下,独具地方气息。再看那桥头有一鸡笼,里面关着十几只草鸡。乾隆皇帝很是纳闷,便问:"此桥何名呢?"朱老板回话

接龙桥

道："这桥本来没有名字，因一店家在桥头立一鸡笼，常年养鸡，当地居民就称它为'鸡笼桥'。"乾隆皇帝听后面有不爽："鸡"与"饥"同音，"笼"与"龙"同音，自己是真龙天子，难道还能因为饥饿而被困笼中？乾隆皇帝顿时不悦，随口说一上联："鸡笼，鸡在笼中怎不饥，鸡出笼舞凤。"朱老板略一思忖，应道："客栈，客在栈里有温饱，客离栈飞龙。"纪晓岚和钱汝恭齐声说好。君臣游览了白皂夜市后便回客栈休息了。

第二天清晨，朱老板早早来到客房，欲与客人共进早餐。不料，客人已不告而别，只有八仙桌上留下几个醒目大字："白皂沟，接龙桥。"下面还有一副墨迹未干的欧体行书对联，上联遒劲沉雄，下联潇洒飘逸。再看落款，朱老板大吃一惊，因上联下署："乾隆御笔。"下联末款："晓岚醉书。"

从此，"白皂沟"无人更改，"接龙桥"远近闻名。

（文／张中明）

石磙堵泉眼

话说武则天垂拱四年（688）开掘盐河后，张店古镇逐渐繁荣，市井齐整，庙宇恢宏。当时是十天两庙会，各地民间艺人纷纷到张店卖艺谋生，有杂耍、龙船、花挑、说书、蛮琴、小戏等表演，热闹非凡。随着文化生活的日益繁荣，"石磙堵泉眼"等各种民间故事也就应运而生了。

碾子碾盘

压场的小石磙

唐朝时期，在张店镇义泽河南有个村庄，名叫"小冯庄"，那里距离龙沟河不过0.5千米。村里有一个大土墩子，占地面积约1万平方米，居民都住在这个墩上，其中冯姓家族最大，以冯名庄。庄子前面有个大汪塘，据说这汪塘是原来烧窑人留下的窑眼，后来废弃不用，渐渐就集满了水。汪塘长约30米、宽约15米，庄上的人一年到头在汪塘里淘米、担水、洗衣服，过着安逸的生活。

小冯庄上住着冯太公一家，家有良田百亩，生活美满。这一年，冯太公的小儿子冯小壮娶亲了，他娶的是前庄一起长大的陈瑶瑶。陈瑶瑶青春貌美、温柔妩媚、楚楚动人，冯小壮星眉朗目、孔武有力、身体

健壮。夫妻两个情投意合，恩爱有加。

河里的黑龙精看着眼红，他羡慕这对夫妻，竟恋上了陈瑶瑶。他涌着河水多次上岸，祸害百姓，就是想引起陈瑶瑶的注意。

有一次，陈瑶瑶端着衣服到河边，黑龙精化成男子前来调戏，但陈瑶瑶就是不理睬他。黑龙精恼羞成怒，呼风唤雨，竟然把一艘渡船打翻了，害了人。三番五次后，两岸百姓深受其害。

陈瑶瑶为此很是自责，总想着如何才能解除百姓的困苦。她夜来做梦，梦中一个白胡子老公公对她说："这是黑龙精作祟，但黑龙精有一怕处，就是不敢见到新嫁娘的红衣红袄，因为他的眼睛羞红，红衣恰好可以亮瞎他的眼睛，确保一方风调雨顺。"

自此，陈瑶瑶每到河边洗衣服，都会把她的新嫁衣带上一起洗，果然，新嫁衣搅动河水，河里的异族纷纷避让。

这一年秋季风调雨顺，庄稼长势旺盛，家家户户大丰收。庄上百姓沉浸在丰收的喜悦中，载歌载舞。

黑龙精面对此景怀恨在心，他鼓动同族将废弃的窑眼打通，将汪塘连接到不远处的东海里。

这天夜里，人们都休息了，陈瑶瑶忙活了一天，也累了，睡得香甜。汪塘边原来的窑眼处，突然蹿出一股水柱，只一袋烟的工夫，水就漫出塘外。熟睡中的人们谁也没有注意到外面的动静。后来，水柱越喷越高，慢慢地漫上大路、涌向村庄，直到淹没家院。

"黑龙精作怪了！大家快看啊。"

"不好了，黑龙精和我们抢粮食了。"

"快把窑眼堵起来，不能让他得逞。"

不知谁喊了第一声，后面的人们纷纷响应，涌向塘边，用各种东西堵窑眼。

庄上的人把想到的东西都投尽了，也没有把喷水眼给堵住。冯小壮回家拿家伙什填堵窑眼时，陈瑶瑶醒了。她听说了相关情况后，赶到了塘边，眼前的景况让她心惊：水柱越来越高，高墩眼看就要被漫灌了。她来不及多想，便和百姓一起奋力填堵窑眼。最后，她把新嫁衣拿出来，裹着巨石投了下去。

谁知这一次，虾兵蟹将实在太多，水势太大，只是压住了一点，并没有完全堵住。虾兵蟹将在黑龙精的指挥下，意欲卷水而至，大淹村庄。

这一来，庄上能投塘的物件已所剩无几，但塘中的水柱并没有变小多少。大家都很着急，但也没有办法，看来，这里唯有被淹了。这时，陈瑶瑶想起了白胡子老公公的话，想来她的红锦被同样对黑龙精有震慑作用，看来，唯有舍出她的爱物了。

面对气势不减、汹涌外冒的水柱，陈瑶瑶对冯小壮说："我们屋里的家当都拿出来了，现在，唯有红锦被能制住它了。对了，你让哥哥带人到院里，把那一对石碌推来，把我们那床红锦被抱来，用它裹住石碌投下去。"

冯小壮听了，虽是舍不得，但庄上人家能投的东西都投完了，眼下已经无物可用，也只能如此了。

当石碌裹着新人的红锦被沉下去时，塘里的水柱渐渐小了，最终彻底平息了。最后，在窑眼的深处，竟然出现了两颗明晃晃的大珠子，照得塘水都清澈透亮。

据传，这两颗珠子是黑龙精的眼球，他被红锦被亮瞎了眼，眼球也就脱落，掉了出来。

后来，人们为了感谢陈瑶瑶及冯太公一家，就把这庄称为"小冯庄"。而窑眼因被黑龙精钻通，成了泉眼，大家就称之为"龙泉眼"。

如今，冯家人又把那两个碌子挖了出来，留给人们参观。从侧面看，石碌上面还刻有一"冯"字。龙沟河因为傍着龙泉眼，打那以后也就越发声名远播了。

（文／汪友国）

乡土雅韵

（民　俗）

乡土雅韵

六街灯火闹儿童　百树千枝绽东风
——新安镇元宵灯会

新安镇元宵灯会

"月色灯山满帝都，香车宝盖隘通衢。"江苏省非物质文化遗产项目"元宵节（新安灯会）"是灌南历史上流传于新安地区的民俗文化活动之一，又称"新安镇元宵灯节"，主要集中在每年春节至元宵节期间举行。上灯时节，十里街区华灯似锦，四乡八镇万人空巷，影响极大！

新安镇元宵灯会历史悠久，据传已至少流传400多年。明初的新安镇靠近莞渎盐场，兼有盐河通达，西侧古硕项湖又盛产鱼虾。自洪武皇帝朱元璋施行移民政策后，人口不断增加，徽商多集中于此，便立一集市，初名"悦来集"。据灌南成彦明先生的《灌河史话》记载，明隆庆

六年（1572），改"悦来集"为"新安镇"，其时，新安镇已初具规模，有八牌五庄、九庵十八庙，道路宽敞，交通便利，规模之大，周边少有。集镇既已形成，商贾逐渐云集，经济繁荣，百姓安居乐业。据传某一年庆祝建镇，适逢元宵节，于是家家扎灯，挂于门前，引四面八方的百姓来镇上观看。人们出门赏月，燃放焰火，观看花灯，喜猜谜语，共品元宵，合家团聚，其乐融融。这一习俗400多年来一直传承下来，逐渐演变成为如今颇具规模的新安镇元宵灯会。

新安镇元宵灯会花灯展览（一）

据老人回忆，每逢新安镇元宵灯会之夜，当八佛庵炮响三声之后，全镇八牌灯火便依次如游龙般环镇而行。走在前面的是锣鼓棚、玄花伞，尔后是亭阁灯、挑花担，在串灯的辉映下，表演者边走边表演狮子盘绣球、小花船，沿街巡游。接着便是家家户户的展灯：花鸟虫鱼、人物五谷，应有尽有，目不暇接。这热闹非凡的景象，让人如痴如醉，乐而忘返。为庆祝新安镇建镇的元宵灯会，家家户户都扎灯，每个街道、每个牌坊都要扎灯，灯的花样也是林林总总，精致引人。亭阁灯集灯艺与演艺于一体，大而新奇，并可流动表演，据说最大的亭阁灯需要36人抬着，高2丈（1丈≈3.33米）多、宽6尺、长1丈，上有童男童女手执宝剑、脚踩风火轮造型，凌空欲飞，逼真引人。演员们还可在上面表演如《白蛇传》中白鹤童盗还阳草等戏曲段落，只见白娘子脚立在南极仙翁的拐杖上，手持宝剑，一旁白鹤的鹤嘴衔住仙草，此时，男童扮演白鹤，舞动宝刀，直取蛇仙，其舞姿优美、生动有趣。还有一种灯像轮子一样可以上下转动，由16人抬着，上有由4个仕女装扮的小姑娘坐在台上表演。

新安镇元宵灯会展灯前一般要验灯、试灯，从验灯、试灯到元宵节那天晚上正式出灯，连续3个晚上，非常热闹、隆重。第一天晚上验灯，家家户户只要点亮家门口自己扎的灯就行了。镇里出锣鼓棚、吉庆匾、花担和龙船等。第二天晚上试灯。试灯时，各牌就要出动了，约百米长的队伍周游全镇。当天晚上出行的灯，较第一天晚上，增加了龙灯、狮子盘绣球灯等，还有高跷队。到了正日，即元宵节那天晚上，各牌展灯全部出动，每牌有200多米长的队伍，边走边表演，到了大商家、大财主等头面人物家的门口，还要特意停下来表演，一示尊重，二来可得些赏钱之类的。这样走走停停，缓慢向前，一直要闹到深夜方散。新安镇元宵灯会一般由镇上有头有脸的人出面筹集资金，每家每户都要出钱，故有"新安镇灯，牌牌贴钱"的说法。

新安镇彩灯的制作，集中国传统的编扎、绘画、书法、剪纸、皮影、刺绣、雕塑等手工技艺于一体。就各部分的制作材料而言，制作骨架的材料主要有竹子、树木、藤条、麦秆、兽角、金属等；灯光源的材料则因历史时期的不同，从用松脂、动植物油、漆、石蜡、煤油等燃料，以竹木、通草、棉芯等为灯芯，发展到利用电光源；表面透光材料也随着

新安镇元宵灯会花灯展览（二）

时代的发展而发展，有各色透光纸、丝帛、画纱、棉布，以及合成的绸缎、塑料薄膜、特制玻璃等。其制作工艺的技巧和手段已综合了木工、漆工、彩绘、雕饰、泥塑、编结、裱糊、焊接、机械传动、声光音响、电子程控等。

中华人民共和国成立后，人们的生活条件越来越好，新安镇元宵灯会的规模也越来越大。1958年，灌南建县时，举办了大型游动灯会，从县人民医院到体育场，两旁观众多达几万人。每逢元宵佳节，赏灯区人山人海，以数十万人计。灯会举办轰动全城，东西10里、南北5里，整个城区灯火通明，映着圆月，难辨人间天上，吸引了周边市县众多群众前来观赏。

新安镇元宵灯会花灯展览（三）

（文/耿中太）

武红兵和他的灯谜情结

猜谜游戏，犹如一首动听的童谣，不经意间，就把人带回欢乐的孩提时代。

夏夜，庄头老槐树下，大人摇着芭蕉扇，说长道短，正起劲时，禁不住孩子的打岔，就"判个面"给他猜。"一点一横长，口字在中堂，子字来拉仗，耳朵拽多长。"这是一个老掉牙的谜语。小伙伴们一个装着猜不出，一个却趁你不在意，揪你耳朵，于是场面一下子热闹起来……一粒"谜"种就种在了他小小的心田。

一年年底，少年的他骑车去灌南县城，在县图书馆楼下，偶然看到墙上贴着有奖猜谜的启事，于是爬上楼，抄下了谜题，回家苦思冥想，马上要到截止日了，才心有不甘地把答案寄出去。年后，少年去图书馆看开奖，没想到居然得了第一名，奖品是一盏台灯。少年尝到了猜谜的甜头。那一粒"谜"种便悄悄地萌芽了。

那一年，他在淮阴上学，在校门口的橱窗中，看到了全校庆元旦文艺活动项目之一——灯谜有奖竞猜，一下子来了兴趣，于是一头钻入图书馆查找灯谜书籍，十条灯谜居然猜中了八条。其中有两条谜面他至今记忆

灌南县灯谜活动现场

犹新："中华香烟（流行歌曲）""思念我慈祥的妈妈（首都景点）"。那个年代《龙的传人》红遍大江南北……他第一次感受到灯谜还可以如此的时尚、高雅、有情趣。后来，出谜者曹成荣老师召集获奖同学开会，决定成立校灯谜小组，少年担任小组长。也就在那年，他认识了淮阴的谜界高人——卢志文、王宝根、朱墨兮、李大宇、易中等人，他才真正地意识到，猜谜不仅要掌握很多的技巧，而且需要广博的知识。随之，

那一粒"谜"种的嫩芽破土而出了。

工作之后,他听说县工人文化宫有新春猜谜活动,于是每年大年初一一早从乡下骑车到灌南县城新安镇猜谜,一天来回两趟,奖品无非水果糖、小文具之类的,但他乐在其中。那时主事的是廖化敏先生。悬挂的灯谜不是原创的,是从书中抄来的。对于他来说,猜那些灯谜就是小菜一碟。后来,廖化敏先生看到谜条大多只被那么几个人撕掉,就邀请这几个人到兑奖间坐一坐,嗑嗑瓜子,喝喝茶,聊聊天。于是,他结识了本地著名的谜家——汪南昌先生。在闲谈中,众人一致赞同成立灌南县职工灯谜协会,汪南昌担任会长,周在林和他担任副会长。职工灯谜协会成立时,总工会为协会每人购买了一本《中华谜语大辞典》。于是,他开始了灯谜研究,才领略到灯谜世界的广阔无垠。随后,他订阅了《中华谜报》《智力》《知识窗》等和灯谜相关的报刊,也基于报刊的广告,邮购了《浦东谜刊》《文虎摘锦》《射虎必备》等地方谜刊和资料。不久,他参加了《淮阴日报》举办的泗阳"棉纺织杯"灯谜大赛,获优秀奖,也是在那一年,他在《淮阴日报》副刊发表了两则灯谜,稿费20元。一朵灯谜小花便在春风雨露的滋润下慢慢地鲜艳起来。他犹记当年为校领导做的谜面——"板桥月落双鸟栖",也记得为汤沟酒厂领导拟的谜面——"故园无边伫山巅"。虽然在谜的意境、面底扣合等方面还略显稚嫩,但这是他灯谜创作的重要起步。

2011年,灌南县灯谜协会成立,并被列为县文联下面的13个协会之一,可谓提档升级。灌南县的灯谜活动终于蓬勃开展起来。2014年,他接过了灌南县灯谜协会主席的担子,与时任县文化馆馆长席文波同志一起商量,将新安镇灯会和元宵谜会紧密结合在一起,于是,他带领灌南县灯谜协会会员为"中行杯""农行杯""凤凰杯"等元宵灯谜大会创作灯谜。十几

学校举办的灯谜活动现场

年来,灌南县元宵灯谜大会连续举办,一年也没有落下,其中,在新冠疫情防控期间,在线上举办过一次,从正月初一到正月十五,为百姓带来了欢乐。灌南县元宵灯谜大会因为乡土味浓郁,每年都能吸引几万名市民参与猜射和观看。在他们的积极参与下,2020年,灌南县举办了"工商银行杯"全国灯谜创作大赛;2021年5月,举办了"江苏省首届灯谜文化节暨灌南县第十二届灯谜大会",人民网、《新华日报》《中华谜艺》等主流媒体都做了报道,可谓是"小灯谜,大宣传"。

近年来,他还带领灌南县灯谜协会会员,一起走进机关、企业、校园,举办了多场大型谜会,如全民阅读节现场谜会、检察院元旦联谊谜会、灌南邮政新春谜会,以及在灌南高级中学、扬州路实验学校等数十家学校举办谜会并开设灯谜讲座。

他用灯谜宣传地方文化。多年来,他一直致力于地方文化的挖掘,出版了几本专著,又将这些地方文化与中华传统国粹——灯谜相结合,创作了上千条乡土灯谜。县境的村镇、河流、道路、桥梁、物产、历史人物等皆被其编成灯谜,如"国藏口感誉声来(字)——玉""一旦拥有,一生相伴(汤沟酒品牌)——三星""共同的潮河,一样的情怀(字)——沁"……

他还用灯谜传递时代的声音。抗疫期间,他创作的"游子倚栏月如许(抗疫专家)——李兰娟"的灯谜入选"全国抗疫百佳谜"。在2023年的元宵灯谜大会上,他创作了数百条散发着浓郁乡土味的灯谜,吸引着众多的灯谜爱好者来猜射,现场十分火爆。

"心系海西,一生无悔",这是他创作的一条灯谜的谜面(注:猜一汉字,谜底为"酒")。其实,谜面之语也道出了他的心声。他说,他多次拒绝了对其个人的采访,这次将自己的从"谜"之路一一告诉笔者,旨在让更多的乡人关注灯谜,关注灌南的乡土文化。

他就是江苏省作家协会会员,江苏省民间文艺家协会会员,江苏省灯谜学会常委,连云港市灯谜非物质文化遗产代表性传承人,灌南县第十届、十一届政协委员武红兵先生。

(文/王晓宇)

灌南婚嫁礼仪习俗

婚姻关乎嫁娶双方一生的幸福，关系到两个家庭的交往，事关社会的稳定和发展，所以国人称之为当事人的"终身大事"。自西周以来，关于婚嫁，还相沿形成了"六礼"，即纳采、问名、纳吉、纳征、请期、迎亲。发展到今天，在灌南本地，则形成了12种礼节。

（一）说媒

说媒是纳采过程中至关重要的一步。媒人必须从中"等衬"，若两家条件相衬，再予以说合。

这期间，男女双方的年龄、生日等，经媒人之口已传达清楚，讲究的人家开始将两人的生辰八字报请算命先生掐算，看两人的生肖与五行是否相生、犯克，从而确定能否论婚。

戏剧《西厢记》中的红娘

（二）定亲

男女双方经过一段时间的相处，若觉得对方值得继续相处，便要举行定亲仪式，让亲朋好友见证他们的恋爱关系。

定亲由男方主办桌席，男方亲友和媒人到场，以前是男方亲自上门带女方父母（或兄弟）到家，先喝糕茶再谈事。现在多选择在酒店，女方亲友团也会跟随到场。

定亲时须燃放鞭炮，男方赠给女方定亲礼，一般是四（六）样小礼，外带四（六）样大礼。礼物数量双方多已商定，小礼一般包括衣服、化妆品，大礼有"三金""四金"等。另有喜糖、喜烟若干。

定亲过后，男女双方就缔结了以结婚为前提的恋爱关系。尤其在中华人民共和国成立前，女方若是和男方定亲了，就等男方上门"带人"（迎娶），不能再与他人谈论婚事。

(三)过彩礼

男方需要给女方相当数量的彩礼,数量多少由双方商定。当然,除了名贵的金银首饰外,还会有几样小礼,如女方的衣服、饰物、化妆品等。

过彩礼的桌席由女方操办,媒人到场,进门前放鞭炮,女方也会邀请亲友见证,表明"名花有主"。女方亲友此刻会争加彩礼,媒人便动用莲花妙舌,巧妙化解,最终双方握手相贺,按商定的数量给付彩礼。

男方此后开始"拨日子",一般是请算命先生帮忙,所择日期多在每年春秋时,通常是农历每月的三、六、九日等"头日子"。现在往往会选春节、5月20日、五一、十一等有纪念意义的日子。女方家则开始为女儿准备嫁妆。

定亲过彩礼

(四)送日子

送日子即"六礼"中的"请期",由男方拨好日子,告知女方。

以前送喜帖,媒人到女方家去之前,男方家要设宴招待,奉上喜烟、喜糖,带上男方给女方的礼品,包括新人的更换衣服(或布料)。

现如今,往往是男女双方协商决定,或打电话通知,或用微信传达,抑或双方聚在一起吃顿饭就确定下来,"送日子"的程序则省略了。

至此,女方身上的穿戴、所用的化妆品等,都已由男方买办齐全了。女子出嫁不能带走娘家所备嫁妆以外的东西。

先前，女方嫁妆随迎亲队伍被送至男方家。现如今，女方嫁妆多已被放置在新房里，待催妆日布置到位，女方身边仅留下一两个箱子和娘家准备的几床被子，待"正日"时随行。

（五）催妆 铺床

正日前一日叫"催妆日"。在催妆前，媒人须到女方家跑一趟，为女方送去衣服。现在这样的程序已简化，交由男女双方自己处置。

早先，催妆日那天，父母舍不得女儿离开，会怀悲伤之情，含泪叮嘱女儿："丫头，从明儿起你就是大人了，到婆家要善待姑婆，学会操持家务。"女儿亦含泪相应，其间并无桌席可言。

如今，女儿出嫁是大喜之事，女方家也会大办宴席，邀请至亲好友喝酒看花轿子，还要布置闺房，甚至在入户门前放置彩色气球拱门，请"全备人"（父母、丈夫、子女俱全的妇人，亦称"全福人"，灌南俗称"大宾奶奶"）装箱置"筛头"，并用红纸捻照（将红纸圈起，点燃以光照）衣物等。女孩的箱内除了自己的衣服、随身用品、钱物外，还须另备化妆品四样和喜烟、喜糖，皆是双份礼品，留与送房。

催妆这天，男方家置办酒席，宴请宾朋，张灯结彩，竖拱门、贴喜联、布置新房，并请"全备人"为新人铺床，用红纸捻照新房、衣物等，说些铺床的喜话。

铺床时将寓意"早生贵子，幸福美满"的桂圆、白果、栗子、花生（已染红）等，撒于床上，也有喜话相随。另外，新房内红灯烛、喜鱼也要布置到位，且整夜不熄灯。

铺床的过程由"全备人"支派，喜爹爹、喜婆婆（新郎的父母，"喜婆婆"也叫"喜奶奶"）按其提供的顺序将物品一一放在指定的位置。在喜爹爹、喜婆婆为子铺床的时候，"全备人"便开口说喜话。

后期，"全备人"用红纸捻照新房，包括一切衣物、日常用品，以避邪祟，边照边说喜话。

（六）迎亲 送亲

迎亲是新郎去女方家迎娶新娘。这是新婚过程中最隆重、最热烈的一道程序，其间仪俗异彩纷呈。

迎亲队伍的配置一般包括一能说会道的主事人、"全备姑"（父母、兄弟都有的未婚女子）、新郎官。现在又增加了伴郎若干，摄像师1—2名，司机若干。迎亲队伍人数必须为单数，以便接上新娘后成双。成双成对，寓意吉祥。

而与伴郎相对应，女方那边也会安排数量相同的伴娘。

喝完糕茶，放鞭炮，迎亲队伍就出发了。至女方家后，娶嫁双方鞭炮相迎相和，叫"接鞭"。女方宾客前来，谓之"看花轿"。待花轿（轿车）住停，便拦新郎进门，讨喜庆。

午饭过后，男方指派的主事人便开始向女方家长请求早点赶回去，有些父母和亲朋会说一些舍不得的话，借故推迟。若要真的达到目的，按约定的时间回程，伴郎团还要做足各式关目，且让女方来的亲朋好友都达到沾喜的目的。这就需要说许多喜话，送出许多礼物，包括送出红包、喜烟、喜糖等，而上轿礼、抬箱礼（这时可看出新娘留一两个箱子在身边的作用了）都是必不可少的。催轿鞭最少燃放三遍，女方家这才松口，同意发轿。

伴郎与新郎进入新娘闺房后，女方的亲友及伴娘还会出各种节目来闹新郎。烦琐的节目多由伴郎代替新郎参与。

新娘收下抬箱礼后，女方家便会请迎亲队伍喝糕茶，同时还会奉上喜烟、喜糖，请求男方主事人在一路上对新娘多加照顾。

满足了新娘及亲友的要求后，众人去喝糕茶，新娘这才开始更换新郎家早先准备的衣服，包括鞋袜，表示不沾娘家尘土。故而，在新娘下闺阁时，多由兄弟驮，或跋父亲、兄弟的鞋子。

新娘出闺阁，先与兄弟吃"分家饭"，这多由新娘的舅舅主持，舅舅一手托两下，公平不偏颇。另一边，伴郎得到指令，开始将新娘的随嫁物品向轿上搬。"全备姑"负责打开红伞。女方所请的"全备人"则安排两童男压车。两个小孩都会获得红包。新娘上轿时，如果她是跋着鞋子出来的，"全备人"还须及时将"全备姑"带来的大糕放在地上，让她甩掉跋鞋，登"糕"而上。"抬脚糕"寓意着新娘以后"步步登高"。

迎亲队伍返程时须放鞭炮，路上凡是有桥都要放鞭炮。现如今，因为禁放鞭炮，不少人改为撒喜糖了。

女方送亲的一般有两人：一个是新娘的兄弟，另一个是新娘的表兄弟。送亲有一原则：不能超过整个行程的一半。在送达预定地点后，送亲人下来与姐（妹）告别，并请新郎及诸人在之后的道路上给予姐（妹）关照。

（七）拦门

迎亲队伍接了新娘回到男方家，在热闹的鞭炮声中，早有宾客准备好桌椅板凳把家门口拦起来，吵闹着要求喜爹爹、喜婆婆发红包。

男方亲友前来，谓之"看新娘"。

新娘矜持不下车，也需要喜婆婆给红包，这是"下轿礼"。大喜之日，喜婆婆一律应付到位。

拦门有"捺性子"（忍耐）之语，这时就可看出新娘节食的必要性了。男方所请的"全备人"，一般有两个，一主一副，相互策应，必要时可保护新娘。

拦门

新娘进入新房后，"全备人"会安排两个童男摸马桶、说喜话。在灌南，马桶又名"子孙桶"。之后，"全备人"会让新郎、新娘出来吃糕茶，给他们道喜，此处亦会发红包。

（八）吃团圆饭 站房 闹洞房

"吃团圆饭"是传统、古朴的中式婚礼中必不可少的一道程序。"吃团圆饭"以家庭形式进行。"团圆饭"的主菜有鸡、鱼、肉、坨子等，"全备人"会逐一夹一点到新娘碗里，边夹边说喜话："新娘吃块肉，养儿疼不够;新娘吃块鸡,养儿笑嘻嘻……"此后,新郎、新娘向长辈一一敬酒并改口。

"站房"是指"全备人"将新娘迎入洞房后到迎宾来闹洞房的这一段时间新娘所站的方位。其实,在古时,这里有一个挑盖头的过程,那也是相当讲究的。现如今,已经没有了盖头,这里也就不再着墨赘叙了。但新娘进入洞房,摸完马桶后,基本无事了,她该做什么呢?这时,"全备人"会告诉她向东床头靠近,尤其在闹洞房者进入洞房后,她应尽量向新郎那边(东床头)靠(小区房以男方所站方位为上)。以床中线为界,新娘越过中线,挤占新郎的位置越多,今后当家的可能性越大。

闹洞房需要说喜话。闹洞房是为了活跃气氛,让婚礼更热闹、喜庆,也是为了解除新人之间的束缚,让他们放松。以前,闹洞房者常把新郎的父亲或伯伯,甚至是兄弟,捉进洞房取乐,涂脸、抹灰等。现在讲究文明闹洞房。闹洞房者的需求被满足后,他们便开始撤离,但出洞房依然要说喜话,"全备人"守着房门口,就等喜话。

(九)送房 扫地 上锅

闹洞房结束后,"全备人"便安排送房。先前,无论闹洞房者怎么说,如"新娘子,把你箱子打开,把烟拿出来。""新娘子,开箱了,喜糖呢?"新娘都不会开箱。但送房时,"全备人"就会说:"喜婆婆,开放了。"这是替新娘子要"开箱礼"。

喜婆婆塞给新娘红包,新娘便打开箱子,拿出准备好的礼物,一般是毛巾一条、香皂一块、香水一瓶、雪花膏一瓶,外带喜烟、喜糖若干。

送房者为两人,一般有姑爷,或一表亲,也可以是家族中有威望的人。姑爷此时会给新娘说喜话,博取一笑。先前,农村多为平房,无论是土墙、砖墙,在前窗口上糊上红纸即可,有玻璃窗的男方家还会特意将玻璃移开,糊上红纸。送房的两人一人抓一把红筷子站在窗前。现在都是小区楼房,窗口无法站,只能在前房门口。

戳筷过程是一手轻握着一把红筷,另一手在后猛击,击时说出喜话。一般新郎、新娘此刻都还忸怩地坐在床边,听到喜话,多是莞尔一笑,

心中会意。

新娘第二天早起扫地,会开心地拣到喜婆婆夜里撒落于地面的钱,寓意吉祥。

扫地之后新娘就要"上锅"了,将新房内的喜鱼拿出来煮。喜婆婆夜里又发了一盆面,这时也交与新娘包饼炕,喜婆婆负责烧火。

旧时,新媳妇不爱讲话,有些婆婆故意为难媳妇,就把火烧大,引得媳妇急喊:"妈,妈,火大了,饼煳了。"

这也是促使新媳妇迅速融入新家庭的好办法。

(十)会亲 回门

会亲是婚礼仪式中非常重要的一环,一般在新婚第二天,女方父亲、兄弟,或者家族中有威望者,抑或娘舅,到男方家去。这也须依情况而定,一般新郎要亲自去女方家请。男方家要办宴席,并邀请至亲好友作陪,一般都有几桌人,女方父亲坐主桌首席,亲友逐个与"新亲"敬酒,视为敬重。

回门,一般安排在新婚后第三天,新娘携新郎一起回娘家。岳父母会盛情款待新婚夫妇,同时邀请亲友前来作陪,逐个与新姑爷认识。午饭后,新郎、新娘要早回家,有的新娘因爱和娘家姐妹聊天,忘记时间,这时,父母就会"撵"了。因为新娘是"红人"(女子新婚后即为"红人"),不能"拖黑"(天黑才回家)。

灌南民俗所谓的"三朝分大小",也是指回门之时,新郎、新娘已能独立持家了。

(十一)满月回门

新婚蜜月结束,新婚夫妇要带事先准备好的粽子、寿桃、糕果等几样礼品回女方家。一般是六样,也有八样的,但都会有双刀肉、两条喜鱼(一公一母的两条大鲤鱼)。

以前,新娘会在娘家住上一段时间,一般是十八天。如今,时过境迁,也有住三两天或八九天就回的。待那日新娘回新家时,或新郎提前去接,或父母兄弟相送,男方家也会准备好一桌酒席。但这也依情况而定，新娘须带回相同样数的礼物，礼物不在讲究，但回门鞋（也称"回堂鞋"）必须有，家中有一人算一人，都有份。这也依情况而定，没有条件的，也可减一些，但是夫婿必须有一双。以前还需纳鞋子，早在回门之前，新娘母亲就开始在家糊鞋底了，在新娘回门期间，更是发动家人帮忙一起纳鞋子。

新婚一月之内，新房不得空房。如果不得已空房，则可以在婚床上放一袋米，以辟邪。

（十二）交生日

这一般在新娘生日那天进行。通常情况下，"交生日"在第二年，也有在当年的。女方生日那天，父（母）亲会带着礼物前往男方家，向男方（父母）说一些嘱托的话："小孩交给你家了，今后我们顾及不到，生日就拜托你们帮忙过了。"男方早已准备好一桌丰盛的午餐，此时，做公婆的也就接过话头，说："亲家放心，你女儿如今也就是我家女儿，定不会亏待了她。来，上桌，我们一起为她过生日。"

至此，一对新人婚嫁的所有程序就算走完了，完美礼成。烦琐而隆重的婚礼习俗留给新人深刻的印象，让他们知道婚姻大事容不得含糊，必须小心维系、勤俭生活。从这个意义上说，婚礼习俗未尝不是一个教育载体。

（文/胥通振　汪友国）

灌南斟酒礼仪

中国上下五千年史，也是酒的历史。饮酒，作为一种客观存在，是一种文化现象，在中国有着悠久的历史和丰富的内涵。在更多场合，它代表着一种礼仪、一种氛围、一种情趣。

灌南，作为汤沟酒的故乡，其酒文化自然是源远流长、底蕴深厚，而斟酒的礼仪也应运而生。在灌南，看一个人，可通过看他对于斟酒礼仪的掌控情况，便高下立判。可见掌握斟酒礼仪多么重要！

要谈斟酒礼仪，必然先谈一谈灌南地区在招待客人时是如何安排席位的。只有安排好席位，"酒司令"（斟酒的人）才可以按席斟酒。

灌南地区招待客人一般在堂屋。堂屋门朝南，正常情况下，里面会摆放一张八仙桌，用于待客。婚丧嫁娶，抑或乔迁，小孩过生日或老人过寿等，堂屋里会摆放两三张八仙桌。桌子一般不放在房屋的正中间。桌子以靠东山头最里面者为上（尚左尊东），是为主桌。主桌摆放时，要注意桌缝的方向。桌缝要直朝门，也就是南北走向。桌缝两侧为上，桌缝两头为下。而在东西头房和厨房摆放桌子时，可不问桌缝的走向。一般情况下，主家会安排当天最珍贵的客人坐在主桌，如老娘舅、新亲、表叔，或者社会地位比较高的亲友。我们就先以这张桌子为例来说明上下席位的安排。

八仙桌有八个席位，安排席位时一般遵循以左为上（灌南个别乡镇也有以右为上的）的原则。一席安排在靠东山头右边（北边）那个位置，面朝西而坐。二席则在一席的对面。三席则在一席的左手边，面朝西而坐。四席则在三席的对面，与二席都面朝东而坐。五席则在二席的左手边，面朝南而坐。六席在五席对面，面朝北而坐。七席在五席的左手边，面朝南而坐。八席则在七席的对面，面朝北而坐。如图"堂屋八仙桌席位安排"所示。

如果在堂屋或者东西头房安排了两张或三张桌子,上下席位安排与主桌类同,但以靠山头者为上。

以在东头房安排两张桌子为例,若东山头靠北方向安排一张,西山头靠南方向安排一张,那么西山头靠南方向的这张桌子如何安排席位呢?一般会这样安排:靠近西山头左边(北边)那个位置是一席,二席则在一席的对面。三席在一席的右手边,四席则在三席的对面。五席在一席的左手边,面朝南而坐。六席在五席的对面。七席在五席的左手边,面朝南而坐。八席则在七席的对面。如图"东头房靠西山头八仙桌席位安排"所示。

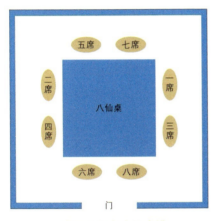

堂屋八仙桌席位安排

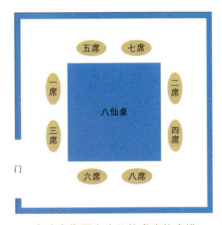

东头房靠西山头八仙桌席位安排

现在灌南地区办婚丧嫁娶等大事一般会在饭店,桌子也多是圆桌。但饭店的包间门不一定朝南,朝各个方向的都有。若要给饭店的圆桌安排上下席,一般以门的朝向为基准来安排,有两种排法。一种是主人(或主持人)正朝门而坐(主陪),主陪的左手边为一席,右手边为二席,主陪的正对面是副陪,副陪的右手边是三席,左手边是四席。一席的左手边是四陪,二席的右手边是三陪(图"圆桌席位安

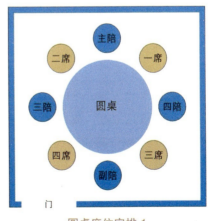

圆桌席位安排1

211

圆桌席位安排2

排1")。一般情况下，当客人较少，只有一两桌客人时，主家会采用这种安排方法。

另一种安排方法则以右为上，主陪面朝门而坐，其右手边为一席，左手边为二席。主陪正对面是副陪，副陪的右手边是三席，左手边是四席。一席的右手边是三陪，二席的左手边是四陪。三席的右手边是五陪，四席的左手边是六陪。三陪与六陪之间、四陪与五陪之间的位置则随意坐，一般由年轻人、辈分低的人或者地位低一点的人坐，坐于该位置上的人负责斟酒。如图"圆桌席位安排2"所示。

上下席位安排好以后，再来谈谈"酒司令"如何斟酒。过去在八仙桌上吃饭，一般会安排一个人斟酒，也有安排两个人的。"酒司令"只有一个人的，一般由八席负责；"酒司令"为两个人的，则由七席、八席负责。如果在规格较高的饭店，饭店则安排专门的服务人员斟酒。在一般饭店则会由年轻人、辈分低的人或者社会地位低一点的人斟酒。斟酒时，"酒司令"要站着斟酒，以示尊敬，而且要抱壶斟酒，也就是一只手握住酒壶柄子（把手），另一只手在下半部位托住酒壶。斟酒时，酒壶的壶嘴一直要对着"酒司令"本人。斟完一席，要放下酒壶，换手，用同样的方法给二席斟酒，以此类推，直至把一桌酒斟完。斟完酒以后，放下的酒壶的壶嘴一定要朝向"酒司令"本人。

酒斟八分为好，不能把酒杯斟满，斟满了有时客人会生气。

晚辈敬长辈酒，或者地位低者敬地位高者酒，二人喝完，"酒司令"先给长辈或地位高者斟酒。平辈之间敬酒，二人喝完，"酒司令"一般先给敬酒人斟酒；敬酒的最后一杯，则先给被敬酒人斟酒。

时代在进步，社会在发展，灌南的席位安排、斟酒习俗也在发生变化。灌南各乡镇的上下席安排、斟酒习俗也都略有不同。由于篇幅有限，不再一一赘述。

（文／胥通振）

新桃换旧符　共说此年丰
——贴对联

灌南书画家为群众义务写春联

"千门万户曈曈日，总把新桃换旧符。"

每当细数起大年三十那天要做的一件件事情时，心中总会不由得泛起阵阵涟漪。买年货，炒花生，换新衣……其中，最隆重的一件事便是贴对联了。记忆最深的要数小时候和家人一起贴对联的情景，至今想起来仍历历在目，鼻翼边仿佛又飘荡起阵阵墨汁的清香。笔者书桌旁的那本颜真卿的字帖和那支换了又换的毛笔，都与当年贴对联的故事有关。

大大小小的房屋数一数，总共十来间，再加上前窗、后窗、鸡圈、猪圈，贴起春联来也要大半天。母亲一大早就忙忙碌碌地打糨子做糨糊，做好了放在大铁锅里冷着。父亲从街上买了一本不算太厚的《对联大全》，还有几张鲜艳的红纸，裁好了叠成一格一格，然后挑选吉祥如意

乡土雅韵（民俗）

的话语或者是自己喜欢的句子，用毛笔写在红纸，并把写好的对联摆在旁边空旷的地方风干。父亲是当年的高中毕业生，左邻右舍也有人来找他写，父亲经常笑容满面地迎送他们，笔者到现在都还记得当年父亲写的那些遒劲有力的对联："一帆风顺吉星到，万事如意福临门。""天增岁月人增寿，春满乾坤福满门。"……这些写在红纸上的字字句句，寄托着父老乡亲们最原始的心愿与祝福。当然，家里经济条件好些的就直接去集市上买成品春联回来，贴在门窗上。红纸上印制精美的图案，惹人羡慕。

追溯对联的历史渊源，中华文化的博大精深可见一斑。

春联也叫"门对""春贴""对联""对子""桃符"等，它以工整、对偶、简洁、精巧的文字描绘时代背景，抒发美好愿望，是中国特有的文学形式。每逢春节，无论是城市还是农村，家家户户都要精选一副大红春联贴于门上，为节日增加喜庆气氛。据说这一习俗形成于宋代，在明代开始盛行。

春联的最早雏形是"桃符"，即用桃木刻画神荼、郁垒两神画像，用来驱秽辟邪。后来，桃符不断规范化，演变成用于挂在大门两旁的长6寸（1寸≈3.33厘米）、宽3寸的长方形桃木板。"桃符之制，以薄木版长二三尺，大四五寸，上画神像狻猊白泽之属，下书左郁垒右神荼。或写春词，或书祝祷之语，岁旦则更之。"如果说画神像主要意在祛鬼和避邪，那么写春词则意在祈福和纳吉。几经演变，这就形成了后来的门神、年画与春贴、春联两大脉络。

后来，笔者去外地读师范学校，也习得一手毛笔字。每逢大年三十，笔者会接过父亲手中的毛笔，继续书写这个家族的美好与祝愿。渐渐老去的父亲把红纸在手中叠了又叠，在门扇两边比画着长短。厨房里飘来一阵阵喷香的烟火味，那是母亲在准备年夜饭，她大步小步地穿梭在堂屋与厨房间，直竖起大拇指称赞女儿的字如花朵一般美丽。

家家户户的门窗因贴上了对联而变得生动起来，让这个寒冷的冬天也变得红红火火。有的人家还在门楣的横批上贴上挂廊，挂廊通常为"富贵有余""喜庆丰收""福禄寿喜财"等彩纸镂空吉祥图案。通常在午饭之前,各家各户的对联就已经基本贴好了,也有一些人家在午饭后贴上。傍晚时分,很多小孩子成群结队地满村子疯玩,嬉笑声、打闹声在村子上空回荡着。老远还能听到敲锣打鼓的声音,那是几个"玩麒麟"的成年男子,互相唱和着:"五彩挂廊贴起来,朝里刮刮生贵子,朝外刮刮要发财……"

如今,手写的对联越来越少,但每逢大年三十贴对联的习俗依旧在一代代地传承,如丝绸般光滑的大红纸上,印着几个烫金的黄字、黑字,红纸的边边角角还配有花草虫鱼等富有艺术性的图案。尽管岁月更替,但人们心中的美好期待与祝福永远不变,这不变的情思既串起了中华五千年的历史文化,也串起了中华儿女对家国的同一个梦想与心愿。

新年纳余庆,佳节号长春。难忘那些手写对联的旧时光,因为它温暖了笔者的少年岁月,温暖了笔者的整个人生,也温暖了中华民族的精神田园。

(文/相 玲)

贴年画，过大年

"福"字挂饰

年味最浓的，莫过儿时的过年。

最感兴趣的，是观看各家年画。

从送灶起，村子里便会此起彼伏地响起噼里啪啦的鞭炮声，继而整个村庄的空气中就会飘逸着各家蒸馒头、炸肉圆那令人食欲大动的香味。及至年三十，更是来到孩子们一年当中最值得盼望的一天。小孩子这天不仅可以吃上一年中最好的珍馐美馔，还可以帮家里贴春联、贴年画……屋里屋外红红火火，洋溢着喜庆氛围。自正月初一起，孩子们除了围观各种娱乐活动外，最感兴趣的，恐怕就是一户不落地去观看各家的年画了。

20世纪60—70年代的灌南农村，不管是家庭条件好的人家，还是经济稍微困难的人家，都要在过年前将家里装饰一下。哪怕再忙、再困难也要设法到街上去买几张年画。那时，大多人家的年画贴的都是政治领袖画像。人们对政治领袖画像很尊重，一般不说"买"几张，而说"请"几张。除政治领袖画像以外，人们也会购买一些电影画报之类的年画，如《林海雪原》《沙家浜》《草原英雄小姐妹》等的剧照。20世纪80年代初，不少人家仍张贴政治领袖画像。20世纪80年代中后期，当年热播的电视、电影的剧照和影视明星、体育明星特写及各地风景画成为年画的主流。有些年画还附有日历，特别是挂历，一时更受群众欢迎。20世纪90年代至21世纪初，不少年画都改为塑封压膜，亮闪闪的；在内容和形式上也有了一些变化，有的人家主屋喜欢挂中堂画，两边则悬挂条幅对联。近年来，灌南农村低矮的草房泥墙大多为楼房庭院所替代，无论是农村还是县城，不少人家搬进新居，首先会对房屋进行一番装修，再挂上几幅精致的风景画、抽象画，或搞个书画作品、绣个"十字绣"等装饰在墙上。过年了，则没有必要重新装饰，仅在门窗上或墙上贴一"福"字，或在室内挂中国结之类的挂件。不管是过去还是现在，贴年画和贴春联一般都在年三十的中饭前后进行，贴完年画和春联也就意味着一年中家里的"忙活"基本结束了，余下的一段时间则可尽情享受过年的快乐了。

过去各家贴年画，都是自做糨糊。主人将打好的糨糊涂抹在主屋和灶屋对门的泥墙上，贴上几张纸质年画，加上春联，屋内外顿显气象一新。现在，随着各个家庭装修的讲究，刷糨糊贴年画已成为历史，人们多用透明胶、双面胶粘年画，也有使用装裱画的，在墙上用螺钉等固定画框，更显一种艺术美。

"年画"名称在中国有一个不断演变的过程。年画，在宋代被称为"纸画"，在明代被称为"画贴"，在清代则被称为"画片""卫画"等，直到在清李光庭的《乡言解颐》一书的"扫舍之后，便贴年画，稚子之戏耳"一句中，才始见"年画"一词。

年画起源于汉，发展于唐、宋，盛行于明、清。北宋时期，繁荣的商业和手工业，特别是日渐成熟的雕版印刷术，为民间贴年画贺新年习俗的发展提供了良好的社会条件。汴京（今河南开封）和临安（今浙江杭州）的岁末市场上开始印卖木刻年画，题材上也大为扩展，如风俗、戏曲等年画题材开始出现。南宋时期的木版年

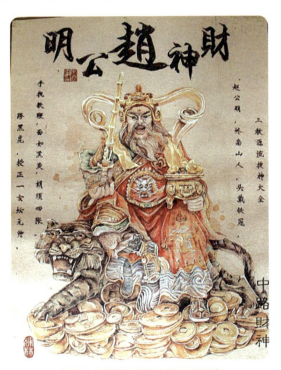

灌南人家张贴的财神赵公明画像

画更加丰富。元代是年画发展的低落期,多数年画都是宋代同类年画的延续,此时出现的一种叫作《九九消寒图》的历画,为后世所沿袭。到了明代,小说、戏曲插图的勃兴对年画的发展有很大的促进作用,寓意吉庆祥瑞和表现民间风俗的内容得到重视,对年画的创作、印制和购买、张贴逐渐发展为传递欢乐喜庆、装饰美化环境的节日风俗活动。一些年画的典型题材,如"一团和气""八仙庆寿""万事如意"等已趋定型。饾版拱花技艺的发明,使印制的年画更为丰富多彩。明中叶以后,随着商业和手工业的进一步发展,雕版印刷中的彩色套印技术的成熟,使木版年画得到飞速发展,出现了诸如天津杨柳青、山东杨家埠、苏州桃花坞等著名的年画产地。年画在清代进入发展鼎盛期。康熙至乾隆年间国泰民安的社会局面,为年画的繁荣打下了坚实的基础;通俗小说的风行,又为大量的年画作坊提供了丰富的创作素材。清初年画的最主要特征就是题材多,出现了大量以历史故事、神话传说、戏曲人物、演义小说等为主要内容的作品。在表现形式上,由于受到利玛窦和郎世宁等西方传教人士的西洋绘画风格的影响,西方明暗透视技法在年画创作中得到应用,年画也因此成为清代"西风东渐"的一个窗口。

清末民初,内忧外患,年画的农村市场受到很大的冲击,传统年画逐渐式微。与此同时,在上海、天津等城市则兴起了新的题材样式的改良年画,新增了具有反抗列强侵略、提倡爱国、描绘新事物等内容的年画。此时,由于西画的输入和商业的发展,又产生了一种将国画工笔重彩与西洋擦炭水彩相结合的月份牌年画,其题材不仅包括戏曲故事等,还包括部分格调不高的时装美人。

抗战时期,解放区出现了表现革命内容的新年画,它们在艰苦的战争岁月里,鼓舞了军民士气。

中华人民共和国成立后,新年画继承了旧年画的许多优良传统,摒弃了旧年画中的一些迷信、落后的内容。许多专业画家加入了年画的创作队伍,他们打破了旧年画的一些固定程式,大胆借鉴其他画种的表现手法,年画的面貌焕然一新。

不同年代赋予年画不同的内容。灌南地区贴年画其实有一段很长的历史。明朝洪武至嘉靖年间，苏州阊门周姓，无锡惠姓，以及刘、管、段、金姓人家先后入境安家，围田垦殖，繁衍生息，日渐繁荣；明隆庆六年（1572），徽州新安江一带的程鹏等茶商到此经营，并置地建镇，改原"悦来集"为"新安镇"。几百年来，江浙文化、徽州文化、安海（安东、海州）文化在此融合。"万事如意""招财进宝"等祈望人寿年丰、生意兴隆的年画逐渐流传。清代至中华人民共和国成立

灌南人家张贴的招财使者陈九公画像

前后，每逢新春佳节来临，境内手工艺人或亲自制作年画，或从外地批量购进年画，再卖给当地人。那时多为刻板套色，但内容已不仅限于门神之类，主题变得丰富多彩起来，出现了《福禄寿三星图》《天官赐福》《五谷丰登》《六畜兴旺》《迎春接福》等年画，满足了人们喜庆祈年的美好愿望。民间家家户户习惯在大门门板边上和居室墙上粘贴年画以示辞旧迎新。

贴年画与贴春联一样已成为灌南人过年的一项习俗。该习俗传至今日，虽表现形式发生了很大的变化，但人们通过年画祈望幸福生活的情怀一直没有变。

（文 / 嵇会成）

开口糕

节日往往能集中体现一个地方的节庆文化习俗。

灌南一带每逢过年的吃穿用玩习俗也是花样百出、特色鲜明。其中有一项就是，大年初一晨起，于睡眼惺忪间忙活的第一件事情，是摸到床头的大糕，先吃上几片，再开口说话，然后才起床做事。这就是灌南人所说的"开口糕"。

"糕"谐音"高"，寓意"新年开好头，日子步步高"！

开口糕，源自哪个朝代、源自何处无从查考，但直至目前，灌南许多人家仍然保持着大年初一吃开口糕的习惯。

小孩子少不更事，经常讲话不过脑子，信口胡言或出口成"脏"，即便是新年也很难控制住。所以，大年三十晚上守岁时，父母就会拎耳掐鼻叮嘱：新年要多说吉利话，不许乱说话，更不许吵架、不许骂人、不许顶嘴……有很多的不许。叮嘱的最后一句就是：早上起来说话前千万别忘了吃床头的开口糕。

开口糕

不论大人、小孩，每人一份开口糕，小孩的还会加花生、瓜子、糖果、压岁钱等。小孩醒来刚想闹腾，忽然想起开口糕，就会赶快打住，先吃了开口糕再说，这样到嘴边的话又咽下去了。大年初一这一天，让孩子话说出来之前先在嘴里卷三圈，想着说，不要抢着说，这也是让孩子学会自律的过程。

平时打闹成习惯的小孩，有时还会冷不丁地说出"有伤大雅"的话，若在平时可能会挨教训，过年这会儿父母瞪瞪眼也就算了。因为父母也是吃了开口糕的，必须以身作则、谨言慎行。

而不礼貌、不吉祥的话已经说出口了怎么办？亲朋此刻就会连说："童言无忌，童言无忌。"意思是小孩不懂忌讳，无须上心，也不会介意，这也是一种待人处世的理解和宽容。

开口糕，灌南当地用的是切片大糕，又名"桂片糕"，因为大糕里加有桂花果酱，更香更甜，还叫"云片糕""玉带糕"，片片大糕洁白通透，温润如玉、柔韧如云、亮薄如蝉翼。和水糕相比，切片大糕储存、携带和食用都很方便，也更上档次。但其制作过程甚繁，须精选上好的黏性糯米，洗净浸泡，晾干研磨，加上麻油、糖稀等调料揉制成形，蒸熟晾干切片后方可食用。海灌、盐阜一带的云片糕最为出名，其工艺精湛、风味独特。

其中，灌南大糕是当年进贡朝廷的御用品，其甜如蜜，其绵如纸（宣纸），其白如雪。来一片，嚼劲适中，软、糯、香、甜，让人味蕾齐开，全身毛孔同时舒畅……灌南大糕贡入紫禁城，深受皇室贵胄的喜爱；如今海外人士也奉为珍馐，对其赞不绝口且念念不忘。

开口糕在灌南还别有用场：新亲等贵客上门要喝糕茶，大糕是必备的点心；大年三十晚上要用大糕压锅；大年初一孩子磕头时，大人也会给些大糕；新年出门，包里、车里要放上一些大糕。现在大糕已不是奢侈品，馈赠亲友不在乎多少，只要能表达祝福、敬意就行。

除了吃糕、送糕外，还有放"高"，即燃放一种形似钢笔、名叫"高升"的炮仗。拇指、食指轻捏其上端，点燃下端边芯，平伸膀臂，"高升"噼里一响，一飞冲天后再次噼里啪啦响声震天。此外，还有登"高"，即登上附近的山顶土坡或者楼宇灯塔，抬头远眺，饱览胜景，憧憬未来。

文脉绵延，习俗赓续，新时代又尝开口糕，深情祝福大家、小家"强富美高"。

（文／杜华杰）

扫尘除秽迎新春

  茅舍春回事事欢，屋尘收拾号除残。
  太平甲子非容易，新历颁来仔细看。

这是清蔡云《吴歈百绝》中描写腊月扫尘的风俗诗。

"要得发，扫十八；要得有，扫十九；要没得，扫二十；最迟不得过三十！"这是一直流传在灌南民间的过年扫尘谚语。

谚语中的"扫"即扫尘，通俗理解就是打扫卫生，做好清洁工作。"十八""十九""二十"指的是农历腊月中的三天。农历腊月二十以后，正是各家各户忙着准备过年的时间，而有的人家若实在是忙，最迟年三十晚上也要打扫一次卫生。

扫尘，亦称"除尘""除残""掸尘""打埃尘"等，多指家家户户年前要打扫环境，包括清洗各种器具，拆洗被褥、窗帘，洒扫六闾庭院，掸拂尘垢蛛网，疏浚明渠、暗沟。此俗全国多地自古就有。宋吴自牧《梦粱录·除夜》："十二月尽，俗云月穷岁尽之日，谓之除夜。士庶家不论大小家，俱洒扫门闾，去尘秽，净庭户，换门神，挂钟馗，钉桃符，贴春牌。"清徐崧、张大纯《百城烟水·苏州府》："二十七日扫屋尘，曰除残。"清顾禄《清嘉录·卷十二》："腊将残，择宪书，宜扫舍宇日，去庭户尘秽，或有在二十三日、二十四日及二十七日者，俗呼打埃尘。"

再说回灌南民间的过年扫尘谚语。灌南地区的民众喜欢在腊月十八或十九扫尘的习俗，可追溯至明代新安镇建镇之时，后逐渐传向镇外，乃至传布至现在的县域及周边地区。旧时的新安镇人选择腊月十八、十九两天，不仅是因为"八""九"与"发财"的"发"和"富有"的"有"通韵上口，其中还蕴含着人们对美好生活的向往。很多早期的新安镇人为外地商人，他们常年在外做生意，年末才有一定的时间在家。事事认真、谨慎的商人更看重一些好日子，于是选择腊月十八、十九两天，而腊月二十，也并非什么不好的日子，只是催促家人提早打扫好卫生，就用"没得"（没有收获）来作善意的恐吓。腊月二十以后，各家要做的事情就更多了。

送灶前,男主人要购置祀灶用品,女主人要蒸馒头、做包子。送灶后,男主人又要忙着置办年货、杀猪宰羊,女主人则忙着做新衣、剪窗花等,可谓"人人天天有事做"。所以,扫尘一事也就越早进行越好了,选在"十八""十九"就更为恰当了。接近过年,人们开始注重说吉利话,"灰尘"一词在灌南最受忌讳,因"灰"与"毁""晦"谐音,"尘"与"陈"谐音,所以扫尘在灌南也被说成"扫除"。

以前,若忙到年三十才扫尘,则要注意四个方面,美称"四四如意"。

其一,扫除。庭院内外及所有家具、用具,全部要打扫、洗刷干净,使整个家庭面貌焕然一新,以便迎接过年,确保蒸煮的食物不会被灰尘污染。这和"十八""十九"的扫除要求一样。

其二,换衣。内衣、外衣都要换洗一次,若有特殊原因无法洗净,也要换穿干净的新衣服,把脏衣服藏在人们看不见的地方,待初五以后再洗。

其三,理发。妇女要洗头,成年妇女要"扯脸",男子则要剃头,如果不剃了头迎新年,就会"从头晦气"。

其四,洗澡。人人要洗一次澡。所以,在灌南,剃头铺、洗澡堂年三十夜子时以前不关门,如让顾客扑了空,双方都晦气。没有条件洗澡的,也要在年三十晚上用热水洗一次脚,再忙的人也不能例外。所以,"还是三十晚上洗的脚"便成为灌南民间讥讽不讲卫生的人的专用语。

中华人民共和国成立后,特别是改革开放以来,灌南人民的居住环境不断改善,物质生活不断丰富。截至2022年,灌南城镇居民人均居住面积为55平方米,农村居民人均居住面积为69平方米。城镇居民大多居住在居民小区,农村居民也以楼房居住为主,全县镇村实施农民住房改善,建立了新型农民居住社区。注重整洁卫生成为人们居家生活的良好习惯。然而,扫尘仍是灌南地区年前的一项重要习俗,并一代一代地流传下来。在腊月十八、十九两天扫尘的风俗,家喻户晓,尽人皆知。家里哪怕再干净,腊月十八或十九也要象征性地打扫一下。此俗虽夹带一些迷信色彩,但也是对先人勤劳善良、追求美好生活的纪念,更饱含以全新面貌迎接又一个充满希望的春天的期待。

(文/嵇会成)

压祟钱 压岁钱

红红火火过大年了,大人们忙里忙外,准备过年。小孩子们心里也乐开了花,因为他们不仅可以吃好吃的,还可以获得父母、长辈们给的压岁钱。有了压岁钱就可以买自己喜欢吃的零食、钟爱的玩具。如何不乐?

关于压岁钱,在灌南,流传着一个遥远而美丽的传说。

传说,嘉兴府有一姓管的人家,夫妻俩老年得子,对孩子十分珍爱,视若掌上明珠。有一年春节,为防止"祟"来侵扰小孩(小孩会被吓得神志不清、头痛发热),他们在除夕夜就一直陪伴,逗着小孩玩。小孩则用红纸包八枚铜钱,包了又拆,拆了又包,反反复复。小孩到底年龄小,玩着玩着睡着了,八枚铜钱也就被随手丢在枕边。深夜,屋外先起一阵阴风,吹灭了油灯,"祟"趁黑伸手摸小孩的头。不想,枕边红纸包里的铜钱迸发出道道金光,"祟"被吓得尖叫一声逃走了。原来,八枚铜钱是八仙变的,为的是暗中保护小孩。第二天,这件事就传开了,于是人们纷纷效仿。

因为"祟"与"岁"同音,"压祟钱"便逐步演变成"压岁钱"。最早的压岁钱出现于汉代,叫"厌(音yā,同压)胜钱",又叫"大压胜钱"。一开始,压岁钱并不是市面上流通的货币,而是用金属铸成的钱币形状的避邪品。正面铸有钱币文字和各种吉祥语,如"千秋万岁""天下太平""去殃除凶";反面铸有各种图案,如龙凤、龟蛇、双鱼、斗剑、星斗等。

到了明清时期,"以彩绳穿钱,编为龙形,置于床脚,谓之压岁钱。尊长之赐小儿者,亦谓之压岁钱"。所以,一些地方也把给小孩的压岁钱叫作"串钱"。到了近代,则演变为用红纸包一百文铜钱赐给晚辈,寓意"长命百岁"。对已成年的晚辈,红纸包里则放一枚银圆,寓意"一本万利"。

灌南一直有春节给小孩压岁钱的习俗。在过去物质贫乏的年代,人们往往把钱直接给小孩,现在大部分人则把钱放入红包中给小孩。一般情况下,除夕那天就可以给了。父母则会在除夕夜小孩休息时,把压岁钱放在小孩的枕头下,以驱邪祟。灌南有大年初一晚辈给长辈拜年的习俗,所以大部分长辈会等大年初一清晨拜年时给予晚辈压岁钱。大年初一早晨,天还没大亮,小孩就早早起床,伙同家族里的兄弟姐妹,兴高采烈地去给长辈拜年。有的年龄特别小的小孩,会给长辈下跪、磕头。而年龄大一点的小孩,则不会磕头,多作揖,嘴里说"给大爹大奶拜年"或"给大爷大妈拜年"即可。长辈们则会让晚辈们吃"大元宝""小元宝"(就是花生和葵花籽,在春节时,人们称呼它们为"大元宝""小元宝"),分食大糕、果子,然后把早已准备好的压岁钱分给晚辈们。

晚辈给长辈拜年讨压岁钱

随着时代的进步、社会的发展,长辈给晚辈压岁钱的方式也发生了变化。有些人在外地打工,春节没时间回来,就直接通过QQ、微信、支付宝等软件给晚辈们发压岁钱。

(文/胥通振)

送灶老爷　接灶老爷

灌南人家傍晚在烧土灶

夕阳西下，炊烟袅袅；老屋墙根，草垛静穆。灰暗的屋内，热气升腾，炉膛里火舌不时地舔着炉口，脸被映得通红的女主人一边往炉膛里添柴，一边估摸着蒸笼里的面食是否蒸熟，身后的影子贴在后墙，忽大忽小，斑驳摇曳……

这是笔者印象中灌南广大农村家家使用土锅灶蒸馒头的情景。土锅灶，现在在农村还能见到些许，城里只有一些专做土锅灶生意的饭店还有，但锅台上方"上天言好事，下界保平安"的红色小对联则鲜有人家贴了。随着城乡生活条件的改善，绝大多数人家早就改用燃气灶了。至于以前灶台为何贴着这样的小对联，现在不少年轻人可能真的不知道，然而"送灶"之说，家喻户晓。

每年农历腊月二十三、二十四，便是传统的"送灶"日。送灶，又被称为"过小年"，因此，一旦送灶，年味儿便一下子浓了起来。各种年货纷纷被摆上街头，街上开始热闹起来。送灶这天，灌南地区的大多数人家都要蒸馒头、包包子、炕糖饼。其实，这是一种简化了的祭祀活动。

祭灶之俗大约始于周朝，《周礼》中有"天子灶五祀"的记载，不过当时祭的并非灶王爷，而是第一个发明灶火并使人类从吃生食转为吃熟食的人。人们敬仰第一个发明灶火的人，遂将其神话，说他死后成了灶王爷（神）。

传说灶王爷就生活在人间的锅碗瓢盆之间，百姓的一言一行尽在其观察之中。他每年腊月二十四要上天，向玉皇大帝汇报主家一年的功过，做"年终总结"。所以，腊月二十四日夜，主家烧香"送灶"，一家老少朝灶王爷跪拜磕头，求他"上天言好

送灶

事，下界保平安"。有的怕他说漏了嘴，就做半黄半白的玛瑙团子，俗称"送灶团子"，加上饴糖供他，以胶其口。稻草寸断，拌黄豆，称"神马料豆"；用竹灯盏糊红纸，谓之"善富"，实为"燃釜"之谐音，作为送灶的神马、神轿。要马有马，要轿有轿，送他上天，接他下界，祈祷灶王爷上天少说人间坏话，多说人间善事；祈望玉皇大帝保佑人间来年风调雨顺，百姓丰衣足食。为了防止灶王爷说坏话，有的人家用酒糟涂抹灶门，这叫"醉司令"，醉得灶王爷不能乱说主家的坏话。这种送灶神的仪式叫作"送灶"或"辞灶"。

七天之后接灶，亦称"迎灶"，多在除夕之日，也有在正月初一或迟至正月十五者。接灶，表示灶神自天上返回，需要迎接。此日，民间将新的灶神像安置于灶的神龛上，家家户户又要做祭祀。接灶，有点像为远方来客或外地归来的亲人接风，主家尽可能准备丰盛的酒菜，作为供品让灶神享用，还要焚香礼拜，以示恭敬。倘若得罪了灶王爷，就怕以后他在玉皇大帝面前说坏话，那这家人就会受到上天的惩罚了。

古代送灶一说是"君廿三民廿四"，意思是皇家送灶要在腊月二十三日夜，因为皇家的灶王爷要提前上天疏通各路天神，定好奏请玉皇大

帝的基调，只有这样，腊月二十五玉皇大帝早朝时，才会听到一片"国泰民安，风调雨顺"的欢呼声。另说，北方送灶定在腊月二十三，南方送灶则定在腊月二十四。这是因为在南宋以前北方多是政治中心，受朝廷影响较重，因此，送灶多在腊月二十三；相应的，南方远离政治中心，送灶便在腊月二十四了。

送灶，寄托了劳动人民的一种避邪除灾、迎祥纳福的美好愿望。伴随着这一美好愿望，便也逐渐形成了一种文化习俗。明清时期，硕项湖畔，渔市生意兴隆；新安小镇，往来客商汇集。经历了人口多次变迁，南北汇入，送灶王爷、接灶王爷之俗便在新安镇盛行，后逐渐流传到李集、汤沟等地。灌南地区现在有的人家送灶选在腊月二十三，也有的人家选在腊月二十四，这正说明灌南地区百姓的先祖来自四面八方。

如今，每年春节前，灌南地区的居民仍要在腊月二十三、二十四进行送灶，但送灶不再像以前那样烦冗讲究了。蒸馒头、包包子，够吃上几天就行，因为年前还要蒸一次馒头、包一次包子。至于接灶之俗，多被人们淡化了。

（文／嵇会成）

一米度三关
——端午节的习俗

在灌南县新安、李集、百禄、张店等乡镇,流传着一个"一米度三关"的传说,是端午节插艾草风俗的由来。

艾草

三国时,魏、蜀、吴相争,灌南这块古老的土地上上演了一幕幕的刀光剑影、战马嘶鸣的场景。兵灾猛如虎,每当战事一开,百姓们扶老携幼疲于奔命,躲避兵灾,"跑反"一词就是从那时候流传开来的。

一日,战事又起,关羽骑赤兔马,手舞青龙偃月刀,率千军万马,驰骋疆场,马踏的成尸,刀碰的头落。关羽远远看见一群人,拍马追去,快到那群人跟前,关羽却突然勒住马缰停了下来。在他的前面,一个跑反的妇人,手里牵着一个小孩子,背上背着一个大孩子,小的腿短跑不快,妇人背着大男孩,累得上气不接下气,渐渐地落在了跑反人群的后面。

赤兔马瞬间来到三人跟前,关羽一手勒缰绳一手挥刀指向妇人,质问她:"哪有你这样跑反的?这不是找死吗?"妇人见其人人高马大、身长九尺、髯长二尺、面如重枣、丹凤眼卧蚕眉,仪表堂堂,威风凛凛,料定必是大将军,连累带怕,就双膝一软,跪倒在马前,把那大孩子宝贝似的紧紧护在胸前,一手按得那小的也跪了下来,哀求饶命。关云长见了,越发奇怪:"你不用害怕,为什么让小的跑却背大的?说清楚了本将军不杀你们。"妇人听了,赶紧向关羽说明原委。

妇人官氏,名叫"一米",嫁于官大郎,就住在东边的三官庄上,小孩子是自己的亲生儿,大的是官大郎前妻所生。官大郎和前妻都在兵乱中死于非命,一米和两个孩子相依为命,平时有一点好吃的尽让前妻的儿子吃,有一件像样的衣服紧着前妻的儿子穿。自己的亲儿子虽小,但苦活、累活、脏活尽让他干。就是怕左邻右舍说三道四,说自己对前妻的孩子不够好,不如亲生的。关羽听了,丹凤眼里滚下两滴泪水,他将青龙偃月刀收起,说道:"我不杀你们,回庄上安稳过日子去吧。"一米一听,悬着的心放了下来,但还是跪着不起来:"将军不杀我们三个,可您手下有千军万马,保不定他们会杀我们。"关羽一听,说得有理。

包粽子活动现场,气氛热烈

他往四处一瞧，见路旁河岸边长着许多艾草，就对妇人说："你回家之后，在屋门口插上艾草，我传令三军，凡是屋檐口插有艾草的，谁也不许伤害这一家。"一米听信关羽的话，从地里割了两把艾草，回到家里，仍唤小儿爬到高处，将艾草插在屋檐门口的两边。三军看见，果然足不入户，不惊扰一米一家。兵退后，庄上人跑反回来，看到一米母子三人安然无恙，又见她家的门上插着艾草，很是奇怪。善良的一米将事情的经过告诉庄人，让他们也在自家的门上插上艾草，就不用跑反了。庄上人听说后，纷纷效仿一米的做法，把艾草插到自家的屋檐口。一传十十传百，全庄家家户户都插上了艾草，以至于附近的艾草被收割一空，有些人只好割一些蒲草与艾草混在一起插在屋檐门楣上。有的人不明就里，只管把艾草插在大门上、窗户上。果然，三官庄以后再也没有受到官兵的袭扰。一米插艾草的这一天正是五月初五端午节，"端午插艾"的风俗就这样流传了下来。后来，一米的两个孩子也考取了功名，为官造福百姓。因"官"与"关"同音，庄上人感激一米让三官庄渡过了生死大关，便称赞道："一米度三官（关）！"

之后，每年的农历五月初，家家户户便从地里割两小捆艾草回来，有的人有意把蒲草和艾草混在一起，增加美感，插到门前的屋檐下。到端午这一天，艾草基本上被晒干了，一大早，主人会切上几片萝卜放到碗里，倒上雄黄酒，放在院子里晒上一上午，吃完粽子，到屋檐口取下艾草洗净，放到锅里，匀满水，烧开，满屋都充盈着艾草香味。唤来小孩，脱得赤条条的，在勾兑得不冷不热的艾草水里泡上一泡，洗干净后又在孩子的屁眼和肚脐眼上用浸泡过雄黄酒的萝卜擦一擦，因为雄黄酒辟邪消毒驱蚊虫，萝卜清热顺气抗酷暑。洗得干干净净的孩子穿上新衣服，在手腕上、脚脖子上系上五彩绳，女孩子的脖子上再挂一个包着艾香的荷叶包，孩子们都蹦蹦跳跳的，煞是可爱。

孩子手腕上的五彩绳要系上一个月，一直到六月初六，母亲把孩子领到屋檐下，剪下五彩绳，奋力扔到房顶上，因为房顶离天上近一些，到七月初七（七夕）晚上好让喜鹊带去帮牛郎、织女搭"鹊桥"。

（文/江 恒）

麒麟送喜　麒麟送子

小时候过年时,乡村里最热闹的要数"玩麒麟"了,从正月初一直到正月十五,总会听到前村后舍那极有节奏的锣鼓声和熟悉的唱腔。每天都有好几个班子演唱,走一路,唱一路,一家一户挨门过,千门万户喜相迎,既添喜庆又添福,祈求年丰人增寿。

手绘麒麟图

传说中,麒麟为仁兽,是吉祥的象征。相传,孔子将生之夕,有麒麟吐玉书于其家,上写"水精之子,系衰周而素王",意谓他有帝王之德而未居其位。南北朝时,对聪颖可爱的男孩,人们常呼为"吾家麒麟"。此后遂有"麒麟送子图"之作。作为木版画,上刻对联"天上麒麟儿,地上状元郎",以此为佳兆。民间普遍认为,求拜麒麟可以生育得子。唐杜甫《徐卿二子歌》中言:"君不见徐卿二子生绝奇,感应吉梦相追随。孔子释氏亲抱送,并是天上麒麟儿。"《麒麟送子图》亦是过去张贴于洞房的喜画。

灌南地区旧时"玩麒麟"的场景

还有一种传说,明太祖朱元璋年少时家贫,加上父母早亡,曾扛着一件非牛非马的纸扎品逃荒要饭。登基后,朱元璋励精图治,国家政通人和,处处歌舞升平。大臣们为他树碑立传,但对他少年乞讨不敢直书,而称太祖当时是"送麒麟,送吉祥,非讨乞矣"。天长日久,"送麒麟"便取代了卖艺乞讨的称呼,流传于世,并逐渐演变成一种别具一格的娱乐表演形式——民间传统曲艺。

"玩麒麟",也叫"舞麒麟""唱麒麟""送麒麟"。据介绍,在清代中前期,"玩麒麟"这一传统表演技艺传入灌南地区,逐渐在新安镇、张店镇、百禄镇流传开来。

麒麟以竹篾或芦柴扎成骨架,以彩纸贴饰、丹青点染。有的还扎个小人儿骑在麒麟背上,寓意"麒麟送子",讨人喜欢,有的小人儿两手拿着小镲。扛麒麟的人凭着手上的机关,打镲时手一动,带动小人儿也做打镲动作,逗人发笑。一个"玩麒麟"的班子一般由5—6个人组成。一个领头的拿一面大锣,其他人有的敲镲扛麒麟,有的敲小锣,有的打鼓,还有负责讨喜钱的,各有分工。

领头的边敲锣边唱词,他可是一个班子的主角,除了嗓音响亮外,还要有"捷才",要能看到什么唱什么,往往每到一户,根据现场所见这户人家的特点,见景生情,即兴发挥,即兴编撰。领头人唱第一句,其他人再接着唱。比如,看到人家住楼房的,便唱:"锣鼓一打响当当,这家楼房很气派,左一层右一层,好像北京天安门。"其他人一起:"好!好像北京天安门。"看到这家贴着挂廊就唱:"锣鼓打得咯排排,五彩挂廊挂起来。朝里刮刮生贵子,朝外刮刮要发财。"看到人家门上挂吊笪子,就唱:"锣鼓一打咯排排,这家吊笪挂起来,虽然不是无价宝,挡住寒风不进来。"也有感谢党恩的,如:"锣鼓一打响当当,感谢英明共产党,带领人民永向前,脱贫致富奔小康……"走一家唱一家,但若看到哪家门上没贴对联,则清楚这户人家有人去世,会自动绕过去,这也是对人家的尊重。

"玩麒麟"时,唱完几段之后,负责讨喜钱要吃的人就会来到主家面前伸出手。由于是新年,大家都忌讳别人向自己要钱,讨喜钱的人只说"发财发财",主家就知道是要钱了,多少会给一些。如

果讨喜钱人嫌给少了,就会说"添发添发"。有时候,为了配合讨喜钱人的工作,"唱麒麟"的会唱上几句以鼓励主家多给钱。

"玩麒麟"属于民间娱乐艺术,也是旧时代闯江湖艺人混生活的一种营生。20世纪50年代以前,各家不富裕,给馒头就行,用玉米面、山芋面做的都可以,当然白面馒头是最好的了。一天下来,也能把平时用来装粮食的笆斗装满。班子成员回家后,再把这些东西平分了。一个春节他们也能分到好多馒头,够吃到二三月份的了。到了后来,人们的生活条件有所改善,就改为讨喜钱了。

江湖有江湖的规矩,在一定区域范围内,基本都是常见的几个"玩麒麟"班子,如果在路上两帮"玩麒麟"的相遇,两帮人马就要轮番比赛,看谁唱的段子多。

"麒麟送福"迎合人们企盼美好生活的心理,所以这种民间娱乐形式一代代流传下来,成为群众喜闻乐见的一种传统艺术。随着经济发展,人们的物质生活水平提高了,文化娱乐形式也丰富了起来,至20世纪90年代末,"玩麒麟"在灌南也逐渐销声匿迹了。

(文/孙 玲)

登高插茱萸　重阳就菊花

灌南历史悠久，节日文化源远流长。九月初九重阳节在历史上颇受人们重视，形成了诸多习俗。每年的这一天，人们登高插茱萸，饮菊花酒，看望长辈。和春节、端午节、中秋节等诸多传统节日一样，重阳节理念的最终指向是思念与团圆。

（A）

（B）

长势喜人的菊花

见不到，则思念；见得到，则团圆。

重阳节起源于上古时期，普及于西汉，风靡于魏晋，在唐以后逐渐走向鼎盛。重阳节早在战国时期就已经形成，起初流行于宫廷，到汉代才逐渐在民间盛行。相传，汉高祖刘邦的妃子戚夫人遭到吕后的谋害，其生前的一名侍女贾氏被逐出皇宫，嫁与贫民为妻。贾氏便把重阳这天的习俗活动带到民间。贾氏告诉人们："在皇宫中，每年九月初九都要登高远眺、佩戴茱萸、食花糕、饮菊花酒，以求长寿。"因九月初九，月日并阳，双九相重，故而人们就把这一天定为重阳，也叫"重九"。

重阳节的风俗也就在民间慢慢传开了。

直至大唐盛世,重阳节才被定为正式节日。从那以后,每到九月初九,宫廷内和民间都一起欢庆重阳节,历朝历代沿袭至今。到了宋代,灌南地区已经有重阳节的风俗了。

重阳是菊花盛开的最佳时节,也是赏寿菊、吃菊糕的好时节。在花团锦簇的菊花丛中,去感受生活的美好,别有一番滋味。菊花的食用价值也很高。不少人还会将菊花酿进酒里,做成香甜可口的菊花酒,待到重阳节用来招待客人;也有人把菊花放进开水里制成菊花茶;还有人把菊花放进玉米粉或米粉里制成菊花糕,又叫"花糕""重阳糕"。每到重阳节,家家户户都要蒸重阳糕。这种糕没有固定的形态,可以根据心意变换。一般人家就是蒸普通的菊花糕,但有的大户人家还把它做成九层,像座宝塔。宝塔上面还做两只小羊,以符合重阳(羊)之意。有的还在重阳糕上插一用纸做成的小红旗,并插上蜡烛,寓意红红火火、热闹喜庆。因为菊花是长寿之花,所以人们爱它、赞它,常常举办大型菊花展。菊花展自然多数在重阳节这一天举办,因此,重阳节又被称为"菊花节"。

重阳节不仅是赏菊吃糕的大好时节,还是人们趁着秋高气爽登高的好时节。因为"糕"和"高"是谐音,故而吃花糕又和登高紧密相连。登高望远是重阳节习俗的又一个重要组成部分。登高也没有统一的定式。一般是三五好友结伴携手登高,或高山,或高塔,或高坡,或高岸,俱等不一,各得其便。灌南自古就有重阳登高的传统,因此,重阳节在灌南又叫"登高节"。

茱萸味浓,有驱虫除疾、庇护身体的作用。因此,人们把采来的茱萸插在门前,或者做成圆环佩戴在头上和手腕上。有的经过简单加工做成香囊佩戴在身上。这些都是灌南重阳节的常见风俗。因此,重阳节又叫"茱萸节"。

到了20世纪六七十年代,重阳糕也演变成野菜糕和红薯叶糕,吃起来香甜可口。而更多的人家是包重阳菜饼。民间有"重阳吃菜饼,寒冬不怕冷"的农谚。

1989年,国家又把重阳节定为敬老节,借此倡导全社会树立尊老、敬老、爱老、助老的良好风气，赋予了重阳节新时代的新内涵。从此，重阳节除了有上述习俗外，又明确了敬老的传统。

秋风虽与春光异，却比春光胜一筹。每逢重阳，古人也多有伤秋感怀之词，感叹人生易老，唏嘘人事易分。毛泽东的《采桑子·重阳》，却一扫自战国宋玉开始中国文人的"悲秋"传统，从容豁达，令人眼前一亮。

人生易老天难老，岁岁重阳。今又重阳，战地黄花分外香。

一年一度秋风劲，不似春光。胜似春光，寥廓江天万里霜。

这才是人们在重阳节该有的精气神！

（文／张中明）

金声妙影

（传统音乐、美术、
戏剧、舞蹈与曲艺）

金声妙影

嘿，锣鼓乐！

张店锣鼓表演

　　张店锣鼓，顾名思义，就是在灌南县张店镇发展起来的、具有相当影响的、深受观众喜爱的一种锣鼓表演艺术。张店锣鼓表演起来，气势宏伟磅礴，情绪欢腾活跃，节奏起伏跌宕、铿锵有力，那音响效果更是震天动地、悦耳雄壮，再看演出者那彪悍勇猛的仪态、粗犷豪放的表演，无论是隔岸听音还是现场观赏，无不让人激情振奋、豪情万丈！

（A）　　　　　　　　　　（B）

张店锣鼓传承培训中

张店锣鼓的得名据说源于乾隆皇帝南巡。其时,张店锣鼓的爱好者经常一起合乐演奏,乃至于众人虽散居盐河两岸,演练起来仍能听音合调。那日,乾隆皇帝乘船冒雨南下,船近张店镇,忽闻两岸锣鼓喧天、齐整威严,侧耳细听,却又河东打、河西敲,不同器乐声源各异,他不禁脱口而出道:"原来张店锣鼓是各打各的呀。"从此,"张店锣鼓"的美名传遍大江南北、长城内外。

还有一种说法,张店锣鼓的传扬跟唐将罗成有关。话说那日白盔白甲的美男子、英勇无双的大英雄罗成随唐王李世民东征,一路横扫,竟无人能挡。一回首,发现自己离主军甚远,回奔之时,看到唐王被困,陷在淤泥河中,形势万分危急。只见罗成拍马上前,随着一道白光,白人白马白枪立于唐王身侧,罗成伸过长枪,猛喝一声:"主公,上枪!"待唐王离马上枪,罗成使神力将唐王救出淤泥,助其脱离困境。罗成自己却深陷其中,无力飞升,敌兵乘机万箭攒来。英雄罗成血染战袍,玉损容销。其时,天地变色,山垂河静,张店锣王不敲自鸣,声闻三十里,余音绕梁,三日不绝……

张店锣鼓声名远播,影响极大。所用的乐器,以鼓、锣、铙、镲4件为主;传统的配置比例是鼓2只、锣8只、铙4副、镲2副。现如今,张店锣鼓阵容规模不断扩大,参演人数众多,极盛之时,甚至可增至四五百人。在配置上,加大了鼓的占比和鼓的品种,使音响效果更加震撼。现今,张店锣鼓中鼓的数量已增至300余只,鼓的品种则增加到3—4种:中华鼓王,配置2—12只;战鼓,配置20—120只;太平鼓,配置20—200只;另锣、铙、镲按一定比例配置。演奏时,鼓王指挥,战鼓主奏,太平鼓助阵,其他配器分声部交替对奏,乐句处理上多以"句句双"出现。几百面锣鼓共鸣齐奏,如天地轰鸣,大有气吞山河之势。

张店锣鼓的演奏技法多变,因而格外引人入胜,其中,鼓的演奏包括响击、抓击、闷

张店锣鼓市级传承基地铜牌

击、磨击、敲鼓腔、刮鼓钉等;锣的演奏包括响击、闷击、颠击、磨击等;铙和镲的演奏则包括正击、侧击、闷击、颠击、磨击等。

张店锣鼓的节奏变化多样,有2/4、3/4、3/8、6/8节拍,因而呈现多种音乐色彩,让人感觉趣味无穷,洪亮而不单调,刚劲而含柔美。典型的如《秦王点兵》《单刀会》《三英战吕布》《十面埋伏》《五马破曹》《六出祁山》《七擒孟获》,其演奏从擂鼓王开始,起伏相间,张弛有度,气势恢宏,为观众营造了刀光剑影、兵刃相交的古战场征战意境。

张店锣鼓的曲牌众多,除了上述武曲目之外,另有《长流水》(取"福如东海长流水"之意)、《一二五》《落山景》《紧急风》《屋檐滴水》《老鼠娶亲》《狮子大张嘴》《麻雀叫喳喳》等富有生活情趣的文曲目,它们大多内容生动,有放有收。仅《雷公闪电》曲目就有天边积云、远处雷声、山雨欲来、乌云压顶、炸雷轰响、风雨交加、雨过天晴、田禾碧翠、人喜雀跃等意境,十分动人。

张店锣鼓的演员装束及乐器装饰亦具有个性特色:一面"张店锣鼓"大纛旗迎风舒卷,8—24面黄龙旗压住阵脚;几十乃至数百人一律着古代士卒装束,摆出一个又一个不同阵势;乐器上,鼓王带腰花,龙鼓配龙锦,"三块铜"各带彩绸彩槌。表演起来,阵随旗指,前进后退,左右开合,或风卷残云,或雨打枯荷,分开则四象八卦,云集则阴阳双合。其间,太平鼓有左右开弓、马步冲击、穿插对打、开合斗打;锣手有反扣前冲、回扣后弓;铙手有大镲高翻、胸前空翻及单翻、双翻斜叉、正叉等,此等表演威武雄壮,豪气冲天。而演奏中又巧用"鼓花""锣花""铙花",徐缓婉约,鸾铃叮当,流水潺潺。加以槌腕上的彩带装饰,整个场面又五彩缤纷,瑞祥和谐,悦目舒畅。

鼓韵悠扬,国泰民安。如今,连云港市火雷艺术团等文艺团队接过先辈的圣槌,再将"张店锣鼓"敲响在美丽富饶的灌河大地上!

(文/倪 青)

孙洪香：剪出一个斑斓的七彩世界

气势恢宏的《中国梦》、大气磅礴的《雄风》、意境唯美的《迎曦》、凸显传统的《十二生肖》、生动形象的《西游记》……这一幅幅惟妙惟肖的剪纸作品都出自连云港市非物质文化遗产剪纸项目代表性传承人、灌南县剪纸艺术家孙洪香的那双灵巧之手。

孙洪香和她的作品

孙洪香，正高级工艺美术师、乡村振兴技艺师，中国民间文艺家协会会员，江苏省工艺美术行业协会、民间文艺家协会、海外交流协会理事，江苏省民间文艺家协会剪纸专业委员会常务副主任，江苏省"333高层次人才培养工程"培养对象，江苏省乡土人才"三带名人"，连云港市"521高层次人才培养工

孙洪香荣获"江苏省工艺美术名人"称号

"孙洪香乡土人才大师示范工作室"挂牌

孙洪香荣获连云港市政府特殊津贴

程"第一层次培养对象,连云港市政府特殊津贴专家,政协连云港市第十三届、十四届委员。

(一)结缘剪纸　绽放异彩

一提起剪纸,人们自然会想起窗花、双喜、十二生肖等,过新年、办喜事、搬新家等场合有了它,更增添一种喜庆气氛。孙洪香剪纸的启蒙教育是从她小时候看着母亲给左邻右舍剪纸开始的。

"艺术的发展与创新,必须靠兴趣、执着作为支撑,否则很难有质的飞跃,剪纸艺术也不例外。"孙洪香说。大学期间对美术专业的学习所培养的良好艺术素养和扎实的文学功底,催生了她研究、创新剪纸艺术的幼芽。爱上剪纸以来,她常利用假期遍访名家,钻研剪纸这一民俗艺术。2002年,她制作的长4米、宽1.2米的剪纸作品《雄风》代表连云港市参加江苏省首届农民艺术节,并获得优秀作品奖。《雄风》的成功进一步坚定了她追求剪纸艺术的决心。

(二)情定西游　潜心磨剑

孙洪香说:"剪纸是民间传统技艺,通过剪纸来展示地方文化非常有意义。"于是,《西游记》主题便自然而然地进入了孙洪香的视线。创作《西游记》大型主题性剪纸是孙洪香的一次自我挑战。2004年,孙洪香开始创作《西游记》系列剪纸,在创作中遇到难题,她就反复看书,查找资料,拜访名家,积极解决。孙洪香潜心"铸剑"12年后,包含200幅剪纸作品的《剪纸西游记》(上部)在2006年正式出版,该书是国内首次用剪纸形式系统地表现《西游记》的图书,一经面世,好评如潮。《西游记》系列剪纸计划创作480幅,内容从猴王出世,到皈依佛门保唐僧西天取经,再到历经九九八十一难取得真经归来,每幅作品既可独立成画,又可以连环画的形式呈现。2019年,《剪纸西游记》亮相全国"两会",同年于中国宝岛台湾展出,成为连云港进行友好交流的文化名片。

(三)梦圆时代　亮相海外

孙洪香在剪纸创作中潜心钻研,深入研究,从2008年开始构思创作

反映时代特色的《中国梦·复兴之路》系列剪纸,最后创作了160幅剪纸作品来反映建党以来中国人民在中国共产党的领导下所取得的伟大成就。2017年,她的作品《中国梦》被国家有关部门收藏。同时,她的近90幅作品在《新华日报》上连载,在人民网、新华网等媒体上刊登。

坚定文化自信,推动剪纸走向海外,是她的艺术追求之一。2015年,她到捷克等国家进行文化交流,其作品《福禄寿》被作为国家礼品赠送给捷克众议长哈马切克先生。2018年11月,她应邀参加在马来西亚举办的"2018国际郑和大会",在当地举办了剪纸展,积极展示中国剪纸艺术的独特魅力,其中,《美人鱼》和《月下情》剪纸还被马来西亚郑和·朵云轩艺术馆收藏了。

(四)继承创新 传承国粹

孙洪香矢志不渝地传承剪纸文化,撰写了与剪纸艺术相关的论文数十篇,编著了《教你学剪纸》校本教材和《剪纸西游记》,她把剪纸作为校本课程推广教学十余年。

孙洪香剪纸时,首先要起稿布局,对画面进行具体的描绘,画出黑白效果,修改部分可用白粉。若刻对称的内容,则画一半即可。若用刀子刻,须将底稿和纸用订书机订好,将四角固定在蜡盘上。然后就到了重要环节——剪镂:沿着画线部分,用剪刀剪掉或用刻刀等辅助工具剔掉不需要的部分。为了保证形象的生动、准确,人物可先刻五官部分,花鸟要先刻细部或紧要处,再由中心慢慢向四周刻。在这一过程中,用刀很是讲究,要使用锋利一点的剪刀,

孙洪香的剪纸作品

因为纸折了多层，比较厚。这是整个制作过程中最重要的步骤，关系到作品制作的成败。最后要贴裱，剪刻完毕后需要把剪纸一张张揭开，这样，一幅漂亮的剪纸作品就出现了，每一个镂空图形、每一根线条，都力求精致。之后，将作品细心地贴裱，这不仅可增加美观度，还能对作品起到保护作用。

剪纸作品"秋之恋"　　　　剪纸作品"年年有余"

孙洪香还在孙洪香大师工作室定期开办"剪纸小课堂"，免费教授剪纸技艺，还把剪纸展、小课堂开到乡村农家，让农村留守妇女通过剪纸陶冶情操，推动乡风文明建设。

孙洪香坚持继承与创新并重，潜心研究剪纸艺术近40年，获国家、省级大奖30余项。其剪纸作品《松鹤延年》获中国工艺美术文化创意大赛银奖，《百鹤同春》获江苏文艺大奖等。

孙洪香的作品主题包含四个大类：一是反映时代特色、传承红色基因的红色剪纸；二是体现地方文化、实现名著与剪纸相结合的《西游记》剪纸；三是继承原生态民族艺术文化、体现民俗文化的民俗剪纸；四是融入国画、版画、素描等现代绘画理念的艺术剪纸。她擅长脱稿创作，创作题材广泛，人物、山水、花鸟鱼虫信手拈来，形成了独特的艺术剪纸风格。其多幅作品被外国友人和艺术馆收藏。

"衣带渐宽终不悔，为伊消得人憔悴。"孙洪香剪出了"一个斑斓的七彩世界"，她的剪纸艺术之路也将越走越宽广！

（文／高　翔）

——灌南县非物质文化遗产保护项目辑录

细微处见功夫　寻常物显神奇

——"灌南麦草画"代表性传承人胡成娟

一束束麦秸、一座座麦秸垛，是我国北方麦区再平常不过的东西。但你听说过麦秸也能作画吗？

"灌南麦草画"代表作（一）

麦草画，又叫"麦秆画""麦秸画"，源自民间，是我国古代文化艺术中的一块瑰宝，据考古研究发现，麦草画已经有2000多年的历史了。麦草画用料安全环保，古朴典雅，不但有很高的艺术价值，同时还有较高的欣赏和收藏价值。现代麦草画不但为大众和社会所欣赏，还成为一些重要场合的装饰品和博物院的收藏品。我们的国家领导人也曾用麦秸立体画馈赠外宾。麦草画现已被文化和旅游部正式确定为"中国民间艺术一绝"。

"灌南麦草画"代表作（二）

当前，不少人在麦草画创作领域深有研究并富有成果，灌南县的胡成娟便是其中一位佼佼者。

胡成娟，2005年毕业于淮阴师范学院美术系，现在灌南县初级中学任美术教师。她用灵巧的双手制作出来的麦草画，得到了社会的认可和人们的赞誉。

2012年5月和2023年9月,"灌南麦草画"技艺分别入选连云港市第四批、江苏省第五批非物质文化遗产保护名录。

"灌南麦草画"代表作(三)

"灌南麦草画"是由胡氏家族传承发展并不断改进的一种纯手工工艺。据胡氏家谱载,胡氏家族祖祖辈辈都以从事教育工作为主,以制作麦草画为辅,先辈曾用麦秆编织戒指、动物、花篮等小孩玩具来售卖以补贴家用。胡成娟的父亲胡启爱在任教的同时,在家庭艺术氛围的耳濡目染下,又具有一定的书画功底,所以在闲暇时,和妻子操持祖业,搞起了麦草加工作坊。

自小在乡间长大的胡成娟,对农活一点也不陌生,每逢"五月人倍忙"的麦收季节,她就常常一边收割,一边为田野景色所沉醉。家乡大地是一片文化积淀深厚的土地,酷爱艺术、留心观察生活的胡成娟喜爱那沉甸甸的麦穗,更喜爱那金灿灿、亮晶晶的麦秸。也许是女孩子的天性使然,她从小就与麦草画结下了不解之缘,在爱好绘画的同时,也爱上了麦草画。

在工作之余,胡成娟查阅资料,请教父母,拜访名师,苦练基本功,通

"灌南麦草画"代表作(四)

过父母的言传身教和自己的辛勤探索，掌握并拓展了家传技艺，成为"灌南麦草画"的传承人。她制作的一幅幅麦草画登上了艺术的大雅之堂。

胡成娟的麦草画系纯手工精细制作，她利用民间天然的麦秆资源，在保持麦秆的自然光泽、纹理、质感的基础上，通过选料、熏蒸、漂白、剖秆、刮平、贴块、绘图、剪刻、熨烙、贴画、装裱等多道工序，大胆地吸收了国画、版画、剪纸、烙画、贴画等的艺术表现手法，使作品具有天趣合一的意境，恰到妙处。在画面风格上，以传统工艺为本，努力追求现代特色。在色彩应用上，多以麦草本色为主，颜色全部用烙铁烫出来，无任何染色，从而使麦草散发出自然光泽——金子般的颜色，然后通过深浅不一的色彩过渡，达到通过单一颜色的变化来表现整体色彩的效果。

如今，胡成娟的麦草画工艺与时俱进，她不断推陈出新，经过无数次的试验与思考，已能熟练创作出平面的、多维立体的具有多种表现手法的麦草画。她的麦草画具有光泽透亮、高雅雍容、装饰效果好、艺术感染力强的优点，其制作出的人物、花鸟栩栩如生，活灵活现，富有立体层次感，给人以古朴自然之美，极其赏心悦目。其中，三维浮雕作品所表现出来的独一无二的艺术效果更是让人叹为观止。

驻足胡成娟的作品前，有花鸟虫鱼、风景人物等，题材多样，琳琅满目。作品格调高雅、质朴，带有浓浓的生活气息。有的作品风格如山野民歌，原汁原味；有的作品如吴侬软语，沁人心脾；有的作品如京腔京韵，回味无穷；有的意境是小桥流水，有的气势如大江东去……

近十几年来，胡成娟创作的麦草画作品有《咏荷》《竹报平安》《花篮》《渔民》《菊花》《猫》等。2010年6月，她的作品《荷花》入编《首届中国农民艺术节——江苏农民画展作品集》。2011年10月，她的作品《荷》荣获连云港市第二届工艺美术精品大奖赛银奖。2011年，灌南电视台拍摄制作了专题片《胡成娟麦秆画艺术》，后胡成娟又多次接受省、市电视台的采访。

胡成娟还利用学校课堂精心辅导那些热爱麦草画的学生。2013年5月，在连云港市少儿艺术大赛中，她辅导的学生的麦草画作品荣获一等奖，她也荣获市"优秀辅导员"称号。

2020年1月，连云港市政府授予胡成娟"连云港市工艺美术大师"称号。2020年6月，江苏省委组织部、江苏省教育厅授予胡成娟"'三带'能手"称号。2020年9月，江苏省工艺美术行业协会进行作品评选，胡成娟的麦草画作品《菊》荣获铜奖。

（A）　　　　　　　　　　（B）

"灌南麦草画"代表作（五）

民族的，就是世界的。胡成娟贴近自然、扎根生活、立足生活、表现生活的艺术实践之路必将走得更远。

（文/高　翔）

刀木谱写艺术人生
——吴培华的木雕

吴培华，1944年生，灌南县人，连云港市民间美术研究所特聘研究员，连云港市非物质文化遗产"木刻画与根雕"项目代表性传承人，中央电视台及省、市、县电视台对其木刻、根雕、篆刻等艺术作品多次做过专题报道。1998年，他的部分根艺版画作品在东南亚国家展出并获奖，被外国友人争相收藏。如今，年近八旬的他从事木版画与根雕制作已有60多年，他用毕生的精力传承着这门古老的技艺。

（一）缘起：当初做木版画只为填饱肚子

木版画作为民间艺术在我国有着悠久的历史。60多年前的农村，每逢春节，家家户户都要在自家的门上、屋里张贴或悬挂年画。那时，吴培华只有17岁，喜欢刻章，而且手艺还不错。有一天，他突然萌生出一个想法：在木板上刻年画，然后批量印制，拿去卖。功夫不负有心人，经过半个月的摸索，吴培华终于以年画为主题创作出第一幅木版画，并以一分钱一张的价格卖得很火。后来，根据老百姓的需求，吴培华相继构思设计了一大批与时俱进的作品，通过刻版、印刷后拿到市场上去卖，依然很受欢迎，效益很好。他家的生活也因此得到改善，他也从此踏上了刻木版画的道路，直至今天。

（二）缘聚：如今刀木艺术已经成为非物质文化遗产

在特殊的机缘巧合下，吴培华有幸师从国家特级画师赵凯先生，从此谋生手段插上了艺术的翅膀，手艺人逐渐成长为守艺人。2001年，吴培华被灌南县第二中学特聘为木刻画与根雕技艺的指导老师；2012年，吴培华被授予"连云港市非物质文化遗产优秀传承人"称号，并多次受到市、县政府部门的表彰，其所在学校也因此被授予"连云港市非物质文化遗产传承基地"，学校专门给他成立了一个工作室，工作室里面陈列了形态各异的精美木版画。

据吴培华介绍,制作木版画首先要制版,而制版选用的木材最为关键。他制版选用的是灌南乡土树木,学名叫"木棉树",这种板材质地细腻,适合刻画。制作木版画需要四五道工序,一般要经过选板、打磨、画稿、翻印几个步骤。板磨光后,把完成好的底稿用透明纸反贴变成反字或反画,再刻制成木版作品。

吴培华对根雕艺术也深有研究,他几乎跑遍了灌南的所有乡镇,把人们废弃的、认为用来烧火都费事的奇形怪状的树根带回家,经过浸泡防腐后进行艺术创作。他说创作根雕有别于其他艺术门类,要利用好取材的自然性、独特性及残缺性,取法自然而又超出自然。

吴培华的木雕作品,选材科学严谨,注重天趣;着色以浸泡的自然色为主,颜色古朴典雅;题材新颖,妙趣横生;形神兼备,寓意深刻,表现出粗犷豪放的风格特点。

多年来,吴培华创作了上千幅木版画作品,有传统的门神、窗花、头像,还有对联等。在抗战胜利70周年之际,72岁的吴培华老人历时一个月创作完成了抗战题材的木版画《不能忘却的纪念》,作品一

(A)

(B)

吴培华工作室的根雕作品

经展出,激起了无数观众的爱国情怀,以此教育后人牢记历史、勿忘国耻。吴培华在2023年创作了木版画作品《三字经》,他创作这个作品不仅是为了传承木版画传统技艺,还是为了弘扬中华传统美德。

(三)缘深:晚年将不遗余力地传承刀木艺术

创作木版画和根雕作品不仅需要一定的书画功底,同时还是一项体力活,通常刻一个两三笔画的字,最少需要15分钟,要经过精雕细刻才能达到满意的效果。吴培华却对这样的苦差事乐在其中,他说作品完成后,哪怕只刻出一个字,他都十分开心,别人很难体会他当时的心情。多年的创作,让吴培华对木版画、根雕有了深厚的感情,木版画与根雕已经成为他一生的爱好。作为民间艺人,吴培华说:"我有责任也有义务把这门技艺传承下去,希望越来越多的人喜欢这种民间艺术。而我作为学校的专职美术老师,更有义务把木版画这项古老的技艺在学校中传承开来,让更多的孩子了解中华民族传统文化。"

(文/高 翔)

吕国忠的面塑人生

吕国忠,1966年出生,灌南县李集镇人,"李氏面塑"第五代传承人。

面塑,俗称"面花""礼馍""花糕""捏面人",是源于山西的民间传统艺术之一。它以糯米面为主料,将其调成不同色彩,依靠手和简单工具塑造各种栩栩如生的形象。以前的面塑艺人"只为谋生故,含泪走四方",挑担提盒,走乡串镇,制作于街头,深受百姓喜爱,但他们的作品被视为一种小玩意儿,是不登大雅之堂的。如今,面塑艺术作为一种珍贵的文艺类别,逐渐受到重视,"小玩意儿"也走入了艺术殿堂。

吕国忠捏的各种形态的面人

捏面人真正始自何时已不可考。但从新疆吐鲁番阿斯塔那唐墓出土的面制人俑和小猪来推断,距今至少已有1300多年了。南宋《东京梦华录》中对捏面人也有记载:"以油面糖蜜造为笑靥儿。"那时的面人都是能吃的,谓之"果食"。而民间关于捏面人还流传着一个传说。相传三国时诸葛亮征伐南蛮,在班师回朝欲渡泸江时,忽遇狂风大作,机智的诸葛亮随即将面料制成人头与牲礼模样来祭拜江神,说来也奇怪,军队竟安然渡江并顺利平定南蛮,从此凡以捏面人为业者均供奉诸葛亮为祖师爷。中国的面塑艺术,经过几千年的传承和经营,可谓源远流长,早已是中国文化和民间艺术的一部分。面塑作品也是研究历史、

民俗、雕塑、美学等不可忽视的实物资料,具有重要的民俗、审美、教育、经济价值。

吕国忠的面塑制作技艺融合了多种地方的面塑风格,有山东面塑的粗犷、栩栩如生,也有上海面塑的色彩鲜艳、形态生动,同时还具有灌南当地的民俗特点。

吕国忠获批为"面塑"代表性传承人

吕国忠的荣誉证书

面塑艺人根据所需随手取材,在手中几经捏、搓、揉、掀,用小竹刀灵巧地点、切、刻、划,塑成身、手、头、面,披上发饰和衣裳,顷刻之间,栩栩如生的艺术形象便脱手而成。其制作手法为,将面粉、糯米粉、精盐、防腐剂放在盆中和匀,再徐徐倒入开水并用筷子搅拌以形成面团,然后反复揉搓面团,直至达到"三光"效果——面光、手光、盆光。用手压成薄片面团,上笼蒸4—5分钟取出来,然后迅速将面片与香油揉均匀,放入塑料袋中,用毛巾裹好,放置24小时至面团上劲后,即可用食用色素进行调色。面塑艺人捏制出的形象主要有小猫、小狗、老虎、葡萄、石榴、雷公、电母、孙悟空等,也有寓意吉祥、祝福的观音、寿星等。

虽然吕国忠的面塑制作技艺经祖辈一脉传承下来,但受漫长的战火洗礼与社会动荡的影响,面塑已有近半个世纪淡出了人们的视野。吕国忠从小看着祖辈、父辈制作面塑,耳濡目染,但是以面塑为业无法满足家庭生存的需要,为了生活,他只能暂时放下祖传的家业,外出打工,用打工赚来的钱养家并维系这门祖传的手艺。但吕国忠相信中国的守艺人是有前景的,所以他一直甘心在面塑的艺海中遨游。

(文/高 翔)

刀尖上的艺术
——蒋登科木刻画版

中国的木刻版画已有上千年的历史，它是在木板上刻出反向图像，再印在纸上欣赏的一种版画艺术。制作工艺主要包括绘稿、刻版、印刷、装裱四道工序，形成了自己古朴雅拙、简明鲜艳的艺术风格。木刻版画植根于民间，多用于节日装饰，长期以来起着丰富劳动人民的精神生活、反映美好愿望、美化节日环境的作用。作为独立的绘画版种，木刻版画因独特的刀味与木味在中国文化艺术史上具有特殊的艺术价值与独立的艺术地位。

蒋登科生于清同治年间，卒于1958年，祖籍淮安市洪泽区蒋坝镇，后迁居灌南县北陈集镇陈集村。蒋登科的木刻画版，线条清晰、硬朗，轮廓精致，将民间木刻版画技艺推向了精妙绝伦、细微纯熟的境地。他的版画作品线条流畅，人物造型逼真，内容丰富多彩。在刻版技艺上，以阳刻为主，兼施阴刻，运用黑白对比的手法，发挥出木刻刀韵的效果。从他创作的画版中，我们不仅可以看出作品的形态和神韵、绘画和雕刻艺术的魅力，还能了解到灌河两岸的民风民俗及民间悠久的传统木刻技艺。现存的木刻画版大体有以下五个方面的主题。

第一，体现"仁""义""礼""智""信"等儒家思想的刻字画版。这些刻字用笔遒劲、雄浑有力，文化内涵深厚，形成了独具特色的艺术效果。其中，取材"八仙过海"人物作为刻字的配图画版，人物主次有序，相互关联，线条流畅，造型鲜活生动，呈现出强烈的视觉张力，如韩湘子"义"字、吕洞宾"廉"字、曹国舅"礼"字、铁拐李"信"字、汉钟离"孝"字。这些画版大的长22厘米、宽14厘米，小的长19.5厘米、宽15厘米。

铁拐李"信"字画版　　　吕洞宾"廉"字画版

太极八卦图画版　　　"喜上眉梢"木刻画版

第二，反映道家思想的太极八卦与符咒画版。在古代，由于当时人们的认知水平有限，对人的生老病死没有一个科学的认识，遇到灾难时，都会祈求神灵保佑。蒋登科的木刻画版中有很多这方面的内容。这部分木刻画版以各类符咒为主，有一小部分是印制成画后可贴于宅院门窗或床头的太极八卦图。作品古朴典雅，刀法娴熟。这些画版大的长24厘米、宽10厘米，小的只有1厘米见方。

第三，惟妙惟肖的十二生肖与花鸟虫鱼画版。在蒋登科的木刻画版中，花鸟虫鱼方面的内容占比很大，其中主要是寓意喜庆、吉祥、健康等的动物，如喜鹊、鹤、双飞燕等。画版根据版画内容来确定通版的整体外观，大多为不规则形状。这些画版大的长35.5厘米、宽7厘米，小的3厘米见方。

第四，表现神话故事的场景与人物的画版。在蒋登科的木刻画版中，取材神话故事的有很多，这些画版的很大一部分内容是神话故事中的场景和人物，通过刻、切、铲、凿、划等手段来表现人物形象，黑白分明、层次丰富，最大限度地保持了古朴、自然的特点。这些画版大的长41厘米、宽38厘米，小的长10厘米、宽8厘米。

"和合二仙"木刻画版

第五，表现高大雄伟的古代建筑的画版。在蒋登科所有的木刻画版中，建筑题材的作品不多，但个个都是精品，展现出浓郁的时代气息，让人深刻感受到生命的脉搏与历史记忆。画版精雕细琢，线条挺拔有力。这些画版大的长60.5厘米、宽41厘米，小的长40厘米、宽22厘米。

"长乐宫门楼图"木刻画版

如今，虽然蒋登科的木刻画版被列入灌南县非物质文化遗产保护名录，但是它只能作为一种艺术形式存在于博物馆中，已经失去了当初为民间所用的本来意义。在时代快速发展的背景下，如何使木刻画版得到更好的传承与保护，使这项民间文化艺术散发出更多的光彩，值得研究。笔者认为，首先，人才是第一资源，创新是第一动力，要培育一批热爱木刻画版的传承人，并且只有鼓励他们对民间艺术进行创新，与时代相结合，才能既传承又发扬这些艺术。其次，走市场化之路，让民间艺术与市场对接，展现艺术的经济价值，只有这样，才能让更多的人走依靠民间艺术生存、发家之路。最后，政府扶持，对传承人进行待遇保障，确保濒临失传的民间艺术传承下去。

（文/于海波 秦中刚）

苏北琴书

演员在表演苏北琴书

苏北琴书,又称"琴书",因其演唱时用扬琴作为主要伴奏乐器,故民间戏称其为"打扬琴"。它发端于元明时期,最早脱胎于山东琴书,是山东省西南部菏泽地区(古称"曹州")农民在农闲时自娱传唱的乡间俗曲,后来逐渐演变发展为专业演唱的琴书。据《曹县方志》记载:"曹县为山东琴书主要发源地,相传已有二百多年历史。"后来,山东琴书的影响不断扩大,辐射到安徽北部、河南东部、江苏北部一带,于清末民初传入灌南地区。

苏北琴书音乐和谐、节奏明快,以琴、坠、板为乐器来伴奏演唱,以动作来表演剧情,以悲欢离合的各式声调来衬托剧情,以抑扬顿挫的各种方言道白来表达剧情,道具和场地简单,随时随地都可以表演。

苏北琴书有说有唱,一般以唱为主,以说为辅。其表演形式多样,有一人立唱(俗称"学脚梆"),手拉坠胡,脚踏板击节;也有二人搭档,一般是一男一女,一人拉坠胡,一人击板鼓琴,俗称"鸳鸯档"。三人以上搭档则为群口琴书,以唱念白、表演为主,配合琴、坠、板的演奏述说一个故事或讲一段佳话,去感染观众。有的分角色拆唱,唱词根据其乐曲有七字句、十字句和长短句之分,伴奏乐器除扬琴之外,也兼用三弦、二胡、筝、坠胡等,因各地方言不同而形成地域特色。

"上街去赶集,扬琴场里玩。男女唱对口,酸甜苦辣咸。武的杨家将,文的清官传。不会听扬琴,不傻也是憨。"这是灌南地区流行的一首顺口溜,这里提到的"扬琴"就是苏北琴书。灌南琴书是从鲁南传入的,于1894年经海州一姓单的人家传入,他们在新安镇、汤沟镇、北陈集镇、张店镇一带演唱,有人拜其为师。1910年,李富昌学琴书,技艺高超,整理成了《大清传》;1962年,王小呆(艺名)从师李富昌,整理成了《黄海前哨》《英烈传》;1964年,李保荣从艺学琴书,整理成了《李旦走国》,形成具有灌南地方特色的琴书。

邵如花,1954年6月出生于灌南县北陈集镇邵庄村。她13岁开始随师父王万超学习琴书,操琴、打板、演唱样样精通,从16岁起就边学边在当地参加表演,演出的琴书书目有《英烈传》《大清传》《李旦走国》《刘庸私访》《黄海前哨》《野火春风斗古城》《平原游击队》《红色娘子军》《王华买父》等30多种。1976年,她参加淮阴地区会演,获得表演奖。她一直与陈习高等搭班,在新浦淮海剧团演出,还将琴书技艺传给邵如巧、张红、丁万美等人。2010年,邵如花获批为连云港市第一批非物质文化遗产代表性传承人。

邵如花(右)与搭档表演琴书

琴书技艺需要活态传承,遗憾的是现在已经很少听到琴书艺人雅俗共赏、趣味横生的琴书表演了。

(文/刘华玉)

昔日绕梁声　今朝何处觅

——走近工鼓锣

一锣一鼓一木，一架一凳一人，其木不常用，架亦多由桌凳替代，也说"一锣一鼓，一凳一人"。这幅图景所呈现的是一种地方曲艺形式，叫"工鼓锣"（或"公鼓锣"），俗称"唱书""大鼓书"。因其流行于江苏北部淮海地区，且演出多用一锣一鼓，故又称"淮海鼓锣"。

工鼓锣历史悠久，始于何时，却无史料可考。有几个说法在艺人中世代相传：一曰其与大禹治水有关。禹令人在鼓之两环系上绳子，挂于颈项敲着催工，后说书人又添了面锣，遂称"工鼓锣"。

又一说，其与东周列国时楚庄王大臣崔工相关。为奸臣所害的崔工在被发配海州府的途中断了盘缠，即唤解差借来锣鼓，说古唱今，诉其冤情，百姓皆同情并接济于他。此后，崔工便以说书为生，故人称"工鼓锣"。

还有一种说法，楚庄王命人用竹筒作鼓，以娱视听。楚庄王大臣崔工受奸臣迫害后，觉得唱书是个很好的生计，便以此为生。崔工后又编了故事，在农人下田时说唱，还收徒传艺，弟子遍及各地。

专家普遍认为，明代中叶，苏北至山东一代的曲艺分为十大门派，工鼓锣属"李门"，源起于沭阳，约于清代中叶才形成完整的说唱形式。灌南人汤草元主编的《中国戏曲曲艺词典》中"淮海锣鼓"词条说："一般认为，（淮海锣鼓）与淮北大鼓有一定的渊源关系。据说清乾隆、嘉庆年间即已形成。"淮北大鼓流传于苏、鲁、豫、皖接壤地区，雏形成于明末清初。依此推论，工鼓锣成形于清中叶更接近史实。

从说、唱上区分，工鼓锣属于韵诵类（亦说吟诵类，介于说、唱之间）中的锣鼓书；而根据脚本特点、演出形式和音乐曲式区分，其又属于鼓曲中的杂曲类。其伴奏乐器均为定制，鼓小如球，两边有环；锣大如盘，又称"狮锣"；鼓出淮安及沭阳十字镇（今沭阳十字街道），锣出苏州。在南北方数百种曲艺形式中,伴奏或单用板、弦,或鼓弦、鼓板弦、鼓管板弦集结出场;而工鼓锣表演时,鼓独专情于锣,这在《中国戏曲曲艺词典》收录的258个曲种里,实属罕见,其地域特征十分明显。而最初一人敲锣、一人打鼓的两人说唱形式,在辛亥革命之后,逐渐变成一人左手敲锣、右手击鼓说唱,站唱也转为坐唱。中华人民共和国成立前,工鼓锣艺人都是男性;之后特别是到了20世纪60年代,始有少数女性艺人。

工锣鼓有开场锣、收场锣、唱腔锣之分,又细分为"凤凰三点头""老八板""一盆水"等锣鼓经。其声腔在海州一带方言的基础上转化而来,有说唱相间、说多于唱的特点,唱腔相对单调。

艺人在舞台上表演工锣鼓

唱法一般分为浮调和老工调两种;唱腔曲式为上下句对偶结构,艺人按"开篇""悲调""喜调""刀马词""慢流水""出马"等"一条藤"演唱;说白分为腰白、私白、公白三种;唱词有三字(赞)、五字(垛)、七字(韵)、十字(清)四种句式。演唱的书目通常分为传统书目(又分为有版本书目和无版本书目两种)和近现代新编书目两大类。传统书目演唱的多为历史人物和历史故事,对教育百姓与文化和历史传承有一定的意义,而《黄师长探亲》《渡江侦察记》《海岛女民兵》等新编书目的演唱则对鼓舞、团结人民和打击敌人起到了很好的宣传和教育作用。

艺人在乡村空地上表演工锣鼓

清同治、光绪年间，工鼓锣在苏北地区极为盛行；在革命战争时期，根据地党委和民主政府组织领导艺人成立队伍，支援前线，鼓舞士气；20世纪50—80年代，各地先后成立曲艺组织，工鼓锣更是进入活跃和辉煌时期，不仅声名显著的艺人辈出，而且形成了不同的艺术门派。

百年绕梁声，道尽人间事。对时间和空间没有要求、自由灵活是工鼓锣表演的一大特点。"百卉争妍，蝶乱蜂喧"时的柳条下，"云收雨过波添，楼高水冷瓜甜"时的荷塘边，"碧云天，黄叶地"时的广场上，"晓鸡惊树雪，寒鹭守冰池"时的炭火旁，乡野村头、市井巷尾，闲暇娱乐、红喜白丧时，四处锣鼓响，片刻唱腔起。这种轻松、亲和、热情的场景在20世纪80年代之前随处、随时可见。然而，随着社会的进步、经济的发展及与之相伴而来的媒介的多样化、娱乐途径的拓展，人们的活动轨迹和生活需求发生改变，自20世纪80年末至90年代初起，工鼓锣演出已经逐渐淡出人们的视野。

2006年，工鼓锣被列入江苏省非物质文化遗产保护名录。要让这块文化瑰宝继续闪耀光芒，怎样在政策支持、经济扶持上加大力度，怎样在继承发展、融合创新上与时共进，需要全社会多角度、全方位地共同思考、谋划落实。

(文/晏　波)

家乡的淮海戏

一

在中国戏剧百花园中，既有京剧、越剧、黄梅戏、川剧、豫剧、秦腔这些知名剧种，也有植根于乡土的地方剧种。淮海戏，就是江苏省四大地方剧种之一。这朵生命力顽强的小花，长在苏北田园间，扎根于淮海乡野里，吐露出泥土般的芬芳，深受苏北人民的喜爱。

20世纪七八十年代是淮海戏繁荣兴旺的时期，收音机和广播里经常播放淮海戏选段，淮海剧团演出繁忙。盛夏农闲时节，在城镇街头、农村打谷场上也经常有三五个民间艺人演唱。

淮海戏《孟里人家》剧照

记得笔者小时候的一个夏天，正是玉米抱棒、稻花飘香、棉花吐苞的时候，生产队来了一个远近闻名的淮海戏小戏班子，两个男演员分别拉二胡、弹三弦伴奏，一个女演员负责打呱嗒板演唱。晚饭后演出开始了，唱的是《大金镯》：马千金毒害小叔子姚米一家，最后受害者冤屈得伸的一段故事。

女演员的嗓子真好，她一人分扮生、旦、净、丑四角，声音时而清脆、时而婉转、时而沧桑、时而诙谐，显得唱功不凡。"三字赞""五字垛""七字韵""十字清"，时而急切，时而舒缓，声音又亮又脆又甜，果然名不虚传！

淮海戏伴奏乐器——三弦、板鼓、三块铜　　　　淮海戏《女驸马》剧照

二胡、三弦的伴奏声，衬托着唱词，悦耳动听，缥缈在田野，回响在林梢，牵动着听众的心弦。女演员唱到伤心处，听众们大多眼泪涟涟，不时地抽泣。直唱到斜月西下，观众才依依不舍地散去。

十几天后，小戏班又唱了《吴汉杀妻》，讲的是吴汉娶了王莽的女儿，他要保刘秀复兴汉室必须杀掉妻子的故事。听众听得心都揪起来了，又掬了一把同情的眼泪。而当小戏班唱《皮秀英四告》时，演员那一段"五字垛"接"三字赞"，声调急促高昂，把皮秀英又悲又喜、又嗔又怒、又爱又恨、爱恨交加、跌宕起伏的心情抒发得淋漓尽致，大爷大妈们听得如痴如醉，大声叫好。

淮海戏的旋律回荡在打谷场上，整个乡村弥漫着一股恬淡香甜的气息，农村的夏夜显得悠闲而惬意，好一派田园风情！

几十年过去了，那熟悉的乡音俚曲，还萦绕在笔者心头。

二

淮海戏，原称"淮海小戏"或"小戏"，属"拉魂腔"声腔体系。淮海戏起源于清乾隆年间沭阳县吴集镇，距今已有200多年的历史，流行于连云港、淮安、宿迁、徐州及盐城部分县区，历经一代代艺人的演唱和改进，现已发展为苏北地区最主要的地方戏曲。

1940年，中国共产党开辟了淮海抗日根据地。在党和政府的领导下，民间艺人救国会及淮海戏实验小组先后成立，汤增桐、吕文桥等老艺术家编演了《柴米河畔》《三星落》等现代戏，发挥了宣传队和战斗队的作用。1947年，大众淮海剧团成立了，从此小戏正式被搬上舞台演出。中华人民共和国成立后，灌云、沭阳等县也成立了淮海剧团。到1954年9月，江苏省文化和旅游厅正式定名为"淮海戏"。1956年，"大众淮海剧团"更名为"江苏省淮海剧团"，继而沭阳、灌云、泗阳、淮阴、涟水、宿迁、响水、滨海、灌南及连云港等十多个县、市也先后成立了专业的淮海剧团。

淮海戏的唱腔有一个显著特点，即乐句的尾音突然翻高八度耍腔，艺人称"起腔"，因为具有拉人魂魄的艺术魅力，所以又叫"拉魂腔"。男女同弦异腔，女腔委婉细腻，男腔质朴粗犷，有浓郁的地方特色。

淮海戏的动作程式也具有独特的艺术价值，如猪吊腰、鸡刨塘、野鸡溜、驴打滚、狗拜年、鳖爬走、脚尖走、膝盖走、鬼扯转、穿八字、矮步蹬等演出形式，极其生动有趣。

淮海戏的表演，借鉴了京剧、昆曲等剧种的多种表演程式，既诙谐幽默、乡土气息浓厚，又彰显出大气、自然的魅力，富有艺术美感。

淮海戏以一把特制的板三弦配高胡为主要伴奏乐器，所以又称"三括调"。最早的淮海戏只有三弦和大锣伴奏，如今淮海戏根据剧目的需要设置灯光、布景、道具，演出逐渐走上正轨，伴奏乐器也渐渐丰富起来。伴奏乐器有板三弦、二胡、月琴、淮海高胡、琵琶、板胡、笛子、扬琴、笙、唢呐、板鼓、简板、大锣、大鼓、小锣、铙钹等。

淮海戏传统剧目有《樊梨花》《皮秀英四告》等32大本和《骂鸡》《催租》等64单出。这些剧目内容，融入了淮海地区从古至今多方面的历史人文信息，符合农村实际，带着泥土的馨香，反映着民众的心声。观众在演员演绎的爱恨情仇、嬉笑怒骂中接受教育、娱乐身心。

三

在苏北淮海戏院团的群芳谱中，灌南县淮海剧团是一支中坚力量，是国家级、江苏省级非物质文化遗产淮海戏的主要承载者和传递者之一。

1958年4月，以原灌云县淮海剧团演出二队和海亭乡业余剧团为主体，成立了灌南县淮海剧团，团址在灌南县大会堂院内，有平房15间、演职员40人，剧目以古装戏为主。1966—1972年，剧团演出中断。1973年，淮海剧团恢复演出，上演的剧目主要是《红灯记》《沙家浜》等8个样板戏。

1974年年底，剧团迁至人民东路13号，占地面积1400平方米。至1987年，剧团内设演员、美工、后勤、乐队等组，共有演职员45人。

淮海戏剧照（一）

老一辈淮海戏演员霍桂珍、李桂英、朱冬兰、叶忠祥活跃在灌南及邻近市县的城乡舞台上，丰富了广大人民群众的业余生活，同时也把党的声音、国家的政策以戏曲形式传达到千家万户。老一辈演员们刻苦练功，认真排练，不计报酬，在生旦净丑、唱念做打上精益求精，把最美好的艺术形象展示给观众，同时做好老中青传帮带，将自己掌握的技艺倾囊相授，培养了一大批优秀的年轻演员。

（A）

（B）

淮海戏剧照（二）

目前，崔冬、汤承树、卢其光、彭玉萍、王萍、王佳梅、马祝云、史友权、赵桂林等著名演职员挑起了灌南县淮海戏演出的大梁。伴奏演员沈兴华、马朋云、马洪云、孙桂檀、费加云、马晓玲等，组成了优秀的乐队阵容。殷红坚、汤承英、孔凡明、孙志忠、陈如升、张玉兰、彭尧钦、王墉茂等本土编剧，则在不同节点为剧团创作精品剧本。灌南县淮海剧团行当齐全，坚持活跃在宣传主流文化的阵地上。

随着科技的发展、各种媒介手段的普及，淮海戏的演出市场受到了很大的冲击。但是，灌南县淮海剧团上上下下团结一致，凝心聚力，在剧目上推陈出新，在形式上与时俱进，始终坚守戏曲阵地，打造精品佳作，做好宣传工作；坚持送戏到群众中去，丰富老百姓的文化生活。大戏《姐妹花》《海脐湾》《荷塘月》影响深远。小戏《画像》《一盆清水》《春归》多次在全国、华东地区及全省的会演、调演中获奖。

2020年，由知名编剧丁晓东执笔创作，国家一级作曲家王安顺（灌南县张店镇人）担任唱腔和音乐设计，国家一级导演王友理、曹阳担任导演，灌南县淮海剧团倾力打造的淮海戏《孟里人家》，作为江苏省文化和旅游厅主办的江苏省基层文艺院团优秀剧目展演的重要剧目推广演出，获得了巨大成功。

如今在灌南，民间的淮海戏票友、爱好者就更多了。有的是师徒传授，有的是家庭传承，或三五一群，或十数人一队，在乡村庭院、小区广场、公园亭轩，利用业余时间演唱淮海戏。那缕缕不绝、勾人心魂的"拉魂腔"，演绎着悲欢离合，述说着振兴渴望，展现着苏北老百姓的人间烟火气，传递着淮海百年不易的乡音乡情！

（文／张　沂）

品味淮剧　怀念乡音

一方水土孕育一方风物，一段戏曲讲述一种文化。一曲清音，唱不尽悲欢离合；一段淮调，道不完人间百态。

母亲年轻时经常在劳作时哼唱几句民间小调，笔者不知唱词何意，但觉声音婉转好听。她总是一边干活一边哼唱，仿佛生活不再那么辛苦，让人分明感到其时她是快乐的。

小时候，乡下每家每户都有一个正方形的小盒子挂在家里的高墙上，叫作"广播"。它几乎是村民们每天获取新闻、娱乐信息、天气预报的唯一途径。每当广播里播放戏曲时，母亲总会跟着哼唱。后来，笔者从家里墙上挂贴的一些淮剧剧照得知，母亲平日里哼唱的就是淮剧。

淮剧，主要流行于江苏、上海和安徽部分地区。笔者的家乡灌南县是一个民风淳厚、有着丰富传统民俗文化的地方。清代后期，淮剧流入灌南县百禄镇、新集镇，深受老百姓的欢迎。

（A）

（B）

淮剧剧照（一）

百禄、新集历史上曾经分别属于盐城涟东县、淮阴涟水县，与阜宁、滨海、淮安等淮剧流行市县在经济、文化、交通方面联系比较紧密。

中华人民共和国成立前，涟水县的百禄乡（今灌南县百禄镇）、新集乡（今灌南县新集镇）等地曾有业余的淮剧演出团体。1949年，成立了百禄乡业余淮剧团，有演职员20多人，上演剧目主要是传统古装戏。

20 世纪 70 年代，家乡有名的淮剧演员胡志梅，幼年时便热爱文艺，9 岁时，她师从百禄淮剧团团长冯济华学习淮剧和民族舞蹈，能够使用多种唱腔演唱，多次被选送到县城参加文艺会演。

淮剧的唱腔属板腔体，以"淮调""拉调""自由调"为三大主调。"淮调"高亢激越，诉说性强，大多用于叙事；"拉调"委婉细腻，线条清新，适用于抒情性的场景；"自由调"旋律流畅，可塑性强，具有综合性的表现性能。围绕三大主调而派生出来的一些曲调，如"一字腔""叶字调""穿十字""南昌调""下河调""淮悲调""大悲调"等，以及从民间小调演化出的"蓝桥调""八段锦""打菜苔""柳叶子调""拜年调"等，都是具有各自表现性能的辅助曲调。各种曲调总计 100 多个，其主调的调式、调性相近，基本为徵调式、商调式、羽调式三种类型，并均有完整的起、落板与丢、接板的结构形式，它们又和淮剧特有的伴唱锣鼓相关联。1930 年前后，淮剧又在"香火调"的基础上，创作了采用二胡伴奏的一些新调，因二胡用琴弓拉奏，故名"拉调"，使淮剧的表演艺术水平得到了较大的提高。

《阴阳界》《渔民河边》《小算盘打不得》《小放牛》《双下山》《石磨风波》《一家人》《刘介梅讨饭》等都是经常演出的淮剧剧目。20 世纪 70 年代，灌南县比较有名的演员还有胡秉何等。

（A）

（B）

淮剧剧照（二）

那时，看淮剧是灌南县老百姓为数不多的娱乐活动之一。只要听说某晚社场（小时候村里的公共集会场所）有唱戏的，大人、小孩都很兴奋。也不管能否真的听懂、是否真的喜欢看戏，其实真爱的是那种紧张又快乐的氛围。匆匆吃过饭，赶紧端个小板凳直奔社场，抢占有利位置，尽量靠前靠里，这样能更清楚地看到唱戏的人和敲锣打鼓的人。穿着简单的戏服、着不精致的妆容的演员们在当时我们的眼里却是男比潘安、女赛西施，个个魅力无穷。那婉转悠扬的曲调、如泣如诉的唱词，于大人、小孩，一样扣人心弦。偶尔有谁插科打诨一句，往往逗得大家捧腹，全场轰动，笑声此起彼伏。当时村里有一位年事已高的老人，他酷爱看淮剧，每次看戏他都拿个小板凳端坐在最靠近演员的位置，目不转睛地盯着唱戏人的脸，面部表情也随着戏里情节变化而瞬息万变。这一幕至今让笔者记忆犹新。演员在台上且唱且舞，方言乡音亲切入耳，举手投足生动形象，配上天衣无缝的拉弹伴奏，把喜怒哀乐活灵活现地表现出来。看戏结束多日，观众依旧回味无穷，经常哼唱模仿。

小时候的耳濡目染，使笔者渐渐对淮剧有所了解，并于不知不觉中真正喜爱上了它。也许人过中年，会对流行歌曲的热度渐减、对戏曲的热情渐增。遇到烦恼事，听听淮剧解忧愁；遇到快乐事，哼哼淮戏享好运。听一段戏曲化解心烦，哼几句唱词天地变宽。

灌南县淮剧历史悠悠，而发展长路漫漫。在华夏众多璀璨的剧种中，淮剧虽微不足道，但它是珍贵的非物质文化遗产，是家乡劳动人民勤劳和智慧的结晶，值得永久流传下去。

爱淮剧，爱吾家！

（文／汪厚霞）

新安镇京剧老旦谢红霞

京剧,作为中华"国粹",已有200多年的历史。清乾隆五十五年(1790),四大徽班进京,与嘉庆、道光年间同来自湖北的汉调艺术合作,互相影响,又接受昆曲、秦腔等地方剧目、曲调的表演方法,并吸收了一些民间曲调,形成了皮黄腔。2010年1月,京剧被列入人类非物质文化遗产代表作名录。

新安镇京剧的代表性传承人谢红霞出身于梨园世家。祖父谢立德是民国时期的民间艺人,父亲谢志发是原灌南县剧团团长,母亲韩明兰是原灌南县剧团演员,叔叔谢志财是灌南县文艺骨干。谢红霞从小就是在剧团长大的,在家庭文艺的熏陶下,自幼耳濡目染,逐渐喜爱和痴迷于京剧艺术。她在京剧表演上崭露头角,受到了广大京剧票友和爱好者的喜爱,在全县京剧票友中享有盛誉,渐渐成为领军人物。谢红霞利用在文化战线工作的平台,组织广大京剧爱好者学唱、表演,自娱自乐,每年举办两次大型京剧票友演唱会,还组织京剧爱好者演唱会。她与其他市县京剧团进行交流,多次代表灌南县参加省、市票友戏剧大赛并获得奖项,2012年获江苏省"五星工程奖"、文化站长技能比赛金奖,受到了广大票友和观众的好评。如今的谢红霞是国家二级演员,从事京剧演唱40多年,她深感京剧博大精深、源远流长,重在保护,更要传承发展。于是,她把自己的毕生所学都教给小侄女谢佳佳。谢佳佳小时候在学校是个文艺爱好少年,经过训练也能有板有眼地上台表演。谢红霞祖孙四代致力于传承和发展京戏事业,弘扬国粹艺术,为地方文化的建设和艺术繁荣做出了积极贡献。

谢红霞的京剧表演所需的舞台道具有一桌二椅、桌帏椅披、"文房四宝"、马鞭、刀、枪等。古代服饰有朝靴、箱鞋、云头鞋、对帔、蟒袍玉带、官衣官帽、小生巾等。上台表演前,她都会细心化妆,如果要

着古代服饰，她还得不厌其烦地穿戴好，一曲下来，她常常是汗流浃背，但是她依然十分敬业，力争达到完美。

京剧的演出剧目非常多，约有1000种，主要分为传统剧目和现代剧目两大类。谢红霞主唱京剧老旦，主攻李派老旦，兼唱老生。她经常演出的传统剧目有《红灯记》《智取威虎山》《杨门女将》等，还有一些自己创作的符合时代需要的新剧目，如《灌南人跨越发展决心强》《灌南人把灌南面貌改》等。她曾与江苏省演艺集团京剧院联袂登台献艺，受到省团同仁的赞赏。

为了保护、传承京剧艺术，富有责任心的谢红霞无论多忙，每周都会抽时间走进校园、走进基层，举办传承人培训班，努力让广大青少年学生喜爱京剧艺术。

（文／刘华玉）

"打连厢"
——敲响在竹竿上的舞蹈

"打连厢"是千百年来人民群众在劳动过程中逐步发展出来的一种民间舞蹈艺术形式,是民间舞蹈大观园中的一朵奇葩。"打连厢",始称"打莲厢",亦称"霸王鞭""金钱棍""打连响""打莲花""莲花棒""打花棍"等。在源远流长的历史进程中,"打连厢"倚仗着昔日的民俗文化传统,代代繁衍,凭借着今日的节庆文化焕发着青春,它以崭新的面貌被广大观众接受、传承,成为一种时尚的健身舞蹈。

"连厢棒"是传统民俗舞蹈"打连厢"的主要道具,用竹子或细木制成,长二尺许,其中,四至六处挖有空档,每档中串以铜钱,绘以彩漆,两端饰以花穗彩绸。表演"打连厢"的人数不限,少则一人,多则几十甚至上百人,基本上多为群舞。基本棒式有挦挦棒、前肩棒、后肩棒、敲腿棒、转莲花、肩肘棒、前踢腿、鸳鸯棒、斜探海等;基本步法有四方步、平常行走步、秧歌步、跑跳步等;行进中的步式有十字步、波浪步、圆场步、翻身踏步、半蹲步、前踢矮等;原地打棒式则以各种棒式组合步法作表演;组队表演可为"十"字、"井"字等队形。轻快热烈是"打连厢"民俗舞蹈动作的表演特点。表演时,舞棒人手执连厢棒,随着脚步的移动、双臂的摆动,以及队形的变化,连厢棒也被舞动起来,通过对地上、身上等的击打和运转,或敲击于身体的肩、臂、胸、腰、腿等不同部位,并且配以双腿的微颤和肩

"打连厢"表演(一)

腰的晃动，形成舞、打、转、翻、跳跃、下腰、甩棒等舞蹈动作元素，动作整齐活泼，击棍起落一致，节奏鲜明，铿锵之声如出一人，独特的表演形式颇具艺术感染力，往往赢得观众的满堂喝彩。

"打连厢"表演（二）

目前，传统民俗舞蹈"打连厢"被列入灌南县非物质文化遗产保护名录，在民间得到了广泛流传，涌现出了一批以镇、村为单位的民间文艺团队，它们献艺于当地年复一年的民俗庙会、节日及其他各种文艺活动等表演中，为灌南广场文化增添了一道亮丽的风景线。

"打连厢"既有一定的历史和艺术价值，又有一定的现实价值，它是一项兼具娱乐与健身两种功能的活动，对活跃群众文化生活、促进居民身心健康具有十分重要的作用，成为连接人际关系与情感的纽带、构建和谐社会的载体。

（文／于海波）

跳财神·接财神

"跳财神"和"玩麒麟"都曾是灌南地区乡下过年时很热闹的一种表演形式，不同的是，"跳财神"一般在年初一至初五进行，初五过后就少了，初六、初七基本不跳了。传说，正月初五是财神生日，每家每户都要在这一天"接财神"，因此，"跳财神"在此日最盛。

传说灌南县在清光绪年间就有大年初一"跳财神"的民俗。大年初一，各家早早起床，先是放开门鞭，然后烤"元宝火"。早饭时，吃"元宝"（汤圆），也有的地方吃"万万顺"（饺子），同时等候着前来拜年的亲戚朋友和"跳财神"的。当"跳财神"的来到家门口，则预示着在新的一年里财源滚滚、六畜兴旺。

"跳财神"迎合了人们把美好希望寄托于神灵，逢年过节想讨个吉利，盼望财神光顾的心理，有贫困者以此为业，过年时走村串户，在主家门前及屋内表演"跳财神"来获得赏钱或糕点等物。

宋元时期，新安镇一带已有"跳财神"表演，后逐渐流传到百禄、李集、张店等地，成为灌南县民间的传统习俗。"财神"分文财神和武财神，文财神穿红色的长袍，武财神穿彩色的长袍。"财神"头上的帽子是用硬纸板做成的，外面用各色的彩纸糊裱一下，再用墨汁画些图案，至于脸上的妆容就更简单了，用墨汁画眼睛，用胭脂抹脸颊，用红纸染嘴唇。表演者手上拿一个用银色锡纸做成的元宝，脚上穿的鞋没有讲究，什么都可以。表演时，也有文财神、武财神一起出场的，但大多时候只有一个武财神就可以了。

大年初一早饭后，只要听到外面锣声阵阵，就知道"财神"踏着国字方步来了。每到一家，这家主人便会摆一长凳在门外让"财神"跳，有时也会有人家多摆两条长凳，当然每条长凳上面都会摆上一些钱。"财神"跳过凳子，寓意钱财堆积得越来越高。"财神"进了家门先来到东屋，甩三下长衣袖，再到其他房间做同样的动作，寓意让钱财充实主家的每个角落。在过去，经济条件好些的人家会在主屋摆长长的条桌，条桌前

放一张方桌，两边各有一把椅子，这时候"财神"是可以坐下来的，将手中的元宝往桌上放一下，寓意"增钱"了，主家今年要发大财，钱都堆到桌上了。这时锣声就更紧密了，主家高兴便会多给些钱。

"跳财神"很有讲究，"财神"的所有动作要与锣的节奏合拍，一个抬脚、一个甩袖、一个跳跃都要和着那一声声的"咚呛"，这在表演前自然是需要多次练习的。更重要的是，"财神"是自始至终都不能开口说话的。有的时候会遇到调皮的小孩故意用泥块砸、用小树枝抽，"财神"也不能讲话。

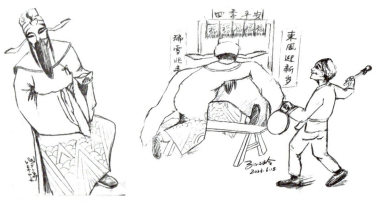

灌南地区"财神"形象　　　　　"跳财神"表演

到船上"跳财神"，是很辛苦的事，却也能挣到更多的钱。玩船的人似乎更重视"跳财神"，船头、船尾都摆着糕，糕下面压着钱。在船上"跳财神"与在地上跳区别很大，船家的收艎起锚、发动机器、撑篙走船等动作都要有，不但动作要像，同时还要合着锣声。从船的上首开始，来到船舱再甩袖送财气。在船上"跳财神"，最难的还是在船边上行走，冰冻天气船面很滑，行走时必须小心翼翼，否则一个不留神就会掉到河里，自己受凉受冻不说，船家也会认为这是不吉利的。

"财神"带给别人的是快乐，是祝福，但自己吃的苦只有自己知道，到哪儿都是步行的，走得离家远了，到了晚上就睡在草垛旁，啃着白天有些人家给的馒头凑合一下。随着经济发展，人们的生活也越来越好，自20世纪90年代末，"跳财神"逐渐淡出民间艺术舞台，现在有些商家在新年时还会用这样的形式博一个好彩头。

（文／孙　玲）

孟兴庄"摇苍龙"

苍龙苍龙点点头，奶奶家养头大水牛……

一首 20 世纪灌南大地上"摇苍龙"艺人走村串户传唱的歌谣，能一下子把我们带回那久远的年代，以至于数十年后的今天，我们听到后依然觉得它是那么亲切、悦耳。年轻人也许对"摇苍龙"并不熟悉，但老一辈人，尤其是 20 世纪六七十年代出生的人，对其印象很深刻。每年小满之后，南风劲吹着，这是小麦疯狂灌浆的时候，也正是农村青黄不接的时候。每到此时，农村人是最难熬的；每到此时，由于家里孩子多，食物总是不够吃。这时，人们便会三五成群地外出乞讨，到别的村子里讨些食物，以补贴家人的口粮，熬过难关。为了更好地取悦主家，多讨点食物，在乞讨人群中衍生出一种乞讨艺术——"摇苍龙"。据地方史志记载，"摇苍龙"是灌南县在 1949 年前后特有的一种以口头艺术为手段进行乞讨的行当，当时"摇苍龙"的人见到什么景物马上就能说出有关的吉祥、有趣的顺口溜。中华人民共和国成立后，人民群众的生活不断改善，除嵇兆如先生外，"摇苍龙"的人越来越少，这种民间艺术也逐渐被人们淡忘了。

"小苍龙"形象

"摇苍龙"表演

金声妙影（传统音乐、美术、戏剧、舞蹈与曲艺）

"摇苍龙"是一种和"打莲花落"类似的"乞讨艺术"行当。一个用木头雕刻的小龙头，龙身披着红布，龙脖子上系五个小铜铃——一个活灵活现的"摇苍龙"的道具便做好了，俗称"小苍龙"，再加上一件普通的服装，这便是"摇苍龙"艺人的整个服饰、道具了。"摇苍龙"艺人摇晃铜铃作响，口中念着"苍龙苍龙摇摇头，先盖瓦房后盖楼"等吉祥的顺口溜。歌词也是触景生情，即兴创作，见什么说什么，每到一户人家门前，摇一会儿说一段，边说边跳，以讨些钱度日。

靠着一代又一代艺人不离不弃的传承与创新，"摇苍龙"这项民间歌舞到底还是挨过艰难的岁月，留存至今，就像这"小苍龙"道具一样。如今，"摇苍龙"发展成为灌南民间技艺的典型代表之一。

当一种技艺真真切切地被植入人心并被延续、发扬光大的时候，不得不说这很神奇。80多岁的嵇兆如是灌南县孟兴庄镇人，农民，小学文化水平，从事民间"摇苍龙"表演。据他讲述，他的祖上在清末民初时就以"摇苍龙"这种卖艺形式乞讨，后来就把这种卖艺方式一代一代传了下来。幼年的他家境贫穷，8岁时随父"摇苍龙"，距今已经有70多年了。中华人民共和国成立后，他的"摇苍龙"作为一种文艺节目在地方文化活动中经久不衰地表演着。

这仿佛就是一个定律，世界上每一项技艺的传承从来就是一方生命的源头，孟兴庄"摇苍龙"更是这样。那独特的韵味、深入骨子里的即兴语言，赋予了"摇苍龙"勃勃的生机与无限的活力。绰约的身姿、曼妙的道具、走村串户的演技，曾也是几代"摇苍龙"艺人生活的缩影，但"摇苍龙"带给孟兴庄人的特有的乐趣与快感，让他们的身体里时时产生莫名的躁动与血涌。时代的变迁，也为"摇苍龙"技艺注入了新的元素，孟兴庄人必将踏着如歌的节奏，伴着那古朴的鼓点，走向另一个崭新的所在。

（文／陈　实）

挑花担子

在物质条件相对贫乏但年味很浓郁的年代，从大年初一到正月十五，从乡镇街巷到农家门前，只要哪里响起锣鼓声，抑或二胡、三弦声，无论是坐在家里的还是聚在一块闲话的，大多会朝着声响处赶去。大家知道，"挑花担子"来了。

"挑花担子"表演

"挑花担子"是一种民间艺术形式，舞蹈兼唱做。之所以叫"挑花担子"，是因为这种艺术形式的主要表演者多是年轻貌美的姑娘，她穿着漂亮的戏服，挑着一对装满鲜花的篮子，和着音乐的节拍或鼓点的节奏，踏着小碎步，在快走慢跑和前进后退中，左右交换着肩上的担子，而且技艺很是娴熟，换肩不用手扶，这就很能吸引人们的眼球。"挑花担子"的扁担是用篾竹削制的，柔软而富有弹性。能做到换肩不用手，足见表演者对花担的平衡技巧的掌握是相当熟练的。虽然花篮里的鲜花基本是用彩纸做的，但这一点也不影响姑娘以优美的表演给观者带来开心与欢笑。姑娘在表演的同时还唱着曲儿，嗓音悦耳，唱词又多饱含吉庆祝福寓意，非常契合过年时的喜乐氛围。

"挑花担子"一般以一名挑花篮的姑娘为主演，一到三名其他人物辅之。如果台上出现两副担子，挑花篮的姑娘各自交叉展示其舞蹈、花担换肩才艺，在观众的眼花缭乱中保持自己脚步不乱、动作错落有致，则更令人悦目开怀。

"挑花担子"这种舞蹈形式在灌南出现，始于清朝末年。按目前的县域范围，先是有人在新集境内表演，表演者无疑是穷苦农民，表演目的不过是讨得几个铜板或米粮以资补困窘的日子。后逐渐流传于新安

镇、张店镇，最远至堆沟港镇。苏南的昆山、苏中的泰州及河南、安徽部分地区都有这样的表演形式，也叫"挑花担子"。相邻的三省，有着差不多的民间表演形式，是互相流传、借鉴还是艺术创作的相通？最早又发端于何时何地？暂无确切资料。唯一可以确定的是，"挑花担子"具有浓厚的乡村气息，是一种乡土文化。它的表演不要求像戏曲那样———一招一式有规定的程式，生、旦、净、末、丑有各自的角色定位，表演起来还要行云流水，它更倾向于轻松诙谐，不乏插科打诨，因而更接地气。如果说戏曲是精致的，是阳春白雪；那么"挑花担子"则是通俗的，是下里巴人。对于文化层次不高的村民来说，乡音俚语发出的唱词更能引起他们的共鸣。在电视尚未进入乡村，半年才能看一场露天电影的年代，"挑花担子"这样的民间娱乐，可能是农人们在劳作之余，尤其是春节期间难得可以一饱眼福、耳福的热闹场景。

（A）　　　　　　　　　　（B）

在社场空地上表演"挑花担子"

目前，灌南"挑花担子"传承人之一是新集人李小燕，其他乡镇也有零星表演，但人数不多。李小燕16岁跟随民间艺人刘金芳学习"挑花担子"，后参加民间组建的文艺团体，担任"挑花担子"的主要演员。"挑花担子"作为新集镇业余演出队的主要节目，长期在基层演出，深受农民的欢迎。

出生于1963年的李小燕已经60岁了。无论是在体力方面还是在精力方面，"挑花担子"这项边舞边唱的艺术形式于她而言，都已比较吃力。电视和网络的普及、短视频的兴起，让人们对艺术的观赏有了更多的选择。"挑花担子"会有人传承下去吗？这值得我们深思。

（文／晏习生）

旱船　玩龙船

观众喜欢的东西往往是美好的，而美好的东西总是让人难忘、让人倾心、让人怡情。"花船""旱船""小龙船"尽管叫法各异，但其实就是同一个非物质文化遗产项目。

旱　船

"咚咚咚……锵锵锵……"敲起欢快的锣鼓，跳起热闹的舞步，演员们在人群中来回穿梭，与观众们近距离互动，人群中喝彩声不断，每个人的脸上都洋溢着灿烂的笑容。

春节期间，在苏北沿海地区，旱船表演是深受群众欢迎的娱乐项目。在欢快的锣鼓声中，旱船艺人走村串巷，挨家挨户地拜年道喜。

旱船在"艄公"的引领下，犹如行在水上，随波荡漾，款款的碎步圆场，神态格外

旱船表演（一）

生动、有趣。旱船这一歌舞结合的表演形式，也为民间小调的创作提供了载体，灌南民歌小调《小五更》就是针对这一形式创作的。《小五更》结合了地方小戏的特征：曲调悠扬，歌声激越，词句生动鲜活，人物惟妙惟肖。它既融合了北方的粗犷，又继承了南方的轻柔，唱词诙谐，表演滑稽，人皆可演绎，或唱或舞，场面热闹，备受当地群众的喜爱。它不仅把旱船的形态生动活泼地呈现出来，还展示了世世代代的灌南人在酸甜苦辣的生活中形成的豁达和幽默。

据《灌南县志》记载，旱船因其外观装扮花哨，又有"花船""龙船""撑旱船"之称。据传，清代中后期，新集镇、长茂镇已有花船表演，后逐

渐流传到灌南沿海一带，时称"旱船"。它是一种源于群众自娱自乐的民间舞蹈形式，为当地沿海渔民在节庆活动中模仿海上航行所表演的舞蹈动作的演变，每逢春节、元宵节、城隍庙会，旱船班子走遍城乡演出，或为当地红白喜事演出，后不断发展成群众喜闻乐见的主要民间文艺形式。其历史悠久、传播广泛，尤其是在改革开放以后，地方干群围绕县政府的中心工作，用旱船形式开展宣传活动，让党的方针、政策家喻户晓，尽人皆知。1989年，花船被收录于《中国曲艺志》。到2005年，在灌南县城的一些晚会和乡镇文化活动上，仍可见到旱船表演。

旱船的看点在于它的外形，依照的是船的外观形状，多用竹子扎制而成，然后用布作围，饰成水纹，船的上面装饰着红绸、纸花。在舞蹈动作上，旱船以跑为主，注重情节，在长期发展中，不断融入夸张的划船、撬船等生活化动作，丰富了表演内容。在唱腔上有小调、大调之分，在一声独特的唱喊"开船"（又名"启船"）的开场白中，在一阵铿锵的锣鼓声中，旱船"荡船"，随波或逆流摇摆至场中，"篙拐子"（撑船的人）或"老汉"在船左侧，撑篙行至场中，"篙拐子"手持五尺竹篙做撑船动作圆场，也叫"边撑""打场子"，大姑娘、小媳妇扮演的"船芯子""船瓢子"款款圆场，二人配合默契。在演唱技法上，轮流答唱，伴奏者三五人，目不转睛地盯着场中，时锣时鼓时板，节奏的快慢拿捏得恰到好处，偶尔对答，气氛活跃，妙趣横生。

旱船表演（二）

旱船承载着老一辈灌南人的记忆，那独有的诙谐表演使得旱船最终成为一种民间歌舞表演形式，内容丰富，有着独特的艺术价值，在各类活动中被广泛地呈现，表达着当地劳动人民乐观的生活态度和美好的精神追求。旱船文化能发展到今天，离不开一代又一代旱船艺人的传承与创新，他们在表演过程中结合时代特征，不断创新出人们喜闻乐见的传统文艺节目，将旱船艺术发扬光大。

（文／陈　实）

玩龙船

美丽的悦来河畔有棵可三人合抱的梧桐树，枝叶繁茂，给树下人家带来了一大片绿荫。树下是块百平方米的空场地，南边连着铁匠程斯奎（程二爹）的院子。程二爹从1968年开始打铁，一打就是半个多世纪，直到2022年做了三次手术，才把这操持了大半辈子的手艺放下。闲下来的程二爹和老伴一商量，买了个小龙船，每天下午把它搬到院外的空地上，让附近的老人一起来乐呵乐呵。他呢，每天搬张椅子坐在树荫下，也可以看看热闹。

很快，这片场地就成了附近老人聚会的场所。每天下午两点左右，就有爱唱爱跳的热心人过来，帮着程家二老把小龙船、秧歌毛驴、花篮、彩扇、船篙、钱杆子等各种物品搬出来，放好音响，开始自娱自乐起来。不一会儿，附近的老人也都陆续来了，有的熟门熟路地到程家搬来凳子（程二爹专门买了一百多个小凳子放在家里，谁要谁去搬），坐在树荫下笑呵呵地欣赏；有的举起手机，认真地给正在表演的老熟人拍照；还有的拿起边上的钱

（A）

（B）

玩龙船

杆子或是彩扇，也兴冲冲地加入表演队伍……小广场转眼就满满当当都是人了。一些过路人也不由自主地被玩龙船的表演吸引住，停下车子，脚踏着路牙，伸长脖子观看。

玩龙船，也叫"玩旱船"，在苏北地区已经有400多年的历史，是过去民间艺人维持生计的手艺。以前逢年过节时，就会有玩龙船的人到各家门口去表演，一边跳一边唱。小龙船不大，船身用竹篾做骨，上面用花花绿绿的绸布当皮，四根彩棍支棱起一个小船舱，顶上再装饰各种花朵、流苏，非常好看。舱底是上下贯通的，一个俏丽的妇人站在里面，把两根连着小龙船的红绸带斜挎在肩上，两只手扶着船舷，做"船娘子"。前面一个打扮夸张的汉子做"船老大"。"船老大"是个丑角，其道具是一把破芭蕉扇、一根长而略带弧度的竹篙。他用竹篙作撑船状，边前后左右地跳着，边唱开去。"船娘子"挎着小龙船跟在"船老大"后面，随着"船老大"的节奏，一会作激流摇摆状，一会作顺风疾行状，间或转弯回旋，前后徘徊，仿佛真的在河面上航行一样。

除了这两位主角外，小龙船班子还得有两三人伴奏。乐器主要是锣鼓、镲和二胡。一阵喧闹而富有节奏的"咚咚镲"过后，"船娘子"和"船老大"那俏皮而又有地方特色的对话就伴随着二胡声唱出来。那些趣味横生的对话，很容易勾起听众的兴趣。所以，只要小龙船班子在哪家门前唱起来，那家门口不一会儿就聚起一堆看热闹的人。人们一边相互递烟问着好，一边听两人滑稽而有趣的对话，有一句没一句地聊起天来。

过去的娱乐项目，有一半是看这些艺人表演。现在的娱乐项目丰富多彩，玩龙船的艺人也已渐渐退出了历史舞台，好在玩龙船作为一种运动形式还在延续。

且看那梧桐树下，一位穿着时髦的大婶站在小龙船里，随着一位穿黑衣、戴墨镜的大叔前前后后地跳，那大叔居然突然掉过头来，跳起了骑马舞，害得"船娘子"差点翻船，坐在边上看的人一起笑骂起那个顽皮的墨镜大叔；龙船后面跟着两位老大妈，手里拿着钱杆子，对着腿、手臂和肩膀拍打，发出悦耳的铃声，她们一脸虔诚，仿佛这就是她们的舞台；后面还有提花篮的、牵"小毛驴"的、只跟在后面绕圈子的……一曲结束，换曲了，跳累的人刚下来，立刻就有人补上；如果不累，就是再跳两支曲子也没有人说。玩龙船这项艺术俨然在这些老人手里发扬光大了。

随着社会的发展，年轻人都出去打工了，老人也吃穿不愁，现在没人需要靠玩龙船讨生活了。这项民间艺术本应该会很快退出历史舞台，但没想到，竟然被闲不住的老人们赋予了新生命。

其实仔细一想也就想通了，以前玩龙船是一种职业，现在却成了老人的一个运动项目。对比以前和现在，它的作用虽然不同，却同样为人们所需要。

看着梧桐树下怡然自得的老人们，笔者从心底感受到了他们对现代生活的热爱，他们的小龙船必将载着他们在夕阳红里游弋。同时，笔者也希望有人能将这富有艺术性的玩小龙船也传承下来，因为它是劳动人民的智慧结晶，值得珍惜！

(文/汪 刚)

百戏览趣

（传统体育、游艺与杂技）

传统体育、游艺与杂技

百戏览趣

汪奇魔其人其事

汪奇魔,原名汪其学,1957年出生于原六塘乡东条河村。23岁那年的一次行程,彻底改变了他的人生走向。

汪奇魔(右二)在表演魔术(一)

那天,汪其学回到家乡,和朋友相聚。席间,朋友跟他谈起创办魔术团的想法。汪其学心底的那把火,一下子就被点燃了。几个人越说越高兴,仿佛就等麦熟开镰,黄金铺地,弯腰可得。经过三四个月的准备,一切就绪,魔术团就在街头开演了。第一场卖了130张票;第二场卖了50张票……他们还不死心,把队伍拉到沭阳演出,结果亏得更多。900元的投入,400元的大窟窿,几个合伙人疼得心头直颤,散伙已成定局。

汪奇魔的团队获文化部颁发的荣誉证书

汪其学变得一贫如洗，但心头上已经燃烧起来的那把火岂能轻易地熄灭？他再次去南京打工，挣到1000余元后，又开始置办行头，招聘演员，重新组办演出队伍。逢集时，他的魔术团在孟兴庄、张店等地演出，接着去涟水、高邮、扬州，再转天长、淮阴……一趟下来，赚了七八千元。

第二年，他带团去了南通六个月，边走边演，又赚了1万多元。

自此，他给自己的人生定了位，决定走魔术之路，并把名字改为"汪奇魔"。

汪奇魔在表演魔术（二）

他买回了《东方大魔术》录像磁带，看了无数遍，掌握了基本要领，便开始制作道具。道具不好用，砸了，重新做；做好了，不管用，就又砸……功夫不负有心人，他终于取得了成功。于是，他开始公开演出。理想是美好的，现实却很无情。他在镇江举办的一场演出仅卖出了78张票。但他没有灰心，努力提升节目质量，更换灯光设备，20多天边演边改，就这样常州、苏州、上海一路演来。到嘉定时，汪奇魔开始变招，头一场不卖票，将票赠送给机关单位。没想到，这一举动一下子产生了轰动效应，后来他在此地连续演了多场。

1992年，汪奇魔去上海拜师学艺，终于在次年的全国魔术大赛中取得了人生中的第一尊金杯。接着，他就一发不可

汪奇魔被中国杂技家协会评为第二届德艺双馨会员

收拾，多次在魔术大赛中获奖，1997年他又一次获得了全国金奖。

2002年，汪奇魔获得了中国文学艺术界联合会、中国杂技家协会颁发的中国杂技"金菊奖"第二届全国魔术比赛舞台类金奖，以及第一、第二届魔术比赛银奖、金奖。2007年，汪奇魔的《宠物乐园》节目获江苏农民艺术节金奖。2017年，汪奇魔被聘为中国杂技家协会魔术艺术委员会副主任。

在政府的大力支持下，汪奇魔成立了魔术学校，开展魔术普及教育。在全县多所学校开展魔术教学，培训学生2万多人次。

汪奇魔的团队获江苏省文化厅颁发的荣誉证书

汪其(奇)魔表演的节目荣获中国杂技"金菊奖"第二届全国魔术比赛舞台类金奖

如今，汪奇魔虽已年过花甲，却并未停止前行的脚步。每年，汪奇魔的团队走进全县中小学演出，可谓真正地实现了"非遗进校园"。他还利用直播平台，一方面表演魔术，一方面推介家乡的农副产品，以回报父老乡亲。

（文/武红兵）

"封氏杂技"和封火雷的"四朵金花"

胸怀宽广的新沂河畔，有个底蕴深厚、魅力无限的古镇张店，它滋养了"封氏杂技"及封火雷和他的"四朵金花"。

白手起家的火雷艺术团

封火雷，原名封志虎，从儿时起，他就对杂技艺术情有独钟，梦想成立一个自己的艺术团队，表演自己所钟爱的"封氏杂技"。

1994年，封火雷成立了连云港市火雷艺术团。创业的艰辛、一路的坎坷，他都挺了过来。

火雷艺术团主要以杂技类表演为主。封家四姐妹个个会表演，人人有绝活。她们和团里的演员们一起，在封火雷的带领下，坚持扎根农村文化舞台，宣传党的方针、政策，丰富农村的文化生活。

老大封媛媛从事杂技表演已有15年了，小时候她就到河北吴桥学习杂技表演中的小杂耍，后来，又学习魔术表演。老二封小菊是四姐妹中个子最高、才艺最多、最有组织水平的，现在是火雷艺术团的团长，她会演唱、杂技、锣鼓表演等，深受观众的喜爱，其中，技惊四座的顶起千斤大缸的节目，就是她主演的。老三封敏侧重于表演传统的杂技——蹬坛子、蹬水缸。为了表演好这一杂技，封敏苦练了8年。能让千百个呼啦圈同时飞舞，则是四妹封芸芸的拿手绝活。

封家四姐妹在表演杂技《蹬缸》

乡村走出的杂技世家

"封氏杂技"的特点是真、奇、绝、美,即所有表演讲究真实,不要弄观众,一切凭真功夫展示;讲究新奇,人无我有,人有我特,让观众看的是新,体验的是奇;讲究以绝活拿人,每个"封氏杂技"传人必须掌握一种绝活——即使师兄弟之间,也没有第二个人能做出来的绝技;讲究完美,所有的节目从道具、服装、大幕、动作、表情,到整体舞台造型,无不追求完美。因此,"封氏杂技"在近150年的传承历史中,常演不衰,场场爆红。

如今,"封氏杂技"的影响力不断增强,荣誉纷至沓来。他们先后获得了"中国·吴桥第八届杂技艺术节"特等奖、华东"金三角"少儿魔术大赛银奖、扬州电视台举办的杂技表演金奖、灌南县家庭才艺大赛一等奖等多种荣誉。中央电视台的《向幸福出发》《黄金100秒》等节目向全世界展示了他们的风采。封火雷已经连续三届当选为灌南县人大代表,女儿封小菊也两次入选灌南县政协委员。

封火雷和他的四个女儿参加央视《黄金100秒》节目

俗话说:"家有千金是福气。"对于四千金的成长,封火雷倾注了大量的心血,为她们不断提供学习和成长的机会,当然也收获了成功的喜悦。2016年年底,封火雷携"四朵金花"两次应邀赴京,参加中央电视台综艺频道的《向幸福出发》《黄金100秒》等节目的录制。时年21岁的封小菊在节目中说自己9岁开始练习杂技,11岁开始蹬缸,经过常人难以忍受的刻苦训练,终于练成单脚蹬起半吨重量的蹬缸"绝技"。封小菊从来没有后悔练习这项技艺,每当看见父亲努力将艺术学校办好以弘扬杂技技艺,她心中就有说不出的自豪与骄傲。

封火雷培养了女儿,也获得了成功。如今,四个女儿个个身怀绝技,艺术团也多次应邀到中央电视台及山东卫视、浙江卫视、湖北卫视等表演"封氏杂技"。

(文/海 军)

童年记忆
—— 抓弹子

回想起小时候的游戏，那真是五花八门，有打悠悠球、打梭子、掼宝、拍纸牌等，当然这些游戏更受男孩子们欢迎。女孩子则喜欢抓弹子、跳皮筋、踢毽子等，边玩边唱，好不快乐。那些曾经风靡一时的老游戏，如今大多已经没有人玩了，但每每回想起依然保存在记忆长河里的零星碎片，总是觉得它们带给我们的是终生难忘的童年快乐。

在那个经济不发达的年代，孩子们玩的玩具基本都是自制的，"抓弹子"就是其中一种。抓弹子一共需要5个弹子，弹子一般用旧布做，用结实一点的厚布会更好，大约需要5块10厘米×10厘米大小的正方形的布，分别用缝衣服的针线把布的四周线脚缝上，但不要拉紧，在布里放上沙子或者是稻谷，重一点的更好，然后把针线拉紧、缝牢，如此做5个，一组弹子就算做好了。

学生做的简单弹子

抓弹子，又叫"玩弹子""挖弹子"，可以在桌子上玩，也可以坐地上玩；可以一个人玩，也可以三五个人一起玩，不拘形式，不择场地。女孩子心灵手巧，尤其玩得巧妙。男孩子笨拙些，也凑合着能玩。小时候，笔者大多数时候都是在课间和同学一起在教室的桌子上玩。玩时，先把五个弹子都握在手中，然后向上抛出一个弹子，迅速把手中的四个弹子放在桌上，再翻手腕接住空中落下来的弹子；接着抛出一个，抓起一个，再抛出一个，抓起三个；第三次抛出一个，抓起两个，再抛出一个，抓起两个；第四次每抛出一个弹子，把桌上的四个弹子分四次一个一个抓

起；最后一次抛出一个，四个一起抓起。如此循环，会玩的人一轮可以玩很多次。在抓的过程中，若是谁没有完成规定的动作，或是弹子掉了，或是碰到其他弹子了，谁就算是输了，要把弹子让给别人玩。

学生在一起玩抓弹子

抓弹子还是有些技巧的，需要手、眼、脑协调配合，才能玩得巧妙。弹子抛得低了，没等抓起底下的弹子，空中的弹子就坠落了；抛得高了，掌握不好方向，反而接不着。在抓弹子的过程中，玩者还要唱"玩弹歌"，属童谣性质，形式简单、内容朴素，但其每一个节拍都和抓弹子的动作相协调，如"头层"的儿歌——"我撒头，投投，油头；油头粉面登高楼。投单、投三，投对堆山，堆堆山"。

抓弹子

当然，玩抓弹子的口诀也不完全一样，各地有各地的说法，其实就是各自喜爱，觉得说起来顺口就行。

在游戏中，孩子手、眼、脑、口并用，锻炼了协调能力，同时又收获了与小伙伴的友情，真的是一个有益于身心健康的游戏。

据了解，很早以前，灌南就非常盛行抓弹子游戏。这里还有一个传说呢。相传，隋炀帝派麻叔谋（也叫"麻胡子"）开凿大运河，麻叔谋却每天夜里到民间偷小女孩吃，当运河开到下邳时，沿岸的女孩子都被他吃光了，他便到灌南一带偷孩子吃。人们只能组织打更守夜，听到谁家孩子哭叫，全庄便一起喊"抓麻胡子"，麻胡子就被吓跑了。人们为了吓唬麻胡子，又编成"抓麻胡子"的童谣，让女孩子唱，边唱边玩。后来，"抓麻胡子"也被叫作"抓弹子"。

现在的孩子不仅有琳琅满目的各式玩具，玩的游戏还丰富多样。如今，抓弹子游戏也就只有在部分地区的孩子中间流行了。

（文/孙　玲）

跳橡皮筋

"马兰花,马兰花,风吹雨打都不怕,勤劳的人们来说话,请你马上就开花……"不知在什么时候,笔者教闺女唱起了这首熟悉的童谣。脑海里又浮现出儿时和小伙伴们跳橡皮筋的情景。时隔三十多年,那一跳一绕的点点滴滴依旧历历在目。

夏日,放学时分,太阳已经落在了房屋和花园的后面,门前的大丽花开得鲜艳,每一朵都如碗口那么大,似乎染红了半边天。我们就在花香四溢的园子旁边,在那些有点不太平整的土地上,和好朋友、好邻居,还有结伴放学的几个小孩子,跳橡皮筋。

学生们在跳橡皮筋

跳时,先是两个人撑起橡皮筋,3米多长的皮筋,都是平时一角钱一角钱聚起来买的,大家格外珍惜,慢慢地撑开在脚踝处。单人跳、集体跳都可以。我们先是轮流上阵,待一个人跳完了完整的步骤后,下一个人接着跳,中途跳错了,就下去撑皮筋换别人来跳,带有一点比赛的意味。等大家都跳完了,就把皮筋往上升,慢慢升至小腿中央、膝盖、胯下、腰间、胳肢窝、肩膀、耳朵、头顶甚至大举(双手高举过头,以撑着皮筋)的位置。

大家也可以一起跳,这边绕过来,那边绕过去,一边绕一边唱:"马兰花,马兰花,风吹雨打都不怕,勤劳的人们来说话,请你马上就开花……"欢声笑语从头顶上飞过,蜻蜓在风中舞动着轻盈透明的翅膀,狗尾巴草婀娜着嫩绿的腰肢，一朵高高的云彩慢慢地移动着，变幻着它的形状。一群光着脚丫的女孩子，就这样在无底的苍穹下跳动着属于她们的美好童年时光。

那一段时间，橡皮筋成了我们女孩子的心爱物件，每个人的书包里都会装着或长或短的橡皮筋。每当下课的铃声响起，爱玩的女孩子就会飞一般地冲出教室，散开自己的皮筋，在走廊上、操场上边跳边唱，那欢快的心情如澄清的水一般纯净。有的会把自己的短皮筋跟别人的接起来，连成长长的一段。有些男孩子，看得眼馋了，也会加入进来跳几下，但始终没有女孩子跳得那么优美、那么娴熟。那轻盈跃动的身姿，远远看去，仿佛欢快的小鸟在拨动着琴弦，演奏着欢乐的七彩乐曲，飘荡在校园的上空，氤氲在洋槐林立的乡间小路上。拿着镰刀、戴着草帽的农人往大车上装满了青草，其中夹杂着从田埂上一起割下来的花朵，隔着路边肥厚油绿的树叶，仿佛正在注视着她们。

跳橡皮筋不分季节，春、夏、秋、冬都可以跳，不受场地的约束，橡皮筋的携带也非常方便。有资料记载：跳橡皮筋，也叫"跳皮筋""跳猴皮筋"，是经典的儿童游戏之一。跳橡皮筋可以令参加者的全身肌肉得到锻炼，是一种较为健康的运动方式，深得孩子、家长和学校的喜欢。跳橡皮筋在20世纪60—90年代极为流行，但进入21世纪后，随着经济的发展和娱乐方式的增多，这种游戏逐渐淡出了孩子们的视线。

如今，跳橡皮筋已经越来越不常见了，笔者经常感慨："真希望现在的孩子能和当年的我一样，经常在傍晚时分、周末时光、放学的铃声响起后，在香气扑鼻的小院子里，跳出属于一个孩童的快乐时光，在那一跳一压的动作里酝酿着童年的纯真友谊。"

男女生一起跳橡皮筋

（文/相　玲）

玩小纸牌

六一儿童节期间，小侄儿最想要的礼物竟是小纸牌，这个纸牌不是用来掼的，而是用来收集和玩的，上面大多画的是奥特曼，和我们小时候玩的小纸牌相差甚远。

回忆起儿时和小伙伴们一起玩小纸牌的场景，那时扎堆在一起的小伙伴的面容在脑海里逐个清晰起来。穿着母亲纳的布鞋，做的汗衫、裤子，大家在饭前饭后里三层外三层地围拢在一起。到吃饭时了，任凭大人此起彼伏的呼叫声在村子上空回荡，都不肯散伙。直到玩累了，或者把某人手里的牌赢空了，这才恋恋不舍地回家。

纸牌都是自己做的，大家会用自己写过字的纸来叠纸牌，横着叠三次，然后再一段一段地往里面叠，最后穿插起来，放在脚底下踩踩，踩得平实一些，掼起来也就更服帖、更得心应手一些。也有的用厚实一些的纸板叠，掼起来的声音很大，气势很凶，老远就能听见。还会有人在旁边呐喊助威，哪个赢了，必有一阵欢呼雀跃声。

制作简易的小纸牌

纸牌通常有两个人就可以掼起来。大家找个阴凉背风的地方，两个人事先商量好谁先放牌在地上。一般以石头剪刀布确定先后，输家先放牌，先放牌的会找一个稍微凹一点的地方，这样对方不容易一下子就掼翻过来。掼翻过来的一方会把对方的纸牌占为己有，再由输的一方先放牌在地上，赢家再掼。就这样，不是你输就是我赢，两个孩子经常从东家门口掼到西家门口，也经常掼得满头大汗。在泡桐树下，在洋槐树边，在乡间的小路上，在泥墙根一带，到处都能看到他们的影子，听到他们的欢声笑语。记得那年五月，满树的槐花香醉倒了整个村庄，孩子们不时地跳起来拽一把槐花塞进嘴里，甜丝丝的，旁边杨树厚实的叶子绿得发光。饿得"咯咯"叫的芦花鸡，摇晃着肥硕的屁股蹒跚走路，用滴溜圆的眼睛望着孩子们手中的干饼子和槐花，防不胜防地跳起来抢着吃。远方蔚蓝的天空下，有零星的牧羊人手里牵着几只羊，在田埂上慢慢地走着。

这种玩纸牌的民间儿童游戏也叫"掼宝"，在20世纪70—90年代很是盛行，深受男孩子喜爱。

还有一种是玩火柴皮，也叫"玩纸牌"，一般2—4人玩，黑白火柴皮算50，彩色的一般算100或者200，全彩色的火柴皮就算500。刚开始各方出火柴皮，攥在手里不能让对方看到，然后一起比大小，谁的大谁就领先别人，紧接着把大家出的火柴皮收集起来，按正反面理顺、叠起来、用力掼，翻过来即为赢，则所有纸牌归自己所有。如果没有翻过来，再用手扇一下，输了再给对方玩。

那些收集好的青蓝色虎头火柴皮，上面的老虎栩栩如生、威风凛凛。还有那些印着红色字体的小小火柴皮，上面写着"某某火柴厂"。这一盒盒小小的火柴曾经温暖了多少农人的心，也曾经给多少农人在黑暗中送去光和热。一根根短短的火柴点燃了那个年代的人间烟火，也在炊烟袅袅的傍晚时分点亮了千家万户的心灯。待一盒盒火柴用完了，那些火柴皮成了孩子们的至宝，占据了那个年代孩子们的整个童年。

一张张小小的纸牌承载了一段不同寻常的岁月，是那个时代最动人的一道风景线。每当回忆起那些玩小纸牌的日子，内心里总是溢满不可言说的感动。

（文／相　玲）

寻常日子中的一抹清新
——记"摸瞎子"和"老鹰抓小鸡"游戏

斗转星移，春夏复转，社会在变，生活在变，不变的是对儿时游戏的记忆。

儿时，物资匮乏，连吃穿需求都不能满足，何谈生活之余、成长之际的玩耍之需呢？所谓游戏，都是就地取材、简单适用，有着极强的地域性、随意性，随时随地都能玩开的娱乐活动。这些游戏如春天的丝丝东风、夏天的缕缕清凉、秋天的夜空辰星、冬天的炉中温暖，撑起了少儿生命的天空。

"摸瞎子"

玩"摸瞎子"游戏只需要一个手帕，没有手帕的话，头巾也行，穿的衣服也行，百物都可，只要能遮住眼睛就行。道具有极强的开放性，俯仰皆得。需要的人数也极具灵活性，五人行，七人也行，只要能转起圈、形成队，游戏就可以进行了。

几个小朋友一起玩，选择一个小朋友，将其蒙上眼睛做"瞎子"，站在圆点上。其他小朋友手拉手，围绕"瞎子"站成一圈。游戏开始后，大家一起边念儿歌"摸瞎子，摸瞎子，摸到一个大瞎子"，边转圈，"瞎子"逆时针自转3圈，其他小朋友围绕其顺时针转3圈。儿歌结束后，"瞎子"可以通过摸、闻、听等方式，在抓住一个小伙伴后，准确说出他的名字，被正确摸出的小朋友为下一轮的"瞎子"。"瞎子"开始摸的时候，圈上的小朋友不准说话、不准移动。

"摸瞎子"看似简单，但其中蕴藏着智慧，结合了人体的物理运动特质，有着极大的挑战性。双方逆向和顺向的转动是对人的思维判断能力的强大考验。游戏集感染力、判断力、趣味性于一体，因每个人的分析与判断能力存在差异，加之声如洪浪的呐喊、巧妙闪躲的迷惑，往往会把游戏的热情点燃,引爆场面,形成高潮。这是我们儿时最钟爱的游戏之一。孩子在玩乐中培养了分析力,锻炼了判断力。

烈日炎炎下能做,寒冬腊月天能做;操场上能做,沟渠上也能做;割草时能做,放羊时亦能做。随时开始,随时结束,随时获乐,还可根据情况增加一些游戏难度,对解除疲劳大有益处。

老鹰抓小鸡

"老鹰捉小鸡"游戏壁雕

还有一则游戏与"摸瞎子"有异曲同工之妙,那就是老鹰捉小鸡。

玩时,两人分别做"老鹰"和"母鸡",可以用猜拳或转转盘等方式选出,其他人做"小鸡","小鸡"依次在"母鸡"身后抓着衣服排成一队,"老鹰"站在"母鸡"对面,做出捉"小鸡"的姿势。游戏开始时,"老鹰"叫着转着圈去捉"小鸡",众"小鸡"则在"母鸡"身后左躲右闪。为防止"小鸡"被"老鹰"捕捉,"母鸡"的身体可以左右移动,身后的"小鸡"们也以相同方向来移动,避免"小鸡"被"老鹰"抓走;如"小鸡"散开或者有"小鸡"被抓,即为一次游戏结束。下一轮次开始时,被抓住或散开的"小鸡"做"老鹰",原来的"老鹰"则排在"母鸡"后面做"小鸡"。

这种游戏也是许多人小时候最喜欢玩的游戏。规则充分体现了参

与者的机动性与开放性，除了规定的"老鹰"和"母鸡"外，只需再有一个人做"小鸡"，当然"小鸡"可多可少。游戏过程中需要人不断跑动，有利于增强人的体质。游戏中不仅需要判断双方的跑动方向，还需要避免被一些假动作迷惑，这就需要双方快速做出反应，而这将考验与培养一个人的判断力。特别是在游戏过程中，因紧张、激动，以及巨大情感力量的释放、成功后的愉悦等形成了强烈的刺激性、趣味性体验。

当然，灌南还有很多游戏可圈可点，比如，"过城门""抓蛋""跳八格""推铁环""打溜球（玻璃球）""捣拐"等也非常盛行。直到现在，还有很多游戏长盛不衰地活跃在乡村，其流传历史之悠久、流传范围之广泛，令人慨叹。

时光荏苒，传承的乡村游戏搭建起了可供强身健体、智力开发、人际交往等的更为广阔的平台，给寻常的日子增添了一份开心、一抹清新。

（文／倪庆忠）

心底的花儿不凋零
——对长茂一带儿童游戏的回望

岁月如梭，转眼间笔者已迫近花甲，可家乡长茂一带儿时那些简易质朴、组合简单，却又能带来欢乐的儿童游戏历久弥新，稍作回想，笑意就会漫上心田。

"请你那头来一人。"

"来哪个？"

伙伴们眼睛对视了一下，异口同声地喊道："张青林。"

张青林听到对方指名让他过去，先是一愣，然后看了看对方的阵势，对着王小甜和陈小军之间的空隙，憋足气力，撒开腿猛冲过去。王小甜和陈小军两手扣紧，双臂用劲。张青林被弹了回来。

"噢，张青林输了，到我们队来。"王小甜的队发出胜利的欢呼，张青林所在队的队员齐刷刷地红了脸。

照耀了一天的太阳，终于精疲力竭地挂在树枝上，将最后的光芒洒在云朵上，洒在闪着涟漪的水面上，也洒在正在做"邀请"游戏的两队小朋友的身上。

就这样，张青林成了王小甜队伍中的一员，跟着队员开始了新一轮的比赛。依游戏规则，输人的一方按程序又开始了第二轮。

"请你那头来一人。"

"来哪个？"

"王小甜。"

王小甜听到对方的邀请，抖了抖筋骨，原地跳跃了几下，伸了伸腰，然后端详一下对方的队伍，像脱缰的野马，一个狠冲，迅速扑向对方。

对方一看王小甜来势汹汹，大有排山倒海之力，特别是钱飞和朱雪两位队员，看见王小甜冲锋的方位正对着他们，两只小手紧紧地拉着，拼着气力等着冲来的王小甜。

王小甜势不可当,如一股旋风迎面而来,可就要到达钱飞和朱雪身边的时候,陡地改变方向,向右一转,向着较为矮小瘦弱的封丹和刘江冲来。说时迟那时快,猝不及防的封丹和刘江笑意还未收敛,就被王小甜冲开了。

"噢,我们胜了,我们胜了。"王小甜和队友们又一次欢呼起来,笑声飞过村边的林子,在村庄的上空飘荡。

"你们耍赖,你们偷袭,明明是冲向钱飞和朱雪的,怎么又冲向封丹和刘江呢?"

"这叫兵不厌诈,防不胜防。"

两队如此轮流,随着时间的推移,形势陡转,王小甜的队到最后只剩下他一个人,王小甜的队输了。

张青林脱开陈小军的小手,沿着两队激动地转起了圈,可还没转几圈,几个队员将他抬了起来,抛向天空。

"我们胜了,我们胜了。"张青林挥动着手连连呼喊。

新一局又开始了。

"请你那头来一个。"

…………

虫儿叫了,此起彼伏;炊烟四起,扶摇而上;月亮也钻了出来,欢喜地望着大地,夜幕渐渐拉动。

玩累了的小伙伴们,开始捡起地上的书包,朝身上一搭,飞似的散了,留下的笑声仍在回响。

儿时的游戏不像现在的电玩那么刺激,充满悬念和遐想,但远比现在的游戏自然、清新,易学易做。就像"邀请"游戏,人可多可少(当然人多有气势),不像现在的游戏,多是独角游戏,只需一个人玩。而且,儿时的游戏不需要道具(或道具简单),即使需要道具往往也是就地取材;不择地点,只要两队人能站下,之间再有一定距离即可。但游戏场面同样令人惊心动魄,变化莫测,扣人心扉。更重要的是,儿时的游戏不仅能让人玩得开心,还能锻炼身体,培养团队精神。

儿时的游戏,是永远的乐,像扎根在心底的花,永不凋零!

(文/倪庆忠)

滚铁环里的殷殷童趣

滚铁环

滚铁环是上一代人的回忆中少不了的童趣。

花香遍野的季节,温暖的阳光照耀着充满稚气的身躯,哗啦啦,金属环碰击声由远及近。一个少年,持前端为U形的手杆,滚动着面盆大的铁环。一串小铁环伴唱,飘出清脆悦耳的童谣……

小时候,我们经常滚着铁环去上学,收起铁环上课,再滚着铁环回家。铁环成了我们离不开的好伙伴。

记得有一回,一个同学用一根木棍向前赶着用平车轱辘内钢圈做成的铁环,"咣啷咣啷"响,即便遇到一点坎坷路,也不歪不倒,很是威风,几个同学跟在后面跑,羡慕之色写在脸上。

在乡村小学,老师的管理并不严格,上学路上、学校操场上,随处可见小伙伴比赛滚铁环,以谁滚得更快、不倒、不脱钩为胜。那时候,大家都嫌上学的路短了,因为滚着滚着就到了学校。

滚铁环离不开两件法宝:一个是铁环,另一个是铁拐钩。

所谓铁拐钩,就是一个带着U形凹槽的铁钩。多为8号钢筋弯曲而成,也有的装上精致的木棍柄,将铁钩栽入后,高端、大气、上档次。更甚的是,有同学以树丫为推动器,也能滚动铁环,但这样达不到截

停的效果。

有的还在铁环上套两三个小环,这样一来,它就能发出"咣啷咣啷"的声音,滚动时更响。当然,大多数小伙伴没有这样高端的器具,拥有这样的一个铁环是很奢侈的事了。有的小伙伴就用箍桶的铁箍来做铁环,但铁箍容易变形,不好掌控。也有的小伙伴用竹圈、木圈来替代铁环,这就更没有可比性了。而且,乡村同学手里的铁环,规格不一,直径有大有小,从三四十厘米的到六七十厘米的都有。20世纪七八十年代,滚铁环可谓是风靡全国的运动,但没有形成规模性的赛事,大概与当时的条件有关。

我们念书的时候,体育老师曾组织同学们进行滚铁环比赛。那时,路上汽车少,尤其是乡村,几乎没有机动车,在路上滚铁环,安全不成问题。孩子们上学路上滚着铁环走,不但能够免去行路的单调,而且加快了行走的速度。有的小伙伴没有铁圈滚,就用一根推棍代替,骑在上面跟在后面跑,也算是"骑"乐无穷。若是几个小伙伴并头推着铁环跑,路上尽是铁环的碰撞声,可谓声势浩大。

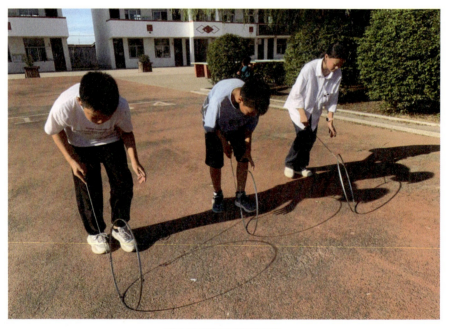

学生在进行滚铁环比赛

滚铁环还能滚出许多花样来。技术好的人能单手用铁钩将铁环提起，想要滚动的时候，在地面上往前轻轻一送，铁环就会乖乖转动起来。而且，他们也能随时"停车"，即将铁环斜靠在"车把"（铁拐钩）上，要滚时，把拐钩向前送，马上就能滚动起来；不滚时，用拐钩钩住铁环，让它停止滚动再往肩上一扛，那姿势潇洒极了。

进入21世纪后，道路上由于车辆逐渐增多，已经不适合同学们开展滚铁环运动了。如今，灌南除了极少数怀旧的家长会带着孩子在小范围内滚铁环外，路上已经完全看不到在玩这个游戏的人了。

滚铁环是一项非常亲民的游戏，深受青少年的喜爱。滚铁环不仅有助于增强人体的平衡性、协调性，还可以锻炼人的眼力，提高四肢的活动能力，最重要的是，它让孩子们享受到运动的乐趣，拥有一个美好的童年。真诚希望孩子们能在安全的场地上再玩起滚铁环的游戏，在游戏中锻炼身体，在快乐中守护自己的精神田园。

（文/汪友国）

捣拐里的童年

小时候，每当天气转凉，孩子们就喜欢玩些运动量大的游戏，比如，"挤盐豆""攻城"、捣拐等。这些游戏中最不拘泥于地形而又最有趣的就是捣拐了。

捣拐是20世纪80年代以前灌南地区儿童常玩的游戏，有人进行深入研究，探得其与"商羊舞"有点渊源。笔者却不以为然，捣拐的激烈怎么看都和求雨祈福的虔诚联系不到一块儿，相反，它的另一个名称——"斗鸡"，能很好地诠释捣拐的真谛。那拐与拐碰撞出的火花、腾跃闪挪的精彩，可不就如蓬起羽毛、张开翅膀在赛场上拼杀的斗鸡一般？

孩子们在两两玩捣拐

所谓"拐"，就是膝盖。捣拐的人站着，抬起一只脚，收在胯处，用另一侧的手抱着这只脚或是拽着裤口，让膝盖弯曲成拐。游戏时，一方用拐去"捣"对手的拐，使对方跌倒或手松开即为胜利。其实，这个"捣"字虽然形象，但哪能描述得尽捣拐的精彩呢？捣拐不仅讲究冲、顶、压、砸、撞的力量，还追求挑、掀、让、躲、停的技巧；如果是一群人在玩,还得讲究战术上的配合,如避实就虚、"围魏救赵"都能在玩的时候体现出来。这游戏可真像极了古代英雄间的较量。男孩们那从故事中得来的侠客情结,在这里得到了淋漓尽致的体现。

记得上初中那会,班上有几个捣拐高手,笔者也算是其中一员。每到课间,在班级门口的空地上,总是能看到大家游戏的身影。班里有个姓史的同学,他的拐能抬得特别高(有一次他演示,一下子用拐碰到了他的下巴)。拐能抬得高,下压也就特别有力量,再加上他人高腿长、移动迅速,所以他的拐特别厉害。

有一次,我们几个在教室前面的空地上玩耍,隔壁班的几个男生来约拐——3对3,我们凑3个人和他们比赛。"这有什么!"我们欣然接受了挑战。见有热闹可看,不一会儿,教室门口就围着一群小伙伴了。由于经常在一起玩,我们对彼此的技术都很熟悉,所以我们这边很快就选出3个人:笔者、史君,还有程君。程君长得很敦实,下盘稳,他的拐几乎没人能撞得动。

公园里的捣拐塑像

我们3个人在小伙伴们的起哄声中来到花园和教室之间的大路上，一字排开。隔壁班的3个人也在我们前方两米远的地方排好阵型。大家都把一只脚给扳起来。这时从各人扳脚的手法就可以大概看出习惯用的招数了，史君和笔者扳脚的手法比较像，都是用手从脚面下勾过来，侧托着，让前脚掌向上，这和他喜欢高拐冲压的习惯有关；程君的动作中规中矩，用手从前面挽住脚脖子，这姿势正有利于他砸和撞的力量的发挥。对面有两个扳脚的，还有一人用一只手紧紧攥着裤脚，另一只手却扶在大腿外侧，这姿势可以让他的拐转动灵活，向前送拐也很方便，攻击范围比其他方式要大。当大家都准备好之后，我们相互看看，不约而同地大喊一声，就冲向了对方。

笔者是用右拐（左手抱右脚）的，而笔者前面的对手用的却是左拐（右手抱左脚），拐高人瘦，很难压得住。笔者就将目标放在他的左脚踝处，想把他的脚给砸下去。笔者向前一跃，把拐微向左转，向他抱脚的右手砸去。没想到，他也有同样的想法，向笔者的右边冲过来。瞬间，我们就错身而过了。再看另外两对，已经激烈地斗在了一起。

史君单脚蹦得老高，从正面用大拐去冲压对方的拐，想要一鼓作气地战胜对手。他的对手却灵巧地往边上一闪，想着和队友一起先拿下程君。见状，笔者立即甩开自己的对手，向那边蹦去，而对手也紧随着笔者追过来。战斗转眼就进入了白热化。

史君见状，将身一转，直冲笔者后面的那位跳过去，一个冲撞，将他撞到一边。笔者见有机可乘，也急忙回身，冲杀过去。对手这时还转身想躲让，可哪儿来得及。只见史君一蹦老远，紧咬在他身上，直顶得他如怒涛中的小舟，随时可能倾覆。这时，笔者也赶到跟前，顺着他失去重心的身子轻轻一挤。他赶紧松开脚，支撑脚急向前连颠两下，才免于出丑。

见对手已经出局，笔者和史君急忙转身去救被围攻的程君。程君虽然重心比较稳，却跑不过对手，正面迎战两人，早已岌岌可危。笔者和史君虽三五下就跳了过来，却没能救回他。他被两个敌人撞了个人仰马翻，败下阵来。只见他迅速站起来，拍拍屁股上的泥土，笑呵呵地和边上看热闹的人一起站在那里为我们助起威来。那边两人见我们就要冲到跟前，也迎头冲过来。笔者也重新找准一个目标迎了上去。

这次的对手是刚才和史君捉对的那位,他的特点是身法灵活。只见,他略一停顿,等笔者冲上去用大拐压他时,将拐向左一摆,躲过笔者的一击,在笔者的拐落下的时候,又向右一压,想让笔者失去平衡。但笔者在一击落空之后,心里就有了警觉,紧接着向前一蹦。他的这一压撞在了笔者的右后腰上,笔者急向前小跳两下,才稳住重心。这个回合,笔者略输一着,于是急转过身,准备再战。再看,史君已经一个冲压战胜了他的对手,跳过来帮笔者了。二打一的结局不用说,我们轻松地把对手击败了。边上的观众和双方落败的选手一起兴奋地尖叫起来,引得站在班级门口的女生纷纷向这边看过来。我们这时候恰如凯旋的大将军。得意的史君攀着他的拐原地潇洒地耍了两圈,逗得大家都笑了起来。

大家都打累了,刚才还喊打喊杀的双方,现在却又勾肩搭背地坐在小花园边上开始复盘。

"刚才,要不是我没注意,脚没站稳,你能扛得住我的拐?"

"嗨,你们要是能回援快点,我也不至于就这样败了。"

"你刚才跑的时候,我就应该挡你一下,看你怎么办!"

"哈哈,不服?等下课再来啊!"

"来就来……"

谈笑声伴随着上课铃的"铛铛"声一起飘进教室,也飘进了笔者的记忆里。

捣拐虽只是个小游戏,却让男孩们强健了体魄、加深了友谊、增强了集体意识。可现在的孩子们已经很少玩这个游戏了,想来真令人遗憾。

(文 / 汪　刚)

抽陀螺

陀螺是中国最早的玩具之一，流传很广。相传，在宋代宫廷贵族之中，就流行一种手捻陀螺，人们称它"千千"。渐渐地，陀螺走向民间，很快在各地盛行开来。各地根据当地的制作工艺、玩法等的不同，叫法也各不相同。北方，尤其东北地区叫作"捻捻转""地嗡子""冰尜"；灌南当地人叫"滴溜"；闽南人叫"干乐"；北京地区又叫"焊尖"，一取其形，二谐其音"汉奸"，所以北京、上海等地还把抽陀螺叫作"抽贱骨头"。"陀螺"这个名字在明朝刘侗、于奕正合撰的《帝京景物略》中才第一次正式出现。于是，"陀螺"成了"大名"。

陀螺与鞭子

陀螺的质地不拘一格，有萝卜的、菜根的、树枝的……做法大同小异，都是先将材料做成上平下尖的锥形，再找一粒钢珠（一般是轴承里的，可以到修车匠那里央求得来）钉在尖尖的底部。萝卜、菜根做的陀螺很快就会蔫掉，只适合临时玩，最好的还是用木头做的，能玩很长时间。

20世纪六七十年代的孩子，玩的时间很充裕，他们会专门找一根粗壮的树枝，最好是木质紧凑、密度大的树枝，用家里的菜刀截取下七八厘米长的一段。先用刀把这段木头两端切割平整（如果怕割到手，也可以放在粗糙的石头上磨），剥掉树皮，修整成一个比较工整的圆柱。然后，将这个圆柱的下半段削成锥状，要尽量保证重心和锥尖重合，这样做成的陀螺才能旋转得平稳。最后，小心地将准备好的钢珠钉在圆锥底部。直接钉是不行的，木块会被钉裂，有经验的孩子会在削圆锥的时候，预留一个比钢珠直径略大的小平面，这时再用尖利的工具一点点地在这个平面上挖出一个比钢珠直径略小的洞,轻轻地用石块把钢珠按进小洞,再拿起陀螺向下敲打几下。力气由小到大,确保既不把陀螺钉坏了,又能把钢珠固定在陀螺上。

曾经有人尝试不削锥形,只把钢珠的一半钉进圆柱里,转是能转,可惜这样的陀螺重心稍微不稳,立刻就"死"。所以,大家还是宁愿费点事,削成"螺"形,毕竟这样才能在陀螺倾斜的时候,"救"得回来。

抽陀螺必须用鞭子,鞭子的长短也很有讲究。一般都用70厘米左右长的小棍做鞭杆,粗细以握在手里得劲为宜。鞭绳则要比鞭竿长上一拃。以前绳子少,鞭绳都需要孩子们自己动手搓。麻绳是舍不得用来搓玩具的,要留给家里用来绑大车。能够用来做鞭绳的就只有苘了。苘这种植物,在以前的路边随处可见,用它的茎皮做绳子,没有麻结实,但若将几股捻在一起,还是可以用的。绳子搓好后,一头被紧紧地系在鞭杆上,另一头则留出一两寸的位置,扣个疙瘩,这样的鞭子抽起来才能使得上劲。

当然,随着新材料的使用,又有用尼龙、布条做鞭绳的。尼龙绳本身结实而柔软,把它捻成鞭绳后,真的宛若"龙筋";而布条做的鞭绳则最好湿上水,但一会儿也就干了,很麻烦。

这一套陀螺做出来得老半天,但玩起来就舍不得撒手了,孩子们常常一玩就是大半天。陀螺的玩法多种多样,可以互撞,可以轮鞭,还可以比转的时间长短……

男孩们围聚在一起抽陀螺

最常玩的当然是互撞了。玩的时候，每个人一手拿着陀螺，大拇指把鞭绳的梢按在陀螺的边口，然后把鞭绳按顺时针（右手握鞭一般都是顺时针绕，很少有反手的）紧紧地绕在陀螺上，蹲下身子，将陀螺垂直扶好，向外一甩鞭子，陀螺就滴溜滴溜地转起来了。

那向外甩的动作叫"发"，即发动。常见的"发"的动作有三种。刚才说的一手扶着陀螺一手握着鞭子向前甩是最常见的一种。还有一种是缠好鞭子后，单手捏着鞭头和陀螺，人站直了，用巧劲向下甩，就如现在玩悠悠球的手法一样。第三种是不用鞭子，仅用两只手。将陀螺放在两手中间，两手互勾，通过急速拨动，使陀螺旋转起来。当然，还有些非常规的"发"，比如，将陀螺缠绕好鞭子平放在地上，然后通过猛地抽动鞭子，使它旋转；还有用脚对着陀螺杵过去，通过巧劲让陀螺转起来的；甚至真正的高手根本不用手和脚碰陀螺，只用鞭子慢慢绕着地上的陀螺盘上几圈，然后猛地一拉，也可以让陀螺"活"过来。

"发"起来的陀螺，在鞭子的指挥下相互碰撞，被碰倒的陀螺就算是"死"了。经过一次次激烈的撞击，最后一只还在场上旋转的陀螺就是胜利者。这种玩法和十几年前时兴的陀螺动画片上的玩法颇为相似，只是动画片上的陀螺转起来缺乏科学依据，而且夸张至极，远没有儿时的游戏真实、有趣。

如果是走亲戚，没有带陀螺，那也不要紧。几个人玩一个陀螺也可以。首先约定好一人抽几鞭子，然后一人先抽，抽完就把鞭子交给下一个人，就这样也能玩得不亦乐乎。要是怕这样玩没有意思（因为这样可以一直玩下去，没有挑战性），就规定每人自己"发"陀螺猛抽几鞭子，然后不准再抽，其他人记时间，看谁抽的陀螺转的时间更长……

就这样，在物资匮乏的年代，孩子们总能找到丰盈自己的精神追求。于是，渐渐有孩子把自己的陀螺装扮起来。不需要别的，只在陀螺上用粉笔或者彩笔画上几条线，随便怎么画，不需要任何构思，当陀螺旋转起来，绝对会惊艳所有人。

陀螺是如此简单易得而又妙趣横生，难怪陀螺游戏能够风靡大江南北，历经数千年而不衰。个中滋味，真是回味犹甘。

（文／汪　刚）

拿腕子，手上的较量

小时候，在体育课上，老师会教我们各种体育项目。其中，有一项运动的道具最简单——一方平台，也无须很多的技巧，一学就会，那就是"拿腕子"。

在阴雨天，上室内课时，体育老师定会组织部分同学拿腕子。那个时候，学校条件简陋，少有体育器械，也没有专门的体育活动用房，便是室内课，也在原教室上。

两名男生在比赛拿腕子

其时，拿腕子是民众最喜闻乐见的运动项目，在村头、在小巷，一个板凳、一块青石台板，都可能成为拿腕子的运动场。

灌南县参与过此项运动的成年男子应该达到90%以上，这可谓是一项全民运动。毫不夸张地说，除了婴儿外，每一个成年人，在他成长的过程中，都可能参与过这项运动，或与小伙伴，或与同学，或与同事进行过比赛。总之，板凳、桌子成了他们的运动器材，宿舍、教室、办公室成了他们的运动场所。目前，拿腕子已成为灌南县的非物质文化遗产

项目。拿腕子是一项赛力游戏，通俗地说，就是比较两人的手劲。运动双方各坐于桌子两侧，各以一手立于桌面，以手肘部支撑腕部，双方两手相握，各自反向较力，且沿着反方向向下压，以压倒对方手臂到桌面为胜。

青年人还会用另外一种方法来拿腕子，那就是双方对面站立，相互交叉手腕，反向将对方的手臂向下压，以顶峰压腕。

拿腕子时虽说蛮力很重要，但其实也讲究技巧。如果条件允许，拿腕子时身体要尽量靠近桌子。如果是小团体比赛，规则不怎么严格，身体则可直接贴在桌子上；同站立比赛一样，手要尽量向后，靠近自己的肩部。而支撑的肘部，如果规则允许，也要尽量靠近自己的身体。必要时，可施展勾手的技术。同时，可以尽量将身体向左侧旋转，呈侧移状，将全身力量集中在一起，以增加向下压制的力道。

当然，在正规的比赛中，规则是相对严格的。

拿腕子除了需要手部、腕部的肌肉力量外，肱二头肌、前臂屈指肌、肱三头肌、肱桡肌也会被带动起来。因此，若是用力不当，可能会造成手臂、肩部等处肌肉的扭伤，甚至有可能伤到骨骼。所以说，进行拿腕子比赛之前也要做一些热身活动，要循序渐进地用力，不能一开始就猛地发力，以免骨折。

（文／汪友国）

犹忆当年毽子飞

少年时的我们,玩趣真多,踢毽子是其中一个——

三五成群俏小丫,鸿毛成撮脚尖花。

翻旋羽舞千般好,跳跃毫飞一样佳。

学生在踢毽子

又说:

杨柳抽青复陨黄,儿童镇日聚如狂。

空钟放罢寒冬近,又见围喧踢毽场。

踢毽子在灌南是一项很流行的传统体育项目,也是中华文化的一部分。可惜,随着时光的推移、人们生活节奏的加快,现如今踢毽子的人已经越来越少了。

据记载,踢毽子这项活动有 2000 多年的历史。早在汉武帝初年,就有了踢毽子活动。在唐代,踢毽子已经成为一种风靡全国的娱乐活动。从宋代开始,踢毽子活动传入灌南地区,并深受当地人的喜爱。明清时,灌南地区踢毽子活动风靡一时,那时踢毽子人较多,甚至出现了专门制售毽子的工匠和商店,生意还很红火。到了 20 世纪六七十年代,踢毽子已是人们进行体育活动的重要选择之一。因为作为体育运动器材的毽子体积小、便于携带，装在衣服口袋里就可以带走，而且踢毽子对场地的要求也不高，场地上、路边、树下、墙根甚至室内都可以进行，所以当时大人小孩都喜欢踢毽子。课外活动时，满校园毽子飞舞，大有现在人们跳广场舞的架势。特别是冬天的早晨，小孩没有上学、大人没有上工的时候，农庄上从前到后看过去，到处都是踢毽子的人。他们或捉对厮杀，或三五成圈，或集体比赛，个个踢得满面红光、汗流浃背，不再为天寒衣单犯愁，直到学生上学、生产队上工才结束。到改革开放以后，踢毽子活动才越来越少。现在街头巷尾已经很少看到有人踢毽子了。

　　毽子的种类繁多，一般制作时都用古铜钱作底，用布包好，用针线缝制好。第一种是用五颜六色的花纸条作缨栽上去就制成了一个纸毽子。第二种是用各种颜色的花布条作缨栽在铜钱底板上，美丽的布毽子就做成了。第三种是用各式各样的塑料丝作缨栽在铜钱底板上，一个塑料毽子就做好了。第四种将用4根花鸡毛和几根鸡绒毛栽在铜钱上，这样一个漂亮的鸡毛毽子就做成了。我们小时候踢的都是这种鸡毛毽子，既美观又大方，就是公鸡要受点委屈，被动做些"鸡毛蒜皮"的贡献。

　　踢毽子比赛形式多种多样，一对一单人赛或集体赛皆可。比赛方法也多种多样。单人赛以每人踢毽子的个数多少确定胜负。集体赛按个人技术高低分组，以总踢个数多少定输赢。技艺高超者可连踢数百次而毽不落地。另有一种团踢，即一群人共踢一毽子，毽子落到谁面前，谁就可以任意复踢给任何人。谁没有接住，谁就输了。至于踢法，那就更多了：第一，"小跳"，即一只脚着地，另一只脚踢。着地的脚既可以移动，也可以不准移动（俗称"定桩"）；踢的脚可以着地，也可以不着地（俗称"悬"，比赛正式开始前，常用此法确定参赛人员的出场次序）；参加者可以依次轮换踢，连续踢得多者或先完成任务者为胜方，也可以"加宝塔"，即第一人踢一下，第二人踢两下……依此类推，周而复始，一直往上加，直到其中一人踢"死"（没接住毽子而使其掉地）为止。"死者"可向"生者""抛毛"（也叫"上菜"），即用手将毽子抛给人家踢，直到人家没踢到或自己接到踢来的毽子为止。然后比赛重新开始。依此类推，程序基本一样。第二，"大跳"，即毽子一抛，双脚同时跳起，用一只脚踢它；可以连续跳，也可以跳了踢、踢了跳。第三，"大偷"，即一只脚着地，另一只脚从背后"偷偷"去踢。第四，"大翘"，双脚跳起，一条腿向前伸直，另一只脚踢。第五，"大剪"，双脚跳起，两腿向前做交叉动作，用其中一只脚踢毽子。也可以故意用反脚踢（有人是左撇子，右脚则是反脚），或双脚轮换踢。第六，"蟠桃"，就是把毽子抛在空中，一脚踢一下，在面前蟠着，谁蟠得多谁就赢。第七，"小等"，就是把毽子抛在半空用脚面等着，谁等得多谁就赢。第八，"环跳"，就是把毽子抛在空中，一条腿直立着，一只脚环着，就像金鸡独立一样，跳起把毽子踢起来，谁踢得多谁就赢。第九，"丫机"，就是把毽子抛在空中，毽子在双腿之间时，用一只脚把它踢起，谁踢得多谁就赢。第十，"小扫"，就是把毽子抛在空中，踢毽人用脚从屁股后面把毽子扫起来，谁扫得多谁就赢。第十一，"等脸"，就是把毽子抛在半空，用一只脚站着，用另一只脚把毽子踢起来，然后踢毽人把脸一歪，将毽子落停在脸上，再把毽子放下来，等下一个，直到脸等不到为止，谁等得多谁就赢。第十二，"小提"，就是把毽子抛在空中，用一只脚的脚面把它踢起来，谁提得多谁赢。以上几种都是一样，谁输谁就给赢者"上菜"。

踢毽子的玩法有几十种之多，五花八门，但无论怎么玩，都能锻炼身体、愉悦身心。

谁能想到，儿时的童趣竟然成了一代人的精神慰藉：

奶奶杀鸡采羽毛，扎成毽子跳撒娇。

高低左右踢飞鸟，绕体停肩上发梢。

（文／张中明）

附 录

附录

灌南县非物质文化遗产项目一览表（一）

序号	项目名称	项目类别	保护单位	备注
1	汤沟酒酿造技艺	传统手工技艺	江苏汤沟两相和酒业有限公司	连政发〔2007〕214号文确定为第一批市级非遗项目 苏政发〔2007〕28号文确定为第一批省级非遗项目
2	五妙水仙膏制作技艺	传统医药	灌南县文化局	连政发〔2007〕214号文确定为第一批市级非遗项目 苏政发〔2009〕94号文确定为第二批省级非遗项目
3	二郎神传说	民间文学	灌南县文化馆	连政发〔2010〕41号文确定为第二批市级非遗项目 苏政发〔2011〕124号文确定为第三批省级非遗项目
4	曹氏中药热敷接骨疗法	传统医药	灌南县曹氏中医骨伤科诊所	连政发〔2010〕41号文确定为第二批市级非遗项目 苏政发〔2011〕124号文确定为第三批省级非遗项目
5	元宵节（新安灯会）	民俗	灌南县文化馆	连政发〔2010〕41号文确定为第二批市级非遗项目 苏政发〔2016〕5号文确定为第四批省级非遗项目
6	万寿堂胃病疗法	传统医药	灌南县苗少伯中医诊所	连政发〔2013〕84号文确定为第五批市级非遗项目 苏政发〔2016〕5号文确定为第四批省级非遗项目
7	麦秆剪贴（灌南麦草画）	传统美术	灌南县文化馆	连政发〔2012〕53号文确定为第四批市级非遗项目 苏政发〔2023〕100号文确定为第五批省级非遗项目

续表

序号	项目名称	项目类别	保护单位	备注
8	剪纸	传统美术	灌南县文化馆	连政发〔2007〕214号文确定为第一批市级非遗项目 苏政发〔2023〕100号文确定为第五批省级非遗项目
9	针灸（朱氏风湿针灸疗法）	传统医药	灌南县朱中学中医风湿门诊部	连政发〔2016〕67号文确定为第六批市级非遗项目 苏政发〔2023〕100号文确定为第五批省级非遗项目
10	经络散结疗法	传统医药	连云港市喻氏经络调理有限公司	连政发〔2021〕113号文确定为第八批市级非遗项目 苏政发〔2023〕100号文确定为第五批省级非遗项目
11	中医喉科疗法（喉疾疗法）	传统医药	灌南陈氏诊所	连政发〔2016〕67号文确定为第六批市级非遗项目 苏政发〔2023〕100号文确定为第五批省级非遗项目
12	李氏鼻渊疗法	传统医药	灌南县李玉成诊所	连政发〔2016〕67号文确定为第六批市级非遗项目 苏政发〔2023〕100号文确定为第五批省级非遗项目
13	温氏贴敷疗法	传统医药	灌南县新安镇温兵然诊所	连政发〔2019〕3号文确定为第七批市级非遗项目 苏政发〔2023〕100号文确定为第五批省级非遗项目
14	中医妇科疗法（印氏妇科疗法）	传统医药	上海征德堂中医门诊部	连政发〔2012〕53号文确定为第四批市级非遗项目 苏政发〔2023〕100号文确定为第五批省级非遗项目

（整理/王晓宇）

灌南县非物质文化遗产项目一览表（二）

序号	项目名称	项目类别	申报/保护单位	备注
1	汤沟御酒传说	民间文学	灌南县文化局	连政发〔2007〕214号文确定为第一批市级非遗项目
2	盐河的传说	民间文学	灌南县文化局	连政发〔2007〕214号文确定为第一批市级非遗项目
3	锣鼓乐	传统音乐	灌南县文化局	连政发〔2007〕214号文确定为第一批市级非遗项目
4	汪其魔杂技魔术	杂技与竞技	灌南县文化局	连政发〔2007〕214号文确定为第一批市级非遗项目
5	苏北琴书	曲艺	灌南县文化局	连政发〔2007〕214号文确定为第一批市级非遗项目
6	海盐制作技艺	传统手工技艺	灌南县文化局	连政发〔2007〕214号文确定为第一批市级非遗项目
7	柳编技艺	传统手工技艺	灌南县文化局	连政发〔2007〕214号文确定为第一批市级非遗项目
8	连云港传统游艺（含抓弹子、乡棋等）	杂技与竞技	灌南县文化局	连政发〔2007〕214号文确定为第一批市级非遗项目
9	木雕（含根雕）	民间美术	灌南县文化局	连政发〔2007〕214号文确定为第一批市级非遗项目
10	汤沟风筝工艺	传统技艺	灌南县文化馆	连政发〔2010〕41号文确定为第二批市级非遗项目
11	灯谜	传统体育、游艺与杂技	灌南县文化馆	连政发〔2011〕80号文确定为第三批市级非遗项目

续表

序号	项目名称	项目类别	申报/保护单位	备注
12	盐河的传说（神人王彦章的传说）	民间传说	灌南县文化馆	连政发〔2011〕80号文确定为第三批市级非遗项目
13	朱氏顶技	传统体育、游艺与杂技	灌南县文化馆	连政发〔2012〕53号文确定为第四批市级非遗项目
14	烙画	传统美术	灌南县文化馆	连政发〔2012〕53号文确定为第四批市级非遗项目
15	朱冯兰中药接骨	传统医药	灌南县朱冯兰中医骨伤科门诊部	连政发〔2012〕53号文确定为第四批市级非遗项目
16	孔明灯制作技艺	传统技艺	灌南县非遗保护中心	连政发〔2013〕84号文确定为第五批市级非遗项目
17	葫芦压花技艺（葫芦画技艺）	传统美术	灌南县非遗保护中心	连政发〔2013〕84号文确定为第五批市级非遗项目
18	痔科中医疗法	传统医药	灌南县柯继先痔科诊所	连政发〔2013〕84号文确定为第五批市级非遗项目
19	仿古铜器制作技艺	传统技艺	灌南县文化馆	连政发〔2016〕67号文确定为第六批市级非遗项目
20	锔瓷	传统技艺	灌南县文化馆	连政发〔2016〕67号文确定为第六批市级非遗项目
21	王氏黑膏药制作技艺	传统医药	灌南县王亚方内儿科诊所	连政发〔2016〕67号文确定为第六批市级非遗项目
22	面塑	传统美术	灌南县文化馆	连政发〔2016〕67号文确定为第六批市级非遗项目
23	皮具制作技艺（马鞍包制作）	传统技艺	连云港及物鸟贸易有限公司	连政发〔2019〕3号文确定为第七批市级非遗项目

续表

序号	项目名称	项目类别	申报/保护单位	备注
24	传统农具制作与修复技艺	传统技艺	连云港市传承农耕文化研究所	连政发〔2019〕3号文确定为第七批市级非遗项目
25	粉丝制作技艺（葛六粉丝制作）	传统技艺	灌南县李集乡龙大副产品销售中心	连政发〔2019〕3号文确定为第七批市级非遗项目
26	杂技	传统体育、游艺与杂技	灌南县火雷艺术团	连政发〔2019〕3号文确定为第七批市级非遗项目
27	成氏菌菇菜制作技艺	传统技艺	灌南县新世纪大酒店有限公司	连政发〔2021〕113号文确定为第八批市级非遗项目
28	侯氏中医泄血疗法	传统医药	灌南县侯秀成中医诊所	连政发〔2021〕113号文确定为第八批市级非遗项目
29	朱氏烧烫伤中药外敷疗法	传统医药	朱如奎中医诊所	连政发〔2021〕113号文确定为第八批市级非遗项目
30	解氏喉疾中药足浴疗法	传统医药	解氏中医康复馆	连政发〔2021〕113号文确定为第八批市级非遗项目
31	于家猪头肉制作技艺	传统技艺	灌南县新安镇于家猪头肉经营部	连政发〔2021〕113号文确定为第八批市级非遗项目
32	廖家盐水老鹅制作技艺	传统技艺	灌南县文体广电和旅游局	连政发〔2021〕113号文确定为第八批市级非遗项目
33	中医正骨疗法	传统医药	灌南县张玉国中医诊所	连政发〔2021〕113号文确定为第八批市级非遗项目

（整理/王晓宇）

灌南县非物质文化遗产项目一览表（三）

序号	编号	类别	项目名称
1	Ⅰ-1	民间文学	灌河的传说
2	Ⅰ-2	民间文学	引羊寺的传说
3	Ⅰ-3	民间文学	吴朝栋的传说
4	Ⅰ-4	民间文学	韩太爷捞石磙
5	Ⅰ-5	民间文学	海西古城的传说
6	Ⅰ-6	民间文学	端午节插艾柳的传说
7	Ⅰ-7	民间文学	城头村的传说
8	Ⅰ-8	民间文学	白卤熬盐的传说
9	Ⅰ-9	民间文学	何仙姑炒面敬龙王的传说
10	Ⅰ-10	民间文学	开山的由来
11	Ⅰ-11	民间文学	七夕不见喜鹊的传说
12	Ⅰ-12	民间文学	旗杆村的传说
13	Ⅰ-13	民间文学	契丹庄的传说
14	Ⅰ-14	民间文学	风花雪月书头
15	Ⅰ-15	民间文学	古镇锣鼓的传说
16	Ⅰ-16	民间文学	乾隆与接龙桥的故事
17	Ⅰ-17	民间文学	"巨人"颜小龙
18	Ⅰ-17	民间文学	张店镇民间歌谣
19	Ⅰ-19	民间文学	十劝郎
20	Ⅰ-20	民间文学	十劝世人
21	Ⅰ-21	民间文学	十叹情
22	Ⅰ-22	民间文学	"神医"张山人

续表

序号	编号	类别	项目名称
23	Ⅰ-23	民间文学	武松打店
24	Ⅰ-24	民间文学	"哑圣"的传说
25	Ⅰ-25	民间文学	银人银马银鞭的传说
26	Ⅰ-26	民间文学	蛟龙借雨飞
27	Ⅰ-27	民间文学	三口镇的传说
28	Ⅰ-28	民间文学	十监庄的传说
29	Ⅰ-29	民间文学	石磙堵泉眼
30	Ⅰ-30	民间文学	四大金刚抬大墩
31	Ⅰ-31	民间文学	楝树不生虫的传说
32	Ⅰ-32	民间文学	嵇老姑嫁身借粮
33	Ⅰ-33	民间文学	大槐树的故事
34	Ⅰ-34	民间文学	王小古绘画讽日伪
35	Ⅰ-35	民间文学	中秋节吃月饼的故事
36	Ⅰ-36	民间文学	张果老渡仙
37	Ⅰ-37	民间文学	硕项湖传说
38	Ⅱ-2	传统音乐	唢呐
39	Ⅱ-3	传统音乐	淮海琴书
40	Ⅲ-1	传统舞蹈	舞狮
41	Ⅲ-2	传统舞蹈	打连厢
42	Ⅲ-3	传统舞蹈	旱船
43	Ⅲ-4	传统舞蹈	玩麒麟
44	Ⅲ-5	传统舞蹈	腰鼓
45	Ⅲ-6	传统舞蹈	跳财神

续表

序号	编号	类别	项目名称
46	Ⅲ-7	传统舞蹈	挑花担子
47	Ⅲ-8	传统舞蹈	玩龙船
48	Ⅲ-9	传统舞蹈	舞龙
49	Ⅳ-1	传统戏剧	淮海戏
50	Ⅳ-2	传统戏剧	僮子戏
51	Ⅳ-3	传统戏剧	淮剧
52	Ⅴ-1	曲艺	柳琴戏
53	Ⅴ-2	传统戏剧	新安镇京剧
54	Ⅴ-3	曲艺	摇苍龙
55	Ⅵ-1	传统体育、游艺与杂技	民间纸牌
56	Ⅵ-2	传统体育、游艺与杂技	老鹰抓小鸡
57	Ⅵ-3	传统体育、游艺与杂技	摸瞎子
58	Ⅵ-4	传统体育、游艺与杂技	长茂镇儿童游戏
59	Ⅵ-5	传统体育、游艺与杂技	捣拐
60	Ⅵ-6	传统体育、游艺与杂技	拿腕子
61	Ⅵ-7	传统体育、游艺与杂技	滚铁环
62	Ⅵ-8	传统体育、游艺与杂技	抽陀螺
63	Ⅵ-9	传统体育、游艺与杂技	打梭子
64	Ⅵ-10	传统体育、游艺与杂技	翻花绳
65	Ⅵ-11	传统体育、游艺与杂技	放风筝
66	Ⅵ-12	传统体育、游艺与杂技	踢毽
67	Ⅵ-13	传统体育、游艺与杂技	跳橡皮筋
68	Ⅶ-1	传统美术	刻瓷

续表

序号	编号	类别	项目名称
69	VII－2	传统美术	蒋登科木刻
70	VIII－1	传统技艺	灌南小鱼锅贴烹饪技艺
71	VIII－2	传统技艺	高木屐制作技艺
72	VIII－3	传统技艺	油条制作技艺
73	VIII－4	传统技艺	新安镇老豆腐制作技艺
74	VIII－5	传统技艺	百禄熏烧猪头肉制作技艺
75	VIII－6	传统技艺	灌南豆丹制作技艺
76	VIII－7	传统技艺	灌南龙虾制作技艺
77	VIII－8	传统技艺	黄牙蟹制作技艺
78	VIII－9	传统技艺	火硝制作技艺
79	VIII－10	传统技艺	石碾轧油制作技艺
80	VIII－11	传统技艺	蓑衣制作技艺
81	VIII－12	传统技艺	新集千张制作技艺
82	VIII－13	传统技艺	老白皂羊肉汤制作技艺
83	VIII－14	传统技艺	网扑、弓网制作技艺
84	VIII－15	传统技艺	张氏水糕制作技艺
85	VIII－16	传统技艺	嵇氏古琴制作技艺
86	VIII－17	传统技艺	小窑肉圆制作技艺
87	VIII－18	传统技艺	张店鞭炮制作技艺
88	VIII－19	传统技艺	古法棉絮制作技艺
89	VIII－20	传统技艺	蛙鱼制作技艺
90	VIII－21	传统技艺	虾籽菜制作技艺
91	VIII－22	传统技艺	古法铜器修复与制作

续表

序号	编号	类别	项目名称
92	VIII-23	传统技艺	仿古宣德炉炭养皮色技艺
93	IX-1	传统医药	肩周炎中药胶囊制作技艺
94	IX-2	传统医药	烫伤油制作技艺
95	IX-3	传统医药	解氏中医穴位贴敷疗法
96	IX-4	传统医药	陈氏"近墨"蛇胆疮疗法
97	IX-5	传统医药	朱氏沙袋热敷接骨疗法
98	IX-6	传统医药	源爽透窍膏制作技艺
99	IX-7	传统医药	白降丹划点疗法
100	IX-8	传统医药	中药古方面部养颜疗法
101	IX-11	传统医药	朱学华中药接骨疗法
102	IX-12	传统医药	肩周炎中药胶囊制作技艺
103	X-1	民俗	商行
104	X-2	民俗	施肥禁忌
105	X-3	民俗	八大碗
106	X-4	民俗	吃腊八粥的习俗
107	X-5	民俗	会亲风俗
108	X-6	民俗	催妆和正日子
109	X-7	民俗	过礼
110	X-8	民俗	回门
111	X-9	民俗	婚礼
112	X-10	民俗	哭嫁
113	X-11	民俗	抬花轿
114	X-12	民俗	压岁钱

续表

序号	编号	类别	项目名称
115	X-13	民俗	斟酒
116	X-14	民俗	生子报喜的习俗
117	X-15	民俗	端午节
118	X-16	民俗	二月二
119	X-17	民俗	祭祖团圆饭
120	X-18	民俗	开口糕
121	X-19	民俗	扫尘
122	X-20	民俗	贴对联
123	X-21	民俗	重阳节
124	X-22	民俗	放河灯
125	X-23	民俗	敬财神
126	X-24	民俗	敬天后娘娘
127	X-25	民俗	送灶老爷、接灶老爷
128	X-26	民俗	贴年画
129	X-27	民俗	豆地带芝麻轧香油
130	X-28	民俗	消夜啼
131	X-29	民俗	丧葬礼仪与剪扎轿马

（整理/王晓宇）

后 记

《遗珠·新韵——灌南县非物质文化遗产保护项目辑录》一书顺利付印，是对灌南县非物质文化遗产保护工作的阶段性总结，也是灌南文化工作的一件大事。它的出版，对于促进灌南县非物质文化遗产工作的坚实有序开展，对于灌南精神文明建设向更高层次推进，都将产生积极的影响。

本书由正文与附录共七个部分组成。正文各部分由省级、市级、县级非物质文化遗产项目构成，其中，省级14个非物质文化遗产项目全部涵盖，市、县级项目因有的项目征稿存在一定的困难，所以只收录部分项目，所录力求具有历史性、传承性、可读性。附录以表格形式，记录了截至2023年11月灌南县县级及以上非物质文化遗产项目。

本书自调研立项起，到敲定题材、组织队伍，直至最终定稿、付印成书，始终受到灌南县委、县政府主要领导的重视与关怀。县政协召开专门会议，明确工作专班，落实有力举措，确保编纂工作顺利进行。灌南县文体广电和旅游局提供了诸多素材，给予了大力支持。

在本书的编纂过程中，王埔茂、张沂、席文波、高翔、王晓宇、刘霁军、苗先锋、韩克波、武红兵等同志做了大量工作，苏州大学出版社给予了精心指导，在此一并表示感谢。

由于我们的专业知识和业务水平有限，书中出现疏漏在所难免，敬请读者谅解和批评指正。

编 者

2023年12月